金融计算

主　编　牛淑珍　夏霁
副主编　王峥　黄思琪　黄淑瑶

Financial
Calculation

复旦大学 出版社

内容简介

良好的数据分析技能对于财经类专业的学生和金融从业人士至关重要,而掌握一个好的金融分析工具又是重中之重。本书的目标是通过 Excel 工具为读者提供金融计算方面的基础性和实践性知识。本书的内容强调金融计算技术的实用性,同时也尽量关注金融理论自身体系的完整性,并附有案例分析和软件使用说明,重视对学生知识应用能力的培养。

本书既适合金融、投资、证券、财务、管理等专业的在校学生使用,也适合金融从业人员和普通读者阅读,读者可以通过本书收获金融知识与实践技巧。

目　　录

第一章　计算工具 Excel——更有效地使用电子表软件 ……………………… 001
 1.1　数据输入与运算 ………………………………………………………… 001
  1.1.1　数据的导入 ……………………………………………………… 001
  1.1.2　数据运算与引用 ………………………………………………… 005
  1.1.3　排序与筛选 ……………………………………………………… 009
 1.2　图表和数据透视表 ……………………………………………………… 012
  1.2.1　图表类型 ………………………………………………………… 012
  1.2.2　组合图表 ………………………………………………………… 012
  1.2.3　趋势线 …………………………………………………………… 012
  1.2.4　数据透视表 ……………………………………………………… 013
 1.3　内置函数和自定义函数 ………………………………………………… 014
  1.3.1　函数的使用 ……………………………………………………… 014
  1.3.2　统计函数 ………………………………………………………… 014
 1.4　假设分析工具 …………………………………………………………… 015
  1.4.1　方案管理器 ……………………………………………………… 015
  1.4.2　模拟运算表 ……………………………………………………… 016
  1.4.3　单变量求解 ……………………………………………………… 017
  1.4.4　规划求解 ………………………………………………………… 018

第二章　货币的时间价值——金融计算的基础 ……………………………… 020
 2.1　终值和现值 ……………………………………………………………… 020
  2.1.1　复利与终值 ……………………………………………………… 020
  2.1.2　贴现与现值 ……………………………………………………… 021
  2.1.3　在 Excel 中计算利息问题 ……………………………………… 021
 2.2　多重现金流量 …………………………………………………………… 022
  2.2.1　多重现金流量的终值 …………………………………………… 022

    2.2.2 多重现金流量的现值 ····· 023
  2.3 年金计算 ····· 023
    2.3.1 普通年金 ····· 023
    2.3.2 预付年金 ····· 024
    2.3.3 永续年金 ····· 024
    2.3.4 Excel中的年金计算函数 ····· 025
  2.4 年金的深入讨论 ····· 025
    2.4.1 年金计算的代数原理 ····· 025
    2.4.2 递增年金 ····· 026
  2.5 计息期与利息 ····· 027
    2.5.1 名义利率与有效利率 ····· 027
    2.5.2 连续复利与连续贴现 ····· 028
    2.5.3 Excel中的利率换算函数 ····· 028
  2.6 应用示例 ····· 028
    2.6.1 示例一：教育储蓄 ····· 028
    2.6.2 示例二：养老金 ····· 030
    2.6.3 示例三：助学贷款 ····· 031
    2.6.4 示例四：住房按揭贷款 ····· 032

第三章 会计学常识——面向管理的财务报表和比率 ····· 034
  3.1 背景知识 ····· 034
    3.1.1 企业、公司与资本市场 ····· 034
    3.1.2 财务管理与金融计算 ····· 035
  3.2 会计原理与财务报表 ····· 036
    3.2.1 会计基础 ····· 036
    3.2.2 财务报表的基本原理 ····· 036
  3.3 获取和阅读财务报表 ····· 038
    3.3.1 获取公众企业财务报表 ····· 038
    3.3.2 损益表 ····· 039
    3.3.3 现金流量表 ····· 041
    3.3.4 资产负债表 ····· 043
  3.4 基于报表的财务分析 ····· 044
    3.4.1 比较分析方法 ····· 045
    3.4.2 比率分析方法 ····· 045
    3.4.3 杜邦分析法 ····· 046

3.5 会计数据的局限及其修正 ····· 048
- 3.5.1 财务报表的使用 ····· 048
- 3.5.2 现金流量 ····· 049
- 3.5.3 净现金流量 ····· 050

3.6 折旧、所得税与现金流量 ····· 050
- 3.6.1 折旧计算 ····· 050
- 3.6.2 所得税和现金流量 ····· 053

第四章 资本预算原理——投资决策的评价指标 ····· 054

4.1 基本概念 ····· 054
- 4.1.1 资本预算 ····· 054
- 4.1.2 项目分类 ····· 055

4.2 投资评价指标 ····· 057
- 4.2.1 平均收益率 ····· 057
- 4.2.2 回收期 ····· 058
- 4.2.3 净现值 ····· 059
- 4.2.4 内部收益率（IRR） ····· 060
- 4.2.5 评价指标的总结 ····· 061

4.3 NPV 与 IRR 深入讨论 ····· 062
- 4.3.1 净现值曲线 ····· 062
- 4.3.2 项目的评价与比较 ····· 064
- 4.3.3 不规则现金流量 ····· 066
- 4.3.4 修正内部收益率 ····· 067
- 4.3.5 项目的经济年限 ····· 068

4.4 现金流量与贴现率 ····· 070
- 4.4.1 预测项目的现金流量 ····· 070
- 4.4.2 现金流量分析示例 ····· 071
- 4.4.3 贴现率与资本成本 ····· 073

4.5 资本预算中的敏感性分析 ····· 077
- 4.5.1 敏感性分析 ····· 077
- 4.5.2 Excel 中的方案管理器 ····· 080

第五章 证券价值评估——债券与股票的定价问题 ····· 083

5.1 债券的基本特性 ····· 083
- 5.1.1 债券的主要类别 ····· 083

5.1.2 债券契约与债券交易 ……………………………………………… 084
　　　5.1.3 影响债券价值的主要因素 …………………………………………… 085
　　　5.1.4 信用风险与债券评级 ………………………………………………… 086
　5.2 债券的价值与收益 …………………………………………………………… 087
　　　5.2.1 价值和收益率的计算 ………………………………………………… 087
　　　5.2.2 有效利率和有效收益率 ……………………………………………… 088
　　　5.2.3 债券投资的风险 ……………………………………………………… 088
　　　5.2.4 利率期限结构和收益率曲线 ………………………………………… 089
　5.3 Excel 中的债券计算 ………………………………………………………… 091
　　　5.3.1 Excel 中的债券函数 ………………………………………………… 091
　　　5.3.2 定期付息债券的计算 ………………………………………………… 092
　　　5.3.3 其他类型债券的计算 ………………………………………………… 092
　5.4 股票的基本特性 ……………………………………………………………… 092
　　　5.4.1 股票、股票市场 ……………………………………………………… 092
　　　5.4.2 有效市场假设 ………………………………………………………… 094
　5.5 股票的价值评估 ……………………………………………………………… 095
　　　5.5.1 普通股的价值评估 …………………………………………………… 095
　　　5.5.2 Gordon 股利增长模型 ……………………………………………… 096
　　　5.5.3 优先股的价值评估 …………………………………………………… 096

第六章　风险与收益——统计学原理及其应用 …………………………………… 098

　6.1 概率与概率分布 ……………………………………………………………… 098
　　　6.1.1 概率与概率分布 ……………………………………………………… 098
　　　6.1.2 数字特征 ……………………………………………………………… 106
　　　6.1.3 常用概率分布 ………………………………………………………… 108
　6.2 相关-回归和预测 …………………………………………………………… 111
　　　6.2.1 协方差和相关系数 …………………………………………………… 111
　　　6.2.2 回归和预测 …………………………………………………………… 112
　6.3 Monte Carlo 分析法 ………………………………………………………… 114
　　　6.3.1 Monte Carlo 分析法的基本原理 …………………………………… 115
　　　6.3.2 Excel 环境下的风险分析工具——Crystal Ball ………………… 116
　6.4 项目风险与资本预算 ………………………………………………………… 124
　　　6.4.1 项目的风险与收益 …………………………………………………… 124
　　　6.4.2 用 Monte Carlo 法分析项目的预测风险 …………………………… 126
　6.5 证券市场上的风险与收益 …………………………………………………… 126

  6.5.1 股票收益的实证研究 ……………………………………………………… 126
  6.5.2 对资本市场历史的简要归纳 …………………………………………… 128

第七章 资本资产定价模型——资本市场上的风险与收益 ……………………… 130
7.1 投资组合的风险与收益 ……………………………………………………… 130
  7.1.1 简单投资组合的计算 …………………………………………………… 130
  7.1.2 组合中资产的相关性及比例 …………………………………………… 133
  7.1.3 特定风险与市场风险 …………………………………………………… 134
7.2 优化投资组合的原理 ………………………………………………………… 135
  7.2.1 有效前沿与最小方差组合 ……………………………………………… 135
  7.2.2 资产相关性的进一步讨论 ……………………………………………… 136
7.3 资本资产定价模型 …………………………………………………………… 137
  7.3.1 投资组合中的无风险资产 ……………………………………………… 137
  7.3.2 Sharpe 比率与市场组合 ………………………………………………… 138
  7.3.3 资本资产定价模型 ……………………………………………………… 139
  7.3.4 三项资产组合的 CAPM ………………………………………………… 141
7.4 CAPM 的意义与应用 ………………………………………………………… 142
  7.4.1 关于市场组合和无风险资产 …………………………………………… 142
  7.4.2 证券与投资组合的风险系数 …………………………………………… 142
  7.4.3 β 系数和 SML 的讨论 ……………………………………………… 142

第八章 资本成本与企业价值——企业的价值在于用资本创造财富 …………… 144
8.1 加权平均资本成本 …………………………………………………………… 144
  8.1.1 资本成本的概念 ………………………………………………………… 144
  8.1.2 债务和权益的个别资本成本 …………………………………………… 145
  8.1.3 资本成本的修正 ………………………………………………………… 145
8.2 权益成本的计算方法 ………………………………………………………… 147
  8.2.1 资本资产定价模型法 …………………………………………………… 147
  8.2.2 Gordon 股利增长模型 …………………………………………………… 151
  8.2.3 权益成本计算的总结 …………………………………………………… 154
8.3 WACC 的计算 ………………………………………………………………… 154
  8.3.1 参数的测算 ……………………………………………………………… 154
  8.3.2 测算资本成本应注意的问题 …………………………………………… 155
  8.3.3 影响资本成本的主要因素 ……………………………………………… 156
8.4 财务模型和预测 ……………………………………………………………… 156

        8.4.1 预测销售增长 ·· 156
        8.4.2 构建财务模型 ·· 157
    8.5 企业价值与治理结构 ·· 159
        8.5.1 企业的价值 ·· 159
        8.5.2 企业治理结构 ·· 161

第九章 资本结构与股利政策——财务杠杆和股利发放的理论与实证 ········· 163
    9.1 财务杠杆 ·· 163
        9.1.1 经营风险与经营杠杆 ·· 163
        9.1.2 财务风险与财务杠杆 ·· 167
    9.2 资本结构理论 ·· 172
        9.2.1 M&M 理论和 Miller 模型 ······································· 172
        9.2.2 资本结构理论综述 ·· 178
        9.2.3 优化资本结构 ·· 181
    9.3 资本结构的实证研究 ·· 182
    9.4 股利政策 ·· 185
        9.4.1 股利和股利理论 ·· 185
        9.4.2 股利政策实务 ·· 187
        9.4.3 股利的支付形式 ·· 190

第十章 期权和实物期权——从金融工具到投资管理理念 ················· 193
    10.1 期权的概念 ··· 193
        10.1.1 期权的常用术语 ··· 193
        10.1.2 期权的价值 ··· 193
        10.1.3 期权的交易与报价 ··· 195
    10.2 期权定价原理 ··· 196
        10.2.1 投资组合中的期权策略 ··· 196
        10.2.2 期权的价格区间、平价原理 ····································· 197
        10.2.3 Black-Scholes 期权定价模型 ··································· 200
        10.2.4 二项式期权定价模型 ··· 200
    10.3 实物期权及其应用 ··· 202
        10.3.1 实物期权的概念及特征 ··· 202
        10.3.2 实物期权的价值评估 ··· 203

第一章 计算工具 Excel
——更有效地使用电子表软件

> Microsoft Excel 是 Microsoft 为使用 Windows 和 Apple Macintosh 操作系统的电脑编写的一款电子表格软件,Excel 是当前最流行的个人计算机数据处理软件,是当下绝大部分行业尤其是金融业必备的基础办公软件。本章介绍了使用 Excel 进行计算的基本方法。

1.1 数据输入与运算

在 Excel 中,我们进行数据处理或计算时,首先需要数据,而数据来源有三种,分别是手动输入、Excel 填充命令自动生成和从外部导入。手工输入在数据量很小且无规律时会用到;可以用 Excel 填充命令自动生成的一般是有规律的数据,例如连续的数字或字符串;从外部导入则是出现在数据量较大或有现成的数据来源时,例如各种数据库的数据或一些网络资源。

1.1.1 数据的导入

接下来将简单介绍外部导入数据的步骤。首先,如果是已拥有现成下载好的文件(包括数据库文件、Web 文件、XML 文件、文本文件以及其他电子表格式的文件等),则可直接通过 Excel 菜单上的"文件"→"打开"直接读取。另外,还有一种方法是建立数据查询,根据查询的方法不同,又分为"Web 查询"和"数据库查询"。

关于从外部导入数据中的"Web 查询",当导入少量数据时,有两种方法:第一种也是最常用的方法,在浏览器中右键选择所需复制的数据,即通过快捷键执行"复制"(快捷键[Ctrl]+[C])命令,然后回到 Excel 界面,选择所需放置的一个或一组单元格并执行"粘贴"(快捷键[Ctrl]+[V])命令。第二种方法则适用于从 Web 界面导入表格数据,用 IE 浏览器打开需要复制表格的界面,右键选择该表格,在出来的快捷键菜单中选择"导出到 MicrosoftExcel",此时无论是否打开 Excel,系统都会自动在 Excel 中新建一个空白工作簿然后自动输入数据,同时可以建立对源地址的查询链接,可以根据需要,执行刷新命令来更新网页数据;而当导入较大规模数据时,通常使用创建Web查询方法:点击Excel工具中的"数据"→在"获取和转换数据"菜单栏下点进"自网站"→在Web对话框中输入网址→并根据提示选择所需要的表格。

以下举例从雅虎财经网页中导入恒生指数的历史数据。

(1) 打开所需要复制的网页界面(如图1-1)。

图1-1 网页数据来源

(2) 打开Excel,新建一个空白工作簿,在工具栏下选择"数据"选项,在"获取和转换数据"菜单栏下点击"自网站",从Web对话框中输入网址(网址:https://hk.finance.yahoo.com/quote/%5EHSI/history?p=%5EHSI)并点击"确定"(如图1-2)。

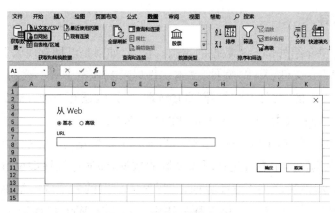

图1-2 从网页获取数据

(3) 之后根据提示,在跳出的对话框中选择所需要的表格,选择好后右边会出现表格示意图(如图1-3)。(注:由于页面可能存在多个表格,所以在选择时要看清楚所要选择的表格,在此例中需要选择 Table 2。)

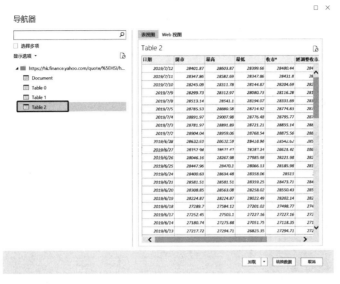

图 1-3　选择表格形式

(4) 此时,若不需编辑/修改表格,可直接点击"加载",这时表格中会直接导入所选择的 Web 数据(如图 1-4)。

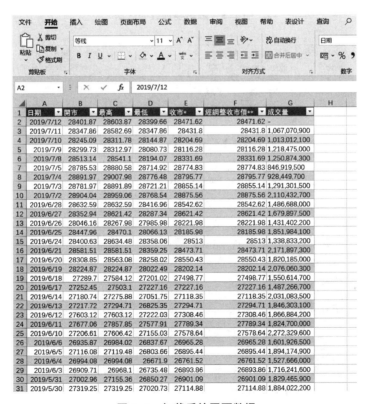

图 1-4　加载后的网页数据

若需要对加载的数据表格进行编辑,如删除行/列、拆分行/列等,则可点击"转换数据",此时会再跳出一个对话框用于编辑或修改表格,当编辑好表格后(如在此例中删除"成交量"一列),点击"关闭并上载"选项(如图1-5),那么,新编辑后的表格会自动导入到Excel表格中,可以看到,该表格中无"成交量"一列(如图1-6)。

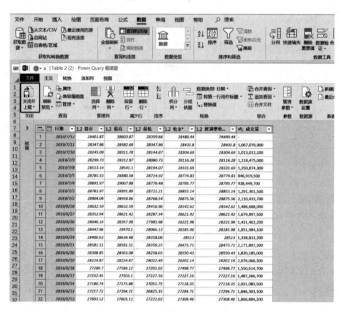

图1-5　编辑要加载的数据

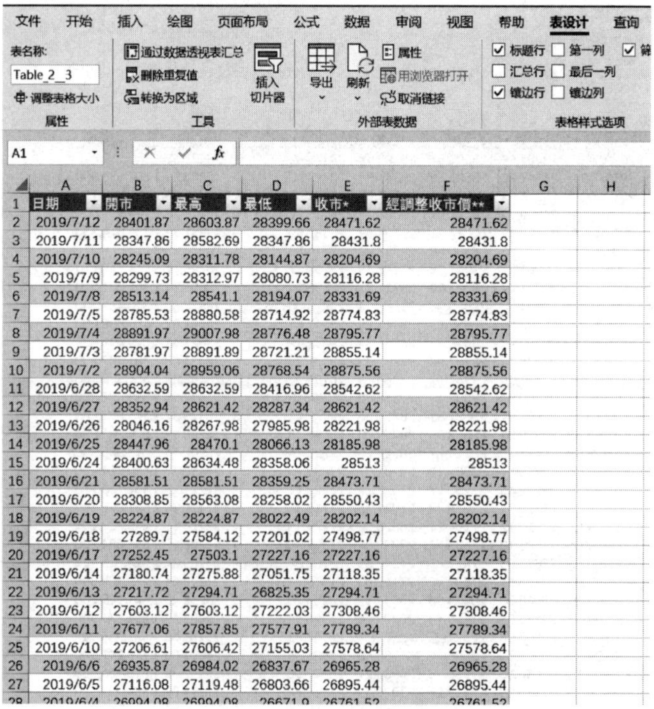

图1-6　编辑后加载的网页数据

1.1.2 数据运算与引用

Excel 的运算是通过公式实现的,公式还可包含下列所有内容或其中之一:函数、引用、运算符和常量。注意,在 Excel 中的任何公式都首先需要选择一个空单元格然后输入"=",然后再键入函数(注意要切换为英文模式,中文符号无法识别)。例如一个公式为:=Pi()*A2^2,其含义解释如下。

(1) 函数:PI()函数返回 pi 值:3.142…

(2) 引用:A2 返回单元格 A2 中的值。

(3) 常量:直接输入到公式中的数字或文本值,例如 2。

(4) 运算符:^(脱字号)运算符表示数字的乘方,而 *(星号)运算符表示数字的乘积。

函数是通过特定值(称为参数)按特定顺序或结构执行计算的预定义公式。函数可用于执行简单或复杂的计算。可在功能区的"公式"选项卡上找到 Excel 的所有函数(如图 1-7)。

图 1-7 功能区的"公式"页面

如果创建带函数的公式,可使用"插入函数"对话框(或单击某个单元格并按 Shift+F3)帮助输入工作表函数。在"插入函数"对话框(如图 1-8)中选择函数后将启动函数向导,其会显示函数的名称、各个参数、函数及各参数的说明、函数的当前结果,以及整个公式的当前结果。

图 1-8 "插入函数"对话框

若要更轻松地创建和编辑公式，同时最大限度地减少键入和语法错误，请使用"公式自动完成"。键入＝（等号）和函数开头的几个字母后，Excel 会显示一个动态下拉列表（如图 1-9），列表中包含与这几个字母相匹配的有效函数、参数和名称。然后可从下拉列表中选择一项，Excel 会帮你输入它。

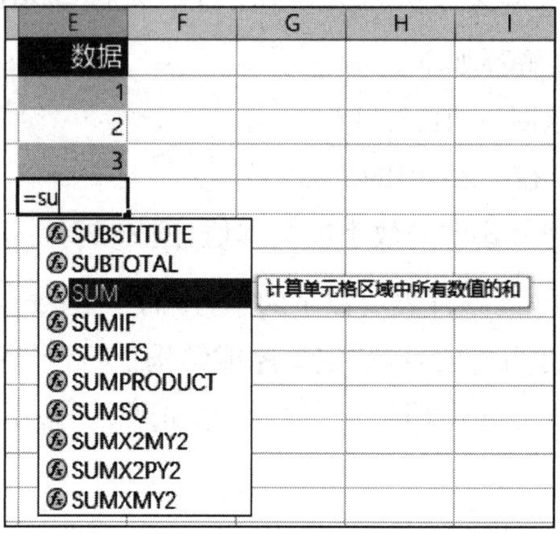

图 1-9　在单元格中用"＝"创建函数

当需要对同一组数据进行处理时，或者公式计算的结果不止一个数据时，就会用到数组公式，在 Excel 中，用"{}"表示数组，如"{1，23，4}"。数组公式的使用方法和普通公式基本相同，不过输入数组公式首先必须选择用来存放结果的单元格区域（可以是一个单元格），在编辑栏输入公式，然后按［Ctrl］＋［Shift］＋［Enter］组合键锁定数组公式，Excel 将在公式两边自动加上花括号"{}"。注意：不要自己键入花括号，否则，Excel 认为输入的是一个正文标签。

计算运算符分为四种不同类型：算术、比较、文本连接和引用（见表 1-1、表 1-2、表 1-3、表 1-4）。Excel 函数分为五种不同类型：逻辑、数学、统计、工程和金融函数（见表 1-5）。

表 1-1　算术运算符

算术运算符	含义	示例
＋（加号）	加法	＝3＋3
－（减号）	减法 求反	＝3－3 ＝－3
＊（星号）	乘法	＝3＊3
／（正斜杠）	除法	＝3／3
％（百分号）	百分比	30％
^（脱字号）	乘方	＝3^3

表 1-2 比较运算符

比较运算符	含义	示例
=（等号）	等于	=A1=B1
>（大于号）	大于	=A1>B1
<（小于号）	小于	=A1<B1
>=（大于或等于号）	大于或等于	=A1>=B1
<=（小于或等于号）	小于或等于	=A1<=B1
<>（不等号）	不等于	=A1<>B1

表 1-3 文本连接运算符

文本连接运算符	含义	示例
&（与号）	将两个值连接（或串联）起来产生一个连续的文本值	="North"&"wind"的结果为"Northwind"。可以在其中 A1 包含"姓氏"和 B1 中包含"名字"="A1&","&B1"会导致"姓,名"

表 1-4 引用运算符

引用运算符	含义	示例
:（冒号）	区域运算符,生成一个对两个引用之间所有单元格的引用（包括这两个引用）	B5:B15
,（逗号）	联合运算符,将多个引用合并为一个引用	=SUM(B5:B15,D5:D15)
（空格）	交集运算符,生成一个对两个引用中共有单元格的引用	B7:D7 C6:C8

表 1-5 Excel 函数类型

函数类别	示例
逻辑函数	IF(判断),NOT(非),OR(或),AND(与),TRUE(真),FALSE(假)
数学函数	LOG(对数),POWER(乘幂),SQRT(开平方),COS(余弦),FACT(阶乘),…
统计函数	VAR(方差),MEDIAN(中位数),NORMSDIST(标准正态分布),…
工程函数	BESSELJ(贝塞尔函数),HEX2BIN(16 进制到 2 进制),IMAGINARY(复数的虚部系数),…
金融函数	NPV(净现值),FV(终值),INTRATE(利率),YIELD(收益),…

单元格引用指用单元格在表中的坐标位置的标识。引用的作用在于标识工作表上的单元格或单元格区域,并告知 Excel 从何处查找要在公式中使用的值或数据。

Excel 关于引用有两种表示的方法,即 A1 和 R1C1 引用样式。在 R1C1 引用样式中,Excel 使用"R"加行数字和"C"加列数字来指示单元格的位置。例如,单元格绝对引用 R1C1 与 A1 引用样式中的绝对引用＄A＄1 等价。如果活动单元格是 A1,则单元格相对引用 R[1]C[1]将引用下面一行和右边一列的单元格,或是 B2。

Excel 单元格的引用包括绝对引用、相对引用和混合引用三种类型。相对引用指公式中的相对单元格引用(如 A1),是基于包含公式和单元格引用的单元格的相对位置。如果公式所在单元格的位置改变,引用也随之改变。如果多行或多列地复制或填充公式,引用会自动调整。默认情况下,新公式使用相对引用;绝对引用指公式中的绝对单元格引用(如 $A$1),在特定位置引用单元格。如果公式所在单元格的位置改变,绝对引用将保持不变。如果多行或多列地复制或填充公式,绝对引用将不作调整;混合引用:混合引用具有绝对列和相对行或绝对行和相对列两种形式,即 $A1、$B1、A$1、B$1 等形式。如果公式所在单元格的位置改变,则相对引用将改变,而绝对引用将不变。如果多行或多列地复制或填充公式,相对引用将自动调整,而绝对引用将不作调整(见图 1-10)。

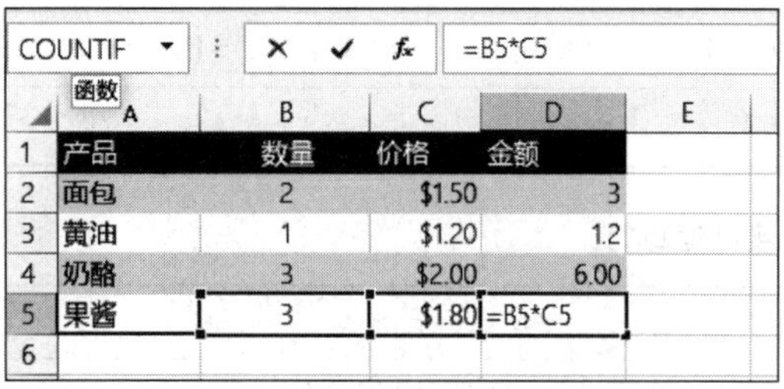

图 1-10 相对引用范例

例如,如果复制单元格 D4 公式=B4*C4 到 D5,则公式在 D5 中会自动变为=B5*C5。如果仍旧想在 D5 中引用公式=B4*C4,那么在复制时使用绝对引用,将公式改为=$B$4*$C$4 即可。

表 1-6 为绝对引用、相对引用和混合引用的几种情况(见表 1-6)。

表 1-6 绝对引用与相对引用

对于正在复制的公式:	如果引用是:	它会更改为:
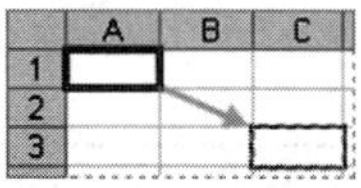	$A$1(绝对列和绝对行)	$A$1(引用是绝对的)
	A$1(相对列和绝对行)	C$1(引用是混合型)
	$A1(绝对列和相对行)	$A3(引用是混合型)
	A1(相对列和相对行)	C3(引用是相对的)

【例】 已知年利率为 10% 且不变,2017—2019 年每年的现金流量如表 1-7 所示,分别求出每年的现值。

表 1-7 三种引用方式的应用

	A	B	C	D	E
1					
2		绝对引用、相对引用和混合引用			
3		利率	10%		
4		年份	现金流量	现值	
5		2017	200	181.8181818	公式为"=C5*(1+$C$3)^-($B5-$B$5+1)"
6		2018	300	247.9338843	公式为"=C6*(1+$C$3)^-($B6-$B$5+1)"
7		2019	400	300.5259204	公式为"=C7*(1+$C$3)^-($B7-$B$5+1)"

【解析】 每年的现值公式已在 E 列显示,对 2017 年进行简要解释,2018/2019 年同理。2017 年的现金流量为 200,年利率为 10%,因此折现到现在(2017 年年初)为

200/[(1+10%)^(2017−2017+1)]。在 Excel 中,应在单元格输入公式"=C5 *(1+\$C\$3)^−(\$B5−\$B\$5+1)",其中 C5 是相对引用,因为每年的现金流量不同;\$C\$3、\$B\$5是绝对引用,\$B5 是混合引用,\$C\$3 表示年利率为 10%固定不变,"\$B5−\$B\$5+1"表示从现在到未来某年的年数,而\$B\$5 则表示现在的年份(基期)且固定不变,\$B5 则表示固定 B 列不动,行数发生变化,即 2017 年往后的每年。

如果要分析多个工作表上单元格或单元格区域中的数据,需要使用三维引用。三维引用需加上工作表名称的范围。例如,=SUM(Sheet2:Sheet13!B5)将计算从工作表 2到工作表 13 的 B5 单元格内包含的值的和,其中 Sheet2:Sheet13 表示从工作表 2 到工作表 13,若只引用一个表格 3,则写"Sheet3!"即可,注意需要在表格后面加上"!";B5 表示引用的单元格,若引用某个区域的单元格,则需写出区域范围,例如 A2:A11、B2:D10 等。

1.1.3 排序与筛选

在 Excel 中处理数据时,最常用的就是排序和筛选。排序是按照某一个或某几个特定字段重新排列数据的顺序,筛选是从全部的数据中选出符合某种条件的数据。

关于排序,有两种常用的方法,一种是直接点击想要排序的某一列中的任一单元格,点击开始菜单下的"排序和筛选",并根据需要点击"升序"或"降序"。例如:从 Web 上下载所有 A 股从 2018 年 4 月—2019 年 3 月的周收益率,对所有 A 股的股票,按其证券代码以升序进行排序,具体步骤即,选择 A 列任一个单元格,点击开始菜单下的"排序和筛选",选择"升序"即可完成排序(见图 1-11)。

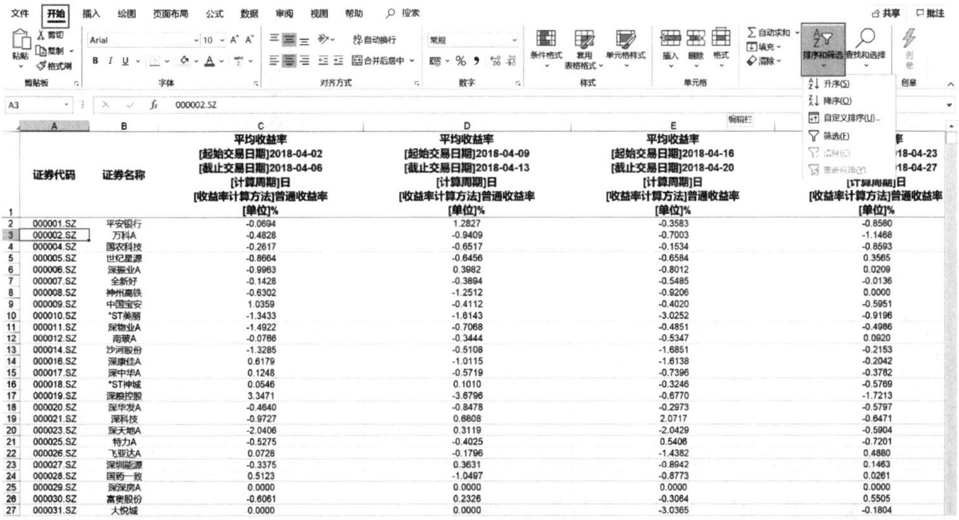

证券代码	证券名称	平均收益率 [起始交易日期]2018-04-02 [截止交易日期]2018-04-06 [计算周期]日 [收益率计算方法]普通收益率 [单位]%	平均收益率 [起始交易日期]2018-04-09 [截止交易日期]2018-04-13 [计算周期]日 [收益率计算方法]普通收益率 [单位]%	平均收益率 [起始交易日期]2018-04-16 [截止交易日期]2018-04-20 [计算周期]日 [收益率计算方法]普通收益率 [单位]%	率 18-04-23 18-04-27 [计算周期]日 [收益率计算方法]普通收益率 [单位]%
000001.SZ	平安银行	-0.0694	1.2827	-0.3583	-0.8580
000002.SZ	万科A	-0.4828	-0.9409	-0.7003	-1.1468
000004.SZ	国农科技	-0.2617	-0.6517	-0.1534	-0.8593
000005.SZ	世纪星源	-0.8664	-0.6456	-0.6584	0.3565
000006.SZ	深振业A	-0.9963	0.3982	-0.8012	0.0209
000007.SZ	全新好	-0.1428	-0.3894	-0.5485	-0.0136
000008.SZ	神州高铁	-0.6302	-1.2512	-0.9206	0.0000
000009.SZ	中国宝安	1.0359	-0.4112	-0.4020	-0.5951
000010.SZ	*ST美丽	-1.3433	-1.6143	-3.0252	-0.9196
000011.SZ	深物业A	-1.4922	-0.7068	-0.4851	-0.4986
000012.SZ	南玻A	-0.0766	-0.3444	-0.5347	0.0920
000014.SZ	沙河股份	-1.3285	-0.5108	-1.6851	-0.2153
000016.SZ	深康佳A	0.6179	-1.0115	-1.6138	-0.2042
000017.SZ	深中华A	0.1248	-0.5719	-0.7396	-0.3782
000018.SZ	*ST神城	0.0546	0.1010	-0.3246	-0.5769
000019.SZ	深粮控股	3.3471	-3.6796	-0.6770	-1.7213
000020.SZ	深华发A	-0.4640	-0.8478	-0.2973	-0.5797
000021.SZ	深科技	-0.9727	0.6808	2.0717	-0.6471
000023.SZ	深天地A	-2.0406	0.3119	-2.0429	-0.5904
000025.SZ	特力A	-0.5275	-0.4025	0.5406	-0.7201
000026.SZ	飞亚达A	0.0728	-0.1796	-1.4382	0.4880
000027.SZ	深圳能源	-0.3375	0.3631	-0.8942	0.1463
000028.SZ	国药一致	0.5123	-1.0497	-0.8773	0.0261
000029.SZ	深深房A	0.0000	0.0000	0.0000	0.0000
000030.SZ	富奥股份	-0.6061	0.2326	-0.3064	0.5505
000031.SZ	大悦城	0.0000	0.0000	-3.0365	-0.1804

图 1-11 单一条件排序

另一种方法,设置多种先后条件进行排序,则需要从菜单上执行"数据"→"排序"命令,打开顺序对话框。例如:仍以上例数据为例,首先按证券代码从小到大排列,然后将最近一周收益率从大到小排列,具体步骤即,点击菜单上的"数据"→"排序",在"排序和筛选"功能下选择"排序",此时会跳出排序选项框,然后根据要求添加条件即可(见图1-12)。注意,若有更进一步的细节要求,如是否区分大小写、按行或按列、按字母或笔画排序等,点击"选项",在跳出来的"排序选项"对话框中进行勾选即可(见图1-13)。

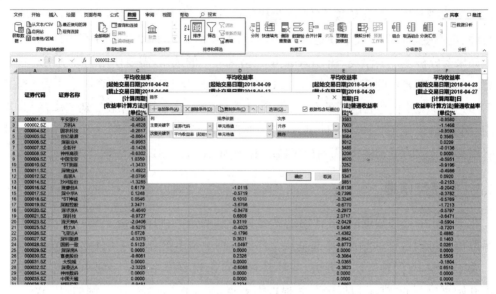

图1-12 多条件排序

图1-13 排序选项

在Excel环境下筛选数据有简单和高级两种方法。

简单筛选即执行菜单上的"数据"→"排序和筛选"→"筛选",此时工作表中每列的标题行上就会出现筛选按钮▼,点击要作为筛选依据的那一列的筛选按钮,从中选择要显示项目的条件,其他不符合该条件的行就会被隐藏起来。如果想要设置多种筛选条件,可以同时在一个数据表上的多个列上进行筛选(见图1-14)。

当需要设定更复杂的筛选条件时,可以使用高级筛选,在"排序和筛选"点击"高级",此时标题行不显示列的下拉列表,而是在工作表上单独的条件区域中键入筛选条件,它允许根据更复杂的条件进行筛选。并且,在筛选完成后,可以选择把筛选结果显示在原来位置或复制到其他区域。

图 1-14 筛选的应用

例如,若想筛选出所有 A 股在 2018-04-02 至 2018-04-06 一周中平均收益率大于 1 的股票,则需要在相应的条件区域和列表区域中选定好范围。

若要通过隐藏不符合条件的行来筛选列表区域,请单击"在原有区域显示筛选结果";若要通过将符合条件的行复制到工作表的其他区域来筛选列表区域,请单击"将筛选结果复制到其他位置",然后在"复制到"编辑框中选择所需要的区域(见图 1-15)。

图 1-15 高级筛选

1.2 图表和数据透视表

虽然文字能很生动形象地描述出一件事或一个人,但是它在数据面前则显得有点吃力。因为文字描述一些数据时,需要人们去理解,在大脑中做对比。而图表具有集中、概括、便于分析和比较的特点,能给人一种直观、一目了然的感觉。因此,在数据表示方面,图表比文字更有优势。常用的图表有五种不同类型,具体见表1-8。

1.2.1 图表类型

表 1-8 图表类型

类别	类型	特征
第一类	柱形图、折线图、散点图、气泡图	这类图表主要用来反映数据的变化趋势及对比。其中散点图与柱形、折线图的区别在于其横轴按数值表示,是连续的;而散点图的横轴按类别表示,是离散的。气泡图可以看作散点图的扩展,它用气泡大小反映数据点的另一组属性。条形图、圆柱图、圆锥图、棱锥图都是柱形图的变种。
第二类	曲面图	曲面图是一种真三维图表(三维柱形、圆柱、圆锥、棱锥等类型,当数据轴上只有一组数据时,本质上只是二维图),它适合分析多组数据的对比与变化趋势。
第三类	饼图、圆环图、雷达图	这三种图的基本面都是圆形的,主要用来观察数据之间的比例。
第四类	面积图	面积图与折线图类似,但它具有堆积面积图和百分比堆积面积图两种变种,因此可以更好地反映某一(组)数据在全部数据(组)中所占比例。
第五类	股价图	股价图是反映类似股市行情的图表,它在每一个数据点上可以包括:开盘价、收盘价、最高价、最低价、成交量。

1.2.2 组合图表

在用图表表示多组数据之间的对比关系时,有两个常用的技巧:组合图表和次坐标轴。所谓组合图表是指在同一幅图表中使用不同的图表类型表示不同组别的数据。一个常见的例子是带有交易量的股价图;Excel 允许在同一图表中对两组具有不同数量级的数据使用不同的坐标轴,在原有的数据轴之外,用不同单位或刻度使用次坐标轴表示另外一组数据。

1.2.3 趋势线

Excel 图表的另一项重要功能是绘制趋势线。这一功能是基于统计学中的回归和预测理论。

添加趋势线的步骤是:选择图表→选择图表右上角的+→选择"趋势线"→在"添加趋势线"对话框中,选择所需的任何数据系列选项→单击"确定"。

设置趋势线的格式是测量数据的一种统计方法。设置趋势线的格式的步骤是：单击图表中的任意位置→在“格式”选项卡上的“当前所选内容”组中，选择下拉列表中的“趋势线”选项→单击“设置选择格式”→在“设置趋势线格式”窗格中，单击“趋势线”选项以选择图表所需的趋势线（见图 1-16）。

图 1-16　设置趋势线格式

1.2.4　数据透视表

在 Excel 中，我们常常会对某一类型的数据进行统计，这时首先会想到利用函数或者数据透视表，其实这里还有一种很简单的方法，就是分类汇总。顾名思义，分类汇总是对某一类别的字段进行汇总，其实分类汇总的功能远比字面看上去的更实用。

数据透视表是计算、汇总和分析数据的强大工具，可助我们了解数据中的对比情况、模式和趋势（见图 1-17、图 1-18）。

单位：%

	数据						
栏目	求和项:上证	求和项:深证	求和项:上证50	求和项:沪深300	求和项:中小	求和项:创业	求和项:深证2
2018/5/1	0.43	-0.48	0.18	1.21	1.41	-3.43	-0.28
2018/6/1	-8.01	-9.05	-6.71	-7.66	-8.73	-7.86	-8.9
2018/7/1	1.02	-1.94	2.63	0.19	-1.93	-2.83	-2.14
2018/8/1	-5.25	-7.93	-2.78	-5.21	-7.99	-8.07	-7.77
2018/9/1	3.53	-0.68	5.34	3.13	-1.61	-1.66	-0.76
2018/10/1	-7.75	-10.22	-5.97	-8.29	-13.06	-9.62	-10.93
2018/11/1	-0.56	3.36	-0.94	0.6	1.75	4.22	2.66
2018/12/1	-3.64	-5.22	-5.56	-5.11	-7.56	-5.93	-5.75
2019/1/1	3.64	0.54	8.3	6.34	2.84	-1.8	3.31
2019/2/1	13.79	21.31	10.49	14.61	21.86	25.06	20.76
2019/3/1	5.09	9.62	3.45	5.53	8.25	10.28	9.69
2019/4/1	-0.4	-3.45	3.76	1.06	-5.26	-4.12	-2.35
2019/5/1	-5.84	-6.4	-7.34	-7.24	-9.42	-8.63	-7.77
总计	-3.95	-10.54	4.85	-0.84	-19.45	-14.39	-10.23

图 1-17　数据透视表范例 1

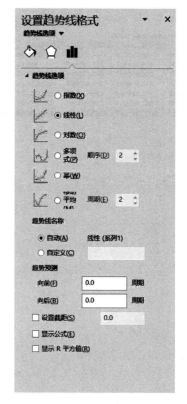

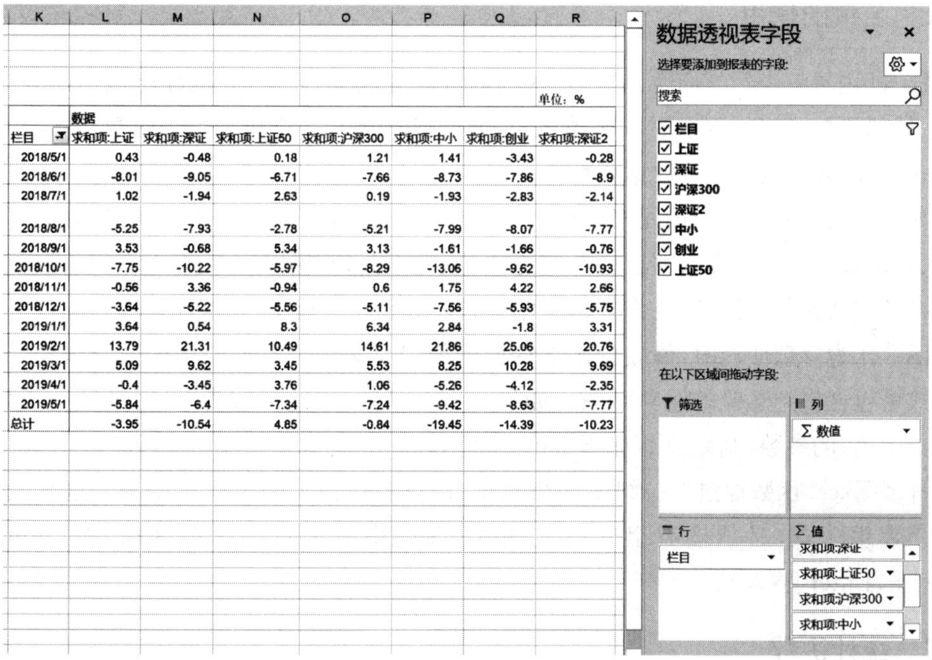

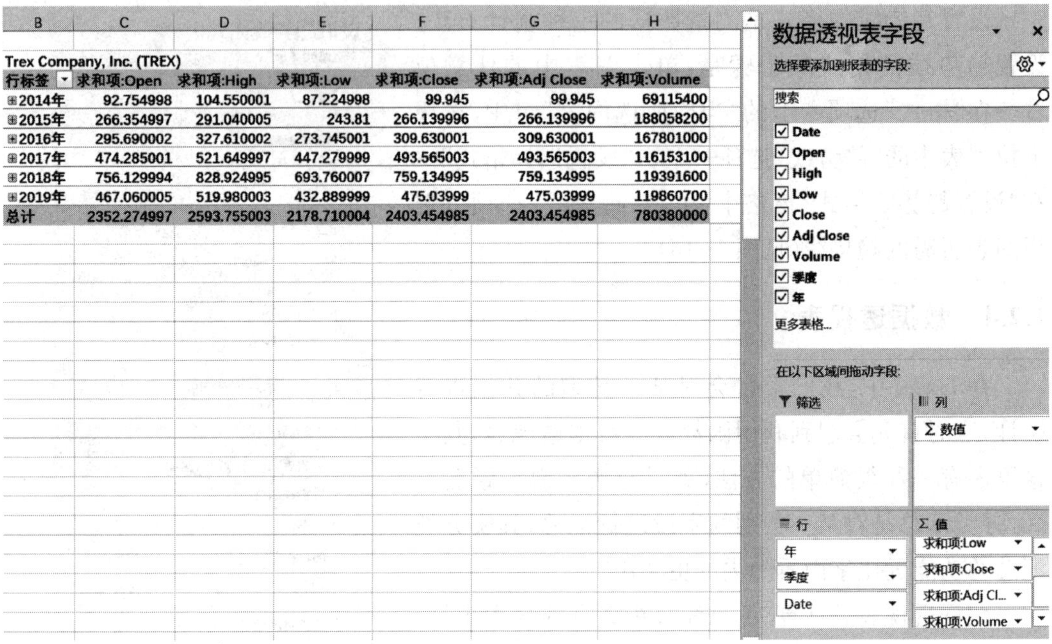

Trex Company, Inc. (TREX)

行标签	求和项:Open	求和项:High	求和项:Low	求和项:Close	求和项:Adj Close	求和项:Volume
⊞2014年	92.754998	104.550001	87.224998	99.945	99.945	69115400
⊞2015年	266.354997	291.040005	243.81	266.139996	266.139996	188058200
⊞2016年	295.690002	327.610002	273.745001	309.630001	309.630001	167801000
⊞2017年	474.285001	521.649997	447.279999	493.565003	493.565003	116153100
⊞2018年	756.129994	828.924995	693.760007	759.134995	759.134995	119391600
⊞2019年	467.060005	519.980003	432.889999	475.03999	475.03999	119860700
总计	2352.274997	2593.755003	2178.710004	2403.454985	2403.454985	780380000

图 1-18 数据透视表范例 2

1.3 内置函数和自定义函数

1.3.1 函数的使用

Excel 内置有大约 330 个函数,这些函数可以分成 11 大类:数据库函数、日期和时间函数、外部函数、工程函数、财务函数、信息函数、逻辑函数、查找和引用函数、数学和三角函数、统计函数以及文本和数据函数。

如果要在某单元格或单元格区域内调用函数,有多种方法,其中包括:从菜单中选取“插入→函数…”命令;点击编辑区左侧的“fx”标志;按[Shift]+[F3]。

在某些情况下,可能需要将某函数作为另一函数的参数使用,这称为嵌套函数。当将嵌套函数作为参数使用时,该嵌套函数返回的值类型必须与参数使用的值类型相同。一个公式可包含多达 7 级的嵌套函数。如果将一个函数(称此函数为 B)用作另一函数(称此函数为 A)的参数,则函数 B 相当于第二级函数。

许多 Excel 函数通过对一组或多组数据进行运算,得出一组运算结果。这类函数实际上是数组公式,必须按数组的方式输入(即选中整个数组所在区域,按[Shift]+[Ctrl]+[Enter]输入)。

1.3.2 统计函数

Excel 中有 70 余个统计函数,大致可分为 6 类:基本统计类函数,概率分布类,数字特征类,抽样分布类,统计检验类,相关、回归与预测类。

金融计算中常用的统计函数:计算平均值的 AVERAGE()、计算方差的 VAR()或 VARP()、计算标准差的 STDEV()或 STDEVP()、标准正态分布 NORMSDIST()和 NORMSINV();财务预测中有时会用到线性回归与预测函数 LINEST()、FORECAST()、TREND(),线性方程的斜率函数 SLOPE()、指数回归与预测函数 LOGEST()、GROWTH();在进行数据分析时会用到相关系数函数 CORREL()和乘积矩相关系数(也称为广义相关系数)函数 RSQ()。

Excel 内置有 50 余个金融财务方面的函数。

本书第二章介绍计算货币时间价值的 9 个函数,其中 5 个通用函数在金融计算中有着非常重要的作用:现值 PV()、终值 FV()、利率 RATE()、每期现金流量 PMT()、期数 NPER()。第三章介绍 5 个固定资产折旧类函数:直线折旧法 SLN()、年限总和法 SYD()、固定余额递减法 DB()、双倍余额递减法 DDB()以及用余额递减法计算若干期内累计折旧额的 VDB()。第四章介绍 5 个投资评价类函数:净现值 NPV()、内部收益率 IRR()、修正内部收益率 MIRR()以及用于计算非定期现金流量净现值和内部收益率的函数 XNPV()和 XIRR()。第七章介绍关于债券计算的 26 个函数。

自定义函数是指用户根据自己的需要,通过 Excel 内置的 Visual Basic for Application 编写代码,设计出实现特定功能的函数。

在本书各章的 Excel 工作簿文件里,为了说明一些重要或复杂的计算过程,使用了一个自定义函数 dispformula(),它的功能是显示指定单元格或单元格区域内的公式。在第十章中,设计了两个计算期权价格的函数 callopt()和 putopt(),这些函数要通过自定义的方式置入 Excel。

1.4 假设分析工具

1.4.1 方案管理器

方案,是保存在工作表当中并可以在相互之间进行切换的数据。方案管理器作为一种分析工具,每个方案允许建立一组假设条件,自动产生多种结果,并可以直观地看到每个结果的显示过程(见图 1-19)。

例如,对于一组现金流量分别使用不同的贴现率计算净现值,就可以把不同条件下的结果保存在若干方案中,通过 Excel 的方案管理

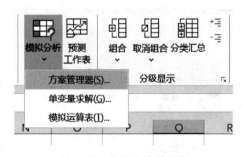

图 1-19 打开方案管理器

器在不同的结果间进行切换,以对比和评价各方案之间的差异(见图 1-20)。

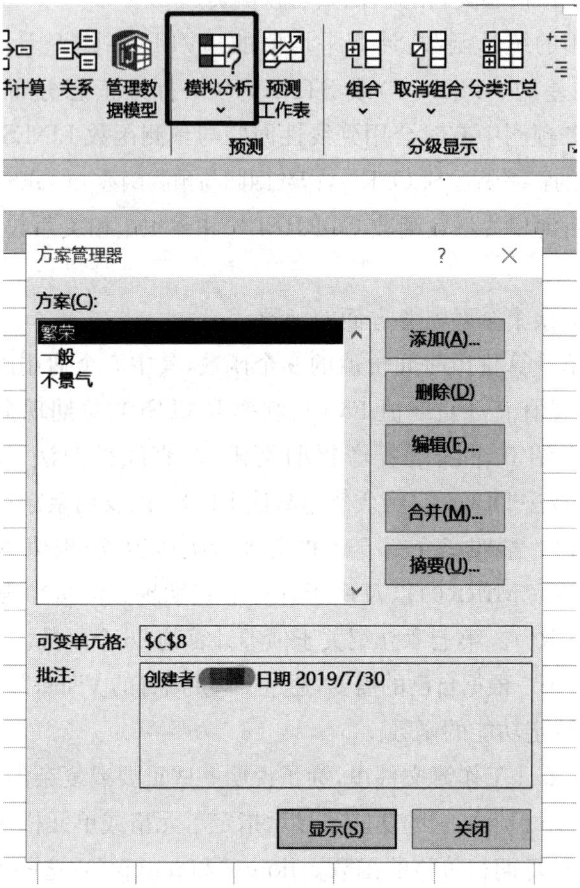

图 1-20 方案管理器范例

1.4.2 模拟运算表

敏感性分析是指通过使用不同的参数,对某个或某一组公式的运算结果进行综合对比,从而了解不同参数在其可能的取值范围内,对运算结果的影响程度。

Excel 中的模拟运算表是一个非常理想的敏感性分析工具,它充分发挥了表格界面和公式运算的两个优势,通过对评价指标计算公式的引用和指定要分析的指标,用表格的形式表示出评价指标对分析指标的依赖程度。如果根据模拟运算表的结果作图,可以更直观地表达出分析结果(见图 1-21)。

根据参数的不同,模拟运算表有单变量和双变量之分。在使用单变量模拟运算表时,可以将引用同一个参数的多个公式并列(见图 1-22)。

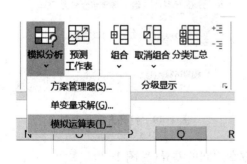

图 1-21 打开模拟运算表

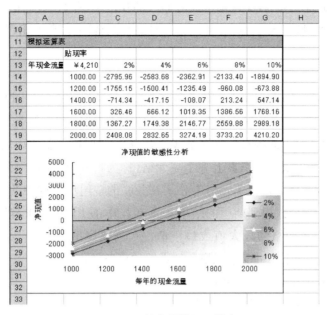

图 1-22 单变量模拟运算表

1.4.3 单变量求解

应用数量分析的方法时,有时已知某个公式的运算结果,要求确定其中某个参数的适当值,相当于数学上的反函数。然而并不是知道了函数表达式就一定能解出对于某个参数的反函数表达式,在实践中往往也没有必要非要找出反函数。过去通常使用插值试算的方法来解决这类问题,在 Excel 中,提供了一个专门的工具处理这类问题,这就是单变量求解。

例如在资本预算当中,内部收益率是投资评价的一个重要指标,它等于净现值为 0 时的贴现率;再如在期权定价问题中,经常需要根据期权的市场价格计算标的资产的波动性。在这里,都是已知净现值和期权价格的公式,但很难直接解出贴现率或波动性的表达式。所以如果想通过已知贴现率或标的资产的波动性反过来求内部收益率或期权的市场价格,可以使用单变量求解(见图 1-23)。

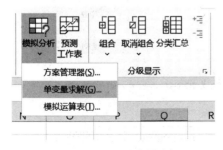

图 1-23 打开单变量求解

图 1-24 单变量求解范例

如果想让贴现率为 8%，反过来求此时的内部收益率，那么"目标单元格"引用贴现率值单元格，"目标值"填写 8%，"可变单元格"引用内部收益率值单元格（见图 1-24）。

1.4.4 规划求解

规划求解是 Microsoft Excel 加载项程序，可用于模拟分析。通过单变量求解，可以根据给定的公式结果，计算出某个参数的值。对于更复杂的情况，如要求使公式结果取最大或最小，同时对公式内的各参数存在某些约束条件，这时就需要使用规划求解工具。

借助规划求解，可求得工作表上某个单元格（称为目标单元格）中公式的最优值。规划求解将对直接或间接与目标单元格中公式相关联的一组单元格中的数值进行调整，最终使目标单元格中的公式得到期望的结果。简单来说，使用"规划求解"可通过更改其他单元格来确定一个单元格的最大值或最小值。在创建模型过程中，要对规划求解模型中的可变单元格数值设置约束条件，而且约束条件可以引用其他影响目标单元格公式的单元格。

下面介绍如何使用规划求解定义并求解问题。

（1）在"数据"选项卡的"分析"组中，单击"规划求解"（见图 1-25）。

图 1-25 打开规划求解

（2）在"设置目标"框中，输入目标单元格的单元格引用或名称。目标单元格必须包含公式（见图 1-26）。

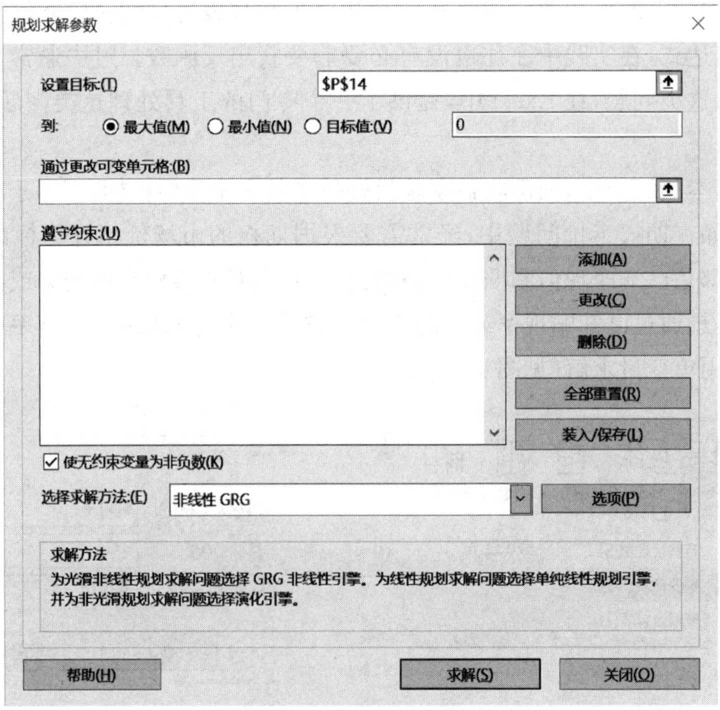

图 1-26 规划求解范例

（3）执行下列操作之一：若要使目标单元格的值尽可能大，请单击"最大值"；若要使目标单元格的值尽可能小，请单击"最小值"；若要使目标单元格为确定值，请单击"值"，然后在框中键入数值。

（4）在"遵守约束"框中，通过执行下列操作输入任何要应用的约束：

a. 在"规划求解参数"对话框中，单击"添加"。

b. 在"单元格引用"框中，输入要对其中数值进行约束的单元格区域的单元格引用或名称。

c. 单击所引用的单元格和约束之间所需的关系（<=、=、>=、int、bin 或 dif）。如果单击"int"，则"约束"框中将显示"整数"。如果单击"bin"，则"约束"框中将显示"二进制"。如果单击"dif"，alldifferent 将显示在"约束"框中。

d. 如果在"约束"框中选择关系<=、=或>=，请键入数字、单元格引用或名称、公式。

e. 执行下列操作之一：要接受约束并添加另一个约束，请单击"添加"；要接受约束条件并返回"规划求解参数"对话框，请单击"确定"。

（5）单击"求解"，再执行下列操作之一：若要在工作表中保存求解值，请在"规划求解结果"对话框中单击"保存规划求解的解"；若要在单击"求解"之前恢复原值，请单击"恢复原值"。

第二章 货币的时间价值
——金融计算的基础

> 货币时间价值,是指货币在周转使用中随着时间的推移而发生的价值增值。它是一切金融计算的基础。这一章除了对基本理论和公式进行归纳,还重点介绍了 Excel 中的年金计算函数,它们是全书乃至全部金融计算的通用工具。最后设计了一组有现实背景的简单示例。

2.1 终值和现值

（1）现值(P)：又称为本金,是指一个或多个发生在未来的现金流量相当于现在时刻的价值。

（2）终值(F)：又称为本利和,是指一个或多个现在或即将发生的现金流量相当于未来某一时刻的价值。

（3）利率(i)：又称贴现率或折现率,是指计算现值或终值时所采用的利息率或复利率(见图 2-1)。

图 2-1 现值、利率与终值

2.1.1 复利与终值

（1）复利：复利是指在一定期间按一定利率将本金所生利息加入本金再计利息的利息计算方法,即"利滚利"。

(2) 复利终值的计算。复利终值是指一定量的本金按复利计算若干期后的本利和。如果已知现值 P、利率 i 和期数 n，则复利终值的计算公式为

$$F = P(1+i)^n$$

某公司现有资金 10 000 元，投资 5 年，年利率为 8%，则 5 年后的终值为

$$P(1+i)^n = 10\,000(1+8\%)^5 = 14\,963.28(元)$$

2.1.2 贴现与现值

贴现现值是复利终值的逆运算，它是指今后某一规定时间收到或付出的一笔款项，按贴现率 i 所计算的货币的现在价值。

贴现现值的计算：如果已知终值、利率和期数，则贴现现值的计算公式为

$$P = F\frac{1}{(1+i)^n} = F(1+i)^{-n}$$

双龙公司准备将暂时闲置的资金一次性存入银行，以备 3 年后更新 500 000 元设备之用，银行存款年利率为 5%，按复利法计算该公司目前应该存入多少资金？

$$P = F\frac{1}{(1+i)^n} = F(1+i)^{-n} = 500\,000 \times 0.8638 = 431\,900(元)$$

2.1.3 在 Excel 中计算利息问题

在 Excel 中有 5 个通用函数被用于计算与货币时间价值有关的问题，我们统称为利息问题。它们是：现值 Pv()、终值 Fv()、利率 Rate()、每期现金流量 Pmt() 以及期数 Nper()。

- Pv：表示现值或本金(principal)
- Fv：表示终值或最后的现金流入量
- Rate：利率
- Nper：期数
- Pmt：年金，表示每期收支金额。在计算一笔固定资金终值时，该参数取值 0（该参数值是用于计算多重现金流量的计息和贴现的）。

在一般的计算中，知道其中四个作为参数，可以求第五个作为函数。即：和。

- 终值：Fv(Rate, Nper, Pmt, Pv, Type)
- 现值：Pv(Rate, Nper, Pmt, Fv, Type)
- 利率：Rate(Nper, Pmt, Pv, Fv, Type)
- 期数：Nper(Rate, Pmt, Pv, Fv, Type)

当其中的自变量 Pv 或 Fv 取为零时,计算机就自然默认为处理的是年金问题。计算年金问题时,其中的自变量 Pv 或 Fv 都可以不取为零。

Type:数值 0 或 1,用以指定付款时间是在期初还是在期末。如果为 1,表示付款在期初;如果为 0 或忽略,表示付款在期末。

例如,RATE(36, 4, −100, 100, 0)=4%,

其中:第 1 个自变量 Nper 是指收付年金的次数,第 2 个自变量 Pmt 是指年金流入的金额,第 3 个自变量 Pv 是指一开始的现金流入量,第 4 个自变量 Fv 是指最后的现金流入量,最后一个自变量 Type 取 0 是指年金都是在期末流入的。

2.2 多重现金流量

多重现金流量指一段时间内发生的一系列现金流,而不是简单的期初流入或期末流出(见图 2-2)。

图 2-2 现金流时间轴

2.2.1 多重现金流量的终值

多重现金流量的终值的算法:计算每一笔现金流的终值,然后加总求和,即多重现金流终值等于每笔现金流终值之和(见图 2-3)。

$$F = C_0(1+r)^n + C_1(1+r)^{n-1} + C_2(1+r)^{n-2} + C_3(1+r)^{n-3} + \cdots + C_{n-1}(1+r)^1 + C_n$$
$$= \sum_{i=0}^{n} C_i(1+r)^{n-i}$$

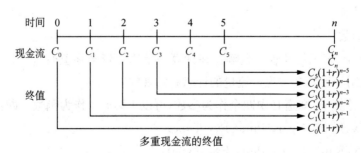

图 2-3 多重现金流的终值

2.2.2 多重现金流量的现值

多重现金流量的现值的算法：先计算每一笔现金流各自的现值，然后把所有现金流的现值加总求和（见图2-4）。

$$PV = C_0 + \frac{C_1}{1+r} + \frac{C_2}{(1+r)^2} + \frac{C_3}{(1+r)^3} + \frac{C_4}{(1+r)^4} + \frac{C_5}{(1+r)^5} + \cdots + \frac{C_n}{(1+r)^n}$$

$$= \sum_{i=0}^{n} \frac{C_i}{(1+r)^i}$$

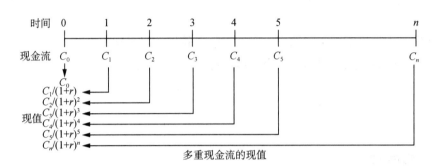

图2-4 多重现金流的现值

2.3 年金计算

年金是指在一定时期内每隔相同的时间发生相同数额的系列收付款项。如普通年金、预付年金、永续年金（见图2-5）。

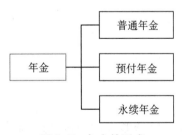

图2-5 年金的形式

2.3.1 普通年金

普通年金（A）是指一定时期内每期期末等额的系列收付款项。

普通年金终值是指一定时期内每期期末等额收付款项的复利终值之和（见图2-6）。

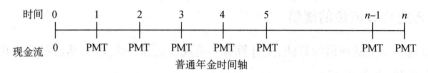

图 2-6 普通年金的时间轴

计算公式如下：

$$FV_{OA} = PMT \times [(1+r)^{n-1} + (1+r)^{n-2} + (1+r)^{n-3} + \cdots + (1+r)^2 + (1+r) + 1]$$

$$= PMT \times \left[\frac{(1+r)^n - 1}{r}\right]$$

普通年金现值是指一定时期内每期期末收付款项的复利现值之和。普通年金现值的计算是已知年金、利率和期数，求年金现值的计算，其计算公式为

$$PV_{IA} = PMT(1+r)\left[\frac{1-(1+r)^{-n}}{r}\right] = PV_{OA} \times (1+r)$$

2.3.2 预付年金

预付年金又称为先付年金(A')，是指一定时期内每期期初等额的系列收付款项。预付年金与普通年金的差别仅在于收付款的时间不同。其终值计算公式为

$$F = A'\left[\frac{(1+i)^{n+1} - 1}{i} - 1\right] = A'[(F/A, i, n+1) - 1]$$

或 $$= A'(F/A, i, n)(1+i)$$

其现值计算公式为

$$P = A'\left[\frac{1-(1+i)^{-(n-1)}}{i} + 1\right] = A'[(P/A, i, n-1) + 1]$$

或 $$= A'(P/A, i, n)(1+i)^{-1}$$

2.3.3 永续年金

永续年金可视为普通年金的特殊形式，即期限趋于无穷的普通年金。由于永续年金持续期无限，没有终止时间，因此没有终值，只有现值。

永续年金计算公式需要满足以下条件。

（1）每次支付金额相同且皆为 A (amount of payment)；

（2）支付周期(每次支付的时间间隔)相同(如：年、季、月等)；

（3）每段支付间隔的利率相同且皆为 i (interest rate, 根据周期不同，可以为年利率、月利率等)。

则永续年金的现值 PV(present value)计算公式为

① 如果每个期间的期末支付,PV=A/i

② 如果每个期间的期初支付,PV=(1+i) * A/i

2.3.4　Excel 中的年金计算函数

1. 5 个最基本的函数

① PV()函数——现值;

② FV()函数——终值;

③ RATE()函数——利率;

④ PMT()函数——每期现金流量;

⑤ NPER()函数——期数,它们分布在时间线上。

2. 使用这些函数时要注意其参数

① pmt 参数作为每期发生的现金流量,在整个年金期间其值保持不变;

② type=0 或省略表示各期现金流量发生在期末,即普通年金;

　　type=1 表示各期现金流量发生在期初,即预付年金;

③ 应确认所指定的 rate 和 nper 单位的一致性。

3. 另外 4 个函数

① PPMT()函数——某期现金流量中的本金金额

② IPMT()函数——某期现金流量中的利息金额

上面两个函数是分解 PMT()函数而得出的。

① CUMPRINC()函数——若干计息期内的本金金额

② CUMIPMT()函数——若干计息期内的利息金额

上面两个函数合起来计算年金在多期里的现金流量。

4. 当对应参数完全相同时,后 4 个函数有如下关系

① IPMT()函数与 PPMT()函数之和等于 PMT()函数;

② CUMIPMT()函数等于 IPMT()函数的累加;

③ CUMPRINC()函数等于 PPMT()函数的累加;

④ CUMIPMT()函数与 CUMPRINC()函数之和等于对应计息期内 PMT()函数的累加。

2.4　年金的深入讨论

2.4.1　年金计算的代数原理

Excel 的这组年金函数之间存在一个内在的关系式,称为年金基本公式。

$$pmt \cdot (1 + rate \cdot type) \cdot \left[\frac{(1+rate)^{nper} - 1}{rate}\right] + pv \cdot (1+rate)^{nper} + fv = 0$$

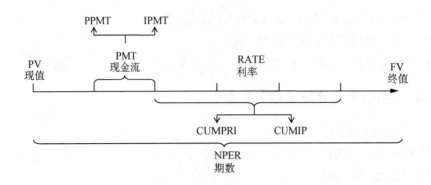

图 2-7 年金计算的代数原理

对上面的公式进行分析可以看出,该式左侧共包含 3 项。
① 第 1 项符合普通年金或预付年金终值的计算公式:

$$FV_{OA} = v_0 \cdot \frac{(1+r)^n - 1}{r}$$

$$FV_{PA} = v_0 \cdot \left[\frac{(1+r)^{n+1} - 1}{r} - 1\right]$$

② 第 2 项就是一般的复利终值计算公式:

$$FV = v_0(1+r)^n$$

③ 第 3 项是终值。

级数的计算如下。

$$S = aq^0 + aq^1 + aq^2 + aq^3 + \cdots + aq^{n-2} + aq^{n-1}$$
$$qS = aq^1 + aq^2 + aq^3 + \cdots + aq^{n-1} + aq^n$$
$$S - qS = aq^0 + aq^n \Rightarrow S(1-q) = a - aq^n \Rightarrow S = a\frac{(1-q^n)}{1-q}$$

终值的计算如下。

$$FV_{OA} = v_0 \sum_{i=0}^{n-1}(1+r)^i = v_0 \frac{[1-(1+r)^n]}{1-(1+r)} = v_0 \frac{[(1+r)^n - 1]}{r}$$

现值的计算如下。

$$PV_{OA} = v_0 \sum_{i=1}^{n}(1+r)^{-i} = v_0(1+r)^{-1}\frac{[1-(1+r)^{-n}]}{1-(1+r)^{-1}} = v_0\frac{[1-(1+r)^{-n}]}{r}$$

2.4.2 递增年金

每期现金流量按固定比率递增或递减,构成等比数列,这类情况称为递增年金。其现值的计算过程如下。

$$PV_{GA} = v_0 \sum_{i=0}^{n-1} (1+g)^i (1+r)^{-(i+1)}$$

作为几何级数,其首项为 $\dfrac{v_0}{1+r}$,公比为 $\dfrac{1+g}{1+r}$,项数为 n,

$$PV_{GA} = v_0 \cdot \dfrac{1 - \left(\dfrac{1+g}{1+r}\right)^n}{r-g}$$

当其期数趋于无穷大时,就形成了无限递增年金。对于上述公式,如果满足 $0 \leqslant g < r$,则有: $\lim\limits_{n \to \infty} \left(\dfrac{1+g}{1+r}\right)^n = 0$,

代入 $PV_{GA} = v_0 \cdot \dfrac{1 - \left(\dfrac{1+g}{1+r}\right)^n}{r-g}$,可以得到无限递增年金的现值公式 $PV = \dfrac{v_0}{r-g}$。

2.5 计息期与利息

2.5.1 名义利率与有效利率

对于给定的年利率,只要在 1 年内计算复利,就必须考虑实际利率的差别。这时,给定的年利率称为名义利率(r_{nom},或 APR),用名义利率除以每年内的计息次数得到的是期利率(r_{per}),而根据实际的利息与本金之比计算的利率称为有效利率(EAR)(见图 2-8)。

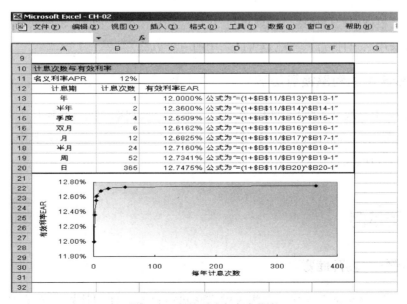

图 2-8 有效利率与每年期数

$$r_{per} = \frac{r_{nom}}{m}$$

$$EAR = \left(1 + \frac{r_{nom}}{m}\right)^m - 1 = (1 + r_{per})^m - 1$$

2.5.2 连续复利与连续贴现

当名义利率固定不变时，每年计息次数 m 越多，则相应的有效利率 EAR 越大，随着计息次数的增加，有效利率迅速增加；而当每年计息次数超过 12 以后，则有效利率的增加变得非常缓慢并趋向一极限。

$$\lim_{m \to \infty}(EAR) = \lim_{m \to \infty}\left[\left(1 + \frac{r}{m}\right)^m - 1\right] = e^r - 1$$

- 离散复利：$FV = PV \cdot (1+r)^n$
- 离散贴现：$PV = FV \cdot (1+r)^{-n}$
- 连续复利：$FV = PV \cdot e^{rn}$
- 连续贴现：$PV = FV \cdot e^{-rn}$

与此相关的一个问题是关于增长率或收益率的计算。

在计算某一指标的增长率或收益率时，按照离散时间的概念，某一期的增长率或收益率是指标在当期增减的幅度与期初指标值的比：

$$g_n = a_{n+1}/a_n - 1$$

如果把连续时间的概念引入，则可以得到计算增长率或收益率的另一种方法：

$$g'_n = \ln(a_{n+1}/a_n)$$

例如，要根据股票价格逐日计算其利得收益率（利得是由于股票价格变动而产生的收益）就可以采用后一种方法（当然也可以采用前一种方法）。

2.5.3 Excel 中的利率换算函数

在 Excel 中有两个函数专门用于在名义利率和有效利率之间进行换算。

EFFECT(nominal_rate, npery) 和 NOMINAL(effect rate, npery)，其中，npery 为每年的复利期数（次数）。

2.6 应用示例

2.6.1 示例一：教育储蓄

【例 2-1】 父母准备为其子女将来的求学进行储蓄。他们计划从孩子 12 岁起到他

17岁,每年年初存入一定金额的资金,从孩子18岁上大学开始到21岁,每年年初支取一定金额作为学费。

首先,假定在孩子12岁到17岁每年年初存款6 000元,利率为3%。然后,从18岁开始每年年初支取10 000元,到21岁的年终。问:到21岁年终时该存款的账面余额为多少?

如果其他条件不变,要求计算前6年每年年初存款为多少时,可以到21岁年终收支平衡,即结余金额为零。

第一步:建立模型结构图(见图2-9)。

图2-9 收支教育储蓄结构图

结构图公式如图2-10所示。

图2-10 结构图公式展示

第二步:在B8:B13单元格区域中输入公式"=B6",按数组生成键,产生数组。
第三步:选取C8单元格,输入公式"=B8",计算第一年的年初金额。

第四步:在 C9:C13 单元格区域中输入公式"=B9:B13+E8:E12",按数组生成键,计算后 5 年年初金额。

第五步:在 D8:D13 单元格区域中输入公式"=C8:C13 * B4",按数组生成键,计算当年利息。

第六步:在 E8:E13 单元格区域中输入公式"=C8:C13+D8:D13",按数组生成键,计算年终金额。

结余金额为零的设计:

单击数据功能模块[模拟分析]→[单变量求解]→在[目标单元格]键入 E20→[目标值]为 0→[可变单元格]选取 B6,如图 2-11 所示。最后单击[确定]按钮。

图 2-11 单变量求解

2.6.2 示例二:养老金

(1) 如果某人从 36 岁开始为自己储备养老金到 65 岁退休,希望从 66 岁到 85 岁每年年初支取 100 000 元,利率为 8%,要求计算他在前面的储蓄中每年年初应等额存入多少金额?

(2) 如果在 85 岁时扣除全部已支取的金额外仍然有 500 000 元,则在储蓄中每年年初应等额存入多少?

(3) 在 36 岁开始存款时如果将已有的 50 000 元作为本金存入,则在储蓄过程中每年年初应等额存入多少?

第一步:建立如图 2-12 和图 2-13 所示的结构。

养老金	
计算养老金(1)	
支取金额 — 利率	8%
支取养老金的年限	20
每年支取金额	100,000.00
养老金总额	1,060,359.92
存款 — 存入养老金的年限	30
每年存入金额	8,666.90
要求85岁时保持有500000存款(2)	
养老金总额1	1,167,634.02
每年存入金额1	96,035.12
85岁时账面金额	500,000.00
35岁时额外存入50000作为本金(3)	
35岁一次性存款	50,000.00
每年存入金额	18,078.60
65岁时账面金额	1,060,359.92

图 2-12 养老金结构图

养老金		
计算养老金(1)		
支取金额	利率	0.08
	支取养老金的年限	=85-65
	每年支取金额	100000
	养老金总额	=PV(利率,支取养老金的年限,-每年支取金额,,1)
存款	存入养老金的年限	=65-35
	每年存入金额	=PMT(利率,存入养老金的年限,,-养老金总额,1)
要求85岁时保持有500000存款(2)		
养老金总额1		=PV(利率,支取养老金的年限,-每年支取金额,-账面金额85岁,1)
每年存入金额1		=PMT(利率,存入养老金的年限,-D11,,1)
85岁时账面金额		500000
35岁时额外存入50000作为本金(3)		
35岁一次性存款		50000
每年存入金额		=ABS(PMT(利率,支取养老金的年限,-一次性存款35岁,D17))
65岁时账面金额		=养老金总额

图 2-13 养老金结构图说明

第二步:选取 C4:D9,选择公式功能模块→根据所选内容创建→选择"最左列",见图 2-14,最后单击[确定]按钮。

第三步:在 D7 单元格中输入公式"=PV(利率,支取养老金的年限,一每年支取金额,1)",计算满足 20 年支出的账户总额。

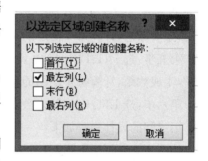

图 2-14 创建表格

第四步:在 D9 单元格中输入公式"=PMT(利率,存入养老金的年限,一养老金总额,1)",计算满足未来 20 年每年支取 100 000 元的需要。

第二、三问的操作同上述第二至四步。

2.6.3 示例三:助学贷款

(1) 一名学生在入学时,从银行申请了国家助学贷款 40 000 元。按照贷款合同,该生从毕业起 10 年内分期偿还这笔贷款,每年年末偿还固定金额,假设贷款利率均为 5%,要求计算该生每年年末须偿还的贷款金额,以及各年偿还金额中本金和利息各为多少。

(2) 该项贷款还规定,借款人毕业后可以自己选择每年偿还金额,要求是还款期限必须保证在 10 年以内且每年偿还金额固定。假如该生拟每年末偿还 10 000 元,要求计算还款期。

第一问的设计过程如下。

第一步:设计如图 2-15 所示的模型结构。

第二步:选 C5 单元格,输入公式"C5=C3",计算毕业时贷款额。

第三步:选 C8 单元格,输入公式"=PMT(利率,偿还期限,毕业时的终值)",计算毕业后每年还款额。

	A	B	C	D	E	F
			助学贷款			
			计算还款金额			
		贷款金额	40000.00			
		贷款年限	4			
		毕业时的终值	40000.00			
		偿还期限	10			
		利率	5%			
		每期还款金额	-5180.18			
		年份	偿还本金	偿还利息	本利合计	剩余本金
		0				40000
		1	-3180.18	-2000.00	-5180.18	36819.82
		2	-3339.19	-1840.99	-5180.18	33480.62
		3	-3506.15	-1674.03	-5180.18	29974.47
		4	-3681.46	-1498.72	-5180.18	26293.01
		5	-3865.53	-1314.65	-5180.18	22427.48
		6	-4058.81	-1121.37	-5180.18	18368.67
		7	-4261.75	-918.43	-5180.18	14106.92
		8	-4474.84	-705.35	-5180.18	9632.09
		9	-4698.58	-481.60	-5180.18	4933.51
		10	-4933.51	-246.68	-5180.18	0.00

图 2-15　助学贷款结构图

第四步：选 C11：C20，输入公式"＝PPMT（利率，B11：B20，偿还期限，毕业时的终值）"，生成数组，计算每年偿还的本金数额。

第五步：选 D11：D20，输入公式"＝IPMT（利率，B11：B201，偿还期限，毕业时的终值）"，生成数组，计算每年偿还的利息部分。

第六步：选 E11：E20，输入公式"＝F10：F19＋C11：C20"，生成数组，计算每年偿还额。

第二问的设计过程如下。

按图 2-16 的结构求还款年限，采用 NPER（）函数。

计算还款期限				
贷款金额	40000.00			
利率	5%			
每期还款金额	10,000.00			
偿还期限	4.57			
年份	年初金额	当期利息	偿还金额	年末余额
0				40000.00
1	40000.00	2000.00	-10000.00	32000.00
2	32000.00	1600.00	-10000.00	23600.00
3	23600.00	1180.00	-10000.00	14780.00
4	14780.00	739.00	-10000.00	5519.00
5	5519.00	275.95	-5794.95	0.00

图 2-16　计算还款期限

2.6.4　示例四：住房按揭贷款

【例 2-2】　西安市民赵女士购买了一套总价人民币 60 万元的新房，首付 20 万元，贷款总额 40 万元，其中公积金贷款 10 万元，期限 10 年，年利率 4.5%，商业贷款 30 万元，期限 20 年，年利率 6%。如果采用等额本息还款，公积金贷款、商业贷款每月还款额为多少？利息、本金各多少，每月还款总额是多少？

第一步：建立如图 2-17 所示的结构图。

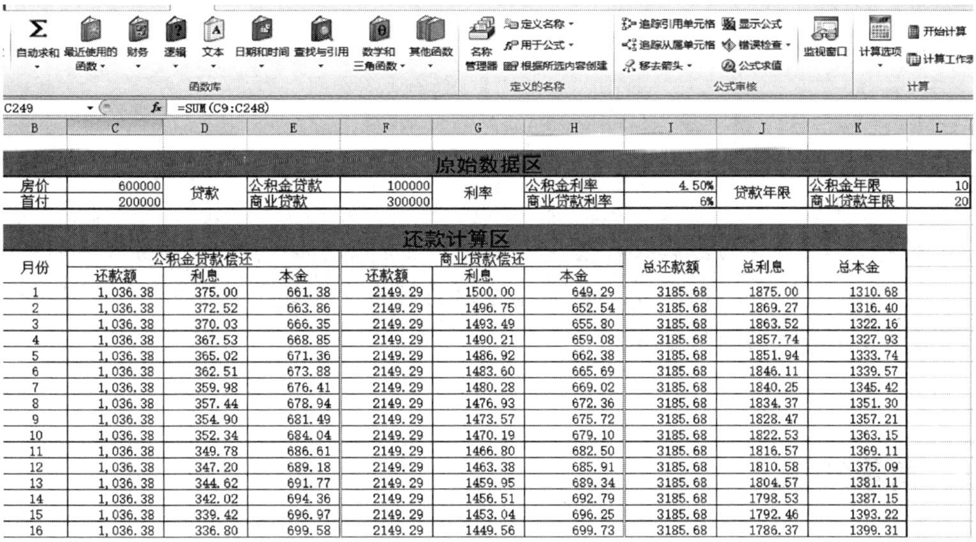

C249 =SUM(C9:C248)

原始数据区										
房价	600000	贷款	公积金贷款	100000	利率	公积金利率	4.50%	贷款年限	公积金年限	10
首付	200000		商业贷款	300000		商业贷款利率	6%		商业贷款年限	20

还款计算区									
月份	公积金贷款偿还			商业贷款偿还			总还款额	总利息	总本金
	还款额	利息	本金	还款额	利息	本金			
1	1,036.38	375.00	661.38	2149.29	1500.00	649.29	3185.68	1875.00	1310.68
2	1,036.38	372.52	663.86	2149.29	1496.75	652.54	3185.68	1869.27	1316.40
3	1,036.38	370.03	666.35	2149.29	1493.49	655.80	3185.68	1863.52	1322.16
4	1,036.38	367.53	668.85	2149.29	1490.21	659.08	3185.68	1857.74	1327.93
5	1,036.38	365.02	671.36	2149.29	1486.92	662.38	3185.68	1851.94	1333.74
6	1,036.38	362.51	673.88	2149.29	1483.60	665.69	3185.68	1846.11	1339.57
7	1,036.38	359.98	676.41	2149.29	1480.28	669.02	3185.68	1840.25	1345.42
8	1,036.38	357.44	678.94	2149.29	1476.93	672.36	3185.68	1834.37	1351.30
9	1,036.38	354.90	681.49	2149.29	1473.57	675.72	3185.68	1828.47	1357.21
10	1,036.38	352.34	684.04	2149.29	1470.19	679.10	3185.68	1822.53	1363.15
11	1,036.38	349.78	686.61	2149.29	1466.80	682.50	3185.68	1816.57	1369.11
12	1,036.38	347.20	689.18	2149.29	1463.38	685.91	3185.68	1810.58	1375.09
13	1,036.38	344.62	691.77	2149.29	1459.95	689.34	3185.68	1804.57	1381.11
14	1,036.38	342.02	694.36	2149.29	1456.51	692.79	3185.68	1798.53	1387.15
15	1,036.38	339.42	696.97	2149.29	1453.04	696.25	3185.68	1792.46	1393.22
16	1,036.38	336.80	699.58	2149.29	1449.56	699.73	3185.68	1786.37	1399.31

图 2-17 住房按揭贷款结构图

第二步：在 C9 单元格中输入公式"＝PMT(公积金利率/12，公积金年限＊12，－公积金贷款)"，并将公式复制到 C10：C128。计算公积金贷款的月还款额。

第三步：在 D9 单元格中输入公式"＝IPMT(公积金利率/12，B9，公积金年限＊12，－公积金贷款)"，并将公式复制到 D10：D128。计算公积金贷款的月利息。

第四步：在 E9 单元格中输入公式"＝PPMT(公积金利率/12，B9，公积金年限＊12，－公积金贷款"，并将公式复制到 E10：E128。计算公积金贷款的每月还款本金。

第五步：在 F9 单元格中输入公式"＝PMT(商业贷款利率/12，商业贷款年限＊12，－商业贷款)"，并将公式复制到 F10：F248。计算商业贷款的月还款额。

第六步：在 G9 单元格中输入公式"＝IPMT(商业贷款利率/12，B9，商业贷款年限＊12，－商业贷款)"，并将公式复制到 G10：G248。计算商业贷款的月利息。

第七步：在 H9 单元格中输入公式"＝PPMT(商业贷款利率/12，B9，商业贷款年限＊12，－商业贷款)"，并将公式复制到 GH10：GH248。计算商业贷款每月还款本金。

第八步：选 I9：K248 单元格区域，输入公式"＝C9：E248＋F9：H248"，按数组生成键，产生数组，计算每月总的还款额、利息和本金额。

第九步：在 C249 单元格中输入公式"＝SUM(C9：C248)"，计算公积金贷款还款合计，并将其复制到 D249：K249，分别计算对应项目的合计数，结果见图 2-17。

第三章 会计学常识
——面向管理的财务报表和比率

> 本章介绍会计学的基本常识,重点讨论企业财务报表的结构以及财务比率的意义和应用,它们是资本课题的入门知识。本章以美国英特尔公司的财务报表为例,分析企业主要财务报表的结构与功能。

3.1 背景知识

3.1.1 企业、公司与资本市场

当前各国普遍存在的三种主要的企业组织形式分别是个人独资、合伙制和公司。

(1) 个人独资是完全为一个人所拥有的企业。其优点是结构简单、容易组建,并且企业的收入作为个人所得而纳税;其缺点是规模有限,责任无限,融资困难,不易发展、延续。

(2) 合伙制企业的性质与个人独资企业相似,但所有者不止一个人,他们联合对企业担负无限责任。合伙制企业的缺点:无限责任,所有权不易转让。

(3) 公司具有独立的法人资格,拥有类似自然人的权利和义务。公司的基本特点是企业的所有者只对公司承担有限责任,并且所有权和经营权是可以分离的,这种所有权分散成众多等值的股份,这种以股份形式体现的所有权很容易以市场化的方式转移。公司的一个重要缺陷是双重纳税:公司的利润在企业层面上被征收企业所得税,而剩余的利润在分配到所有者时,会再一次被征税。

此外,还存在一些其他类型的企业,而公司制企业也存在不同的具体形式。

公司制的基本特点是所有权与经营权的分离,在企业中存在所有者和管理层两个具有不同利益的群体,两者之间形成代理关系,管理者是作为股东的代理人对公司进行管理权。管理者的目标就是使股东的利益最大化,股东的利益具体体现为企业的市场价值。

公司制的另一个特点是公众持有,企业在需要时可以面向社会公众募集资金,从而保证企业的不断发展,由此造就了一个独立的资本市场。资本市场因公司的存在而产生,反过来又积极地促进了公司的发展。资本市场是企业所面对的最主要的环境因素之一,对企业的生存和发展起着极为重要的作用。资本市场最基本的作用在于促进资金在企业和社会公众

之间的流通,从而激活和调整社会财富的流动,促进整个社会的经济发展(见图3-1)。

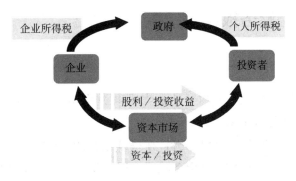

图 3-1 资本循环

3.1.2 财务管理与金融计算

财务管理是在一定的整体目标下,关于资产的购置(投资),资本的融通(筹资)和经营中现金流量(营运资金)以及利润分配的管理。财务管理是企业管理的一个组成部分,它是根据财经法规制度,按照财务管理的原则,组织企业财务活动,处理财务关系的一项经济管理工作。

金融计算是公司财务和投资学的基本内容。主要包括:资本预算、资产定价、证券价值评估、资本成本和企业价值、资本结构、股利政策以及期权。

(1) 资本预算。公司的中长期投资计划与管理称为资本预算,资本预算的过程就是不断地选择和评价投资方案,评价的原则是贴现现金流量(DCF)或者称净现值(NPV)。

(2) 资产定价。资产的价值取决于其未来产生的现金流量(收益)及其不确定性(风险)。资本资产定价模型量化表示了资本资产的预期收益和风险之间的关系,它是整个金融财务理论的核心。

(3) 证券价值评估。资本化是企业财务管理的根本性前提。企业自身的价值要以其在资本市场上的市场价值来体现,企业的投资、融资活动也要通过金融工具来最终实现。

(4) 资本成本和企业价值。任何价值评估都是对预期现金流量的贴现,贴现率就是资本的使用成本。资本成本问题直接关系到资本预算和企业价值,而企业价值是一切管理活动的最终目标。

(5) 资本结构。企业的资本包括权益和债务两种成分,它们分别具有不同的资本成本。不同的资本成分在总资本中所占比重称资本结构,它对企业价值有复杂而微妙的影响。

(6) 股利政策。企业经营收益的发放方式称为股利政策,它会同时影响企业的资本结构、资本成本和企业价值。

(7) 期权。期权既是一种金融工具,又是一种革命性的投资管理理念。

3.2 会计原理与财务报表

3.2.1 会计基础

会计是一种管理活动,其主要内容是记录、整理并定期总结企业经营活动中的经济记录,最终以报表的形式体现出来。

(1) 会计期。为了便于总结会计资料,在持续进行的经营活动中确定的一段起讫期间,据以定期反映企业的经营成果和财务状况。以一年作为会计期,称为会计年度。

(2) 权责发生制。由于划分了会计期,就会出现收支期间和归属期间的问题。确定本期收入有两种不同处理方法:现金收付制和权责发生制。

- 现金收付制:指以款项的实际收付日期作为标准来确定本期的收支。
- 权责发生制:以应收、应付作为确定本期收支的标准。

(3) 会计主体。会计所反映的是特定个体的经济业务,而非与其有各种联系的其他个体(包括企业的所有者)的经济业务。

(4) 会计等式。企业的资产有两个主要来源,所有者和债权人。它们把资本投入企业,因而对企业的资产享有一定权利。资产对于企业和投资者具有不同的意义。一方面会计主体拥有或支配的资产,另一方面投资者对资产拥有要求的权利。全部资产与全部权益在金额上必须永远相等,这种关系称为基本会计等式。

$$资产 = 负债 + 所有者权益$$

基本会计等式的另一种表达方式是:所有者权益等于资产减去负债。

(5) 财务报表体系。财务报表反映企业财务状况和经营成果。

- 资产负债表。企业的财务状况是一种存量信息,它通过企业在特定时间的资产、负债和所有者权益等信息来体现。
- 损益表。企业的经营成果通过一定时间范围内销售额、成本、利润等项目的流量信息来反映。
- 现金流量表。现金流量是企业经营管理和投资者对企业价值进行评估时非常重要的财务指标。

以上三种报表构成了企业财务报表的基本体系。

3.2.2 财务报表的基本原理

财务报表是公司根据财务标准或准则编制的,向股东(如股票投资者)、高层管理者(CEO)、政府(如税务部门)或债权人(如银行)提供或报告的公司在一段时期以来的有关经营和财务信息的正式文件,主要包括:资产负债表、利润表和现金流量表。

新准则要求披露第四张财务报表:"股东权益变动表"。

财务报表分析是指利用会计报表提供的数据及相关资料(如宏观经济资料、行业资料、国家政策、法律资料、竞争者资料等)为基础,采用一系列专门的技术与方法,对企业财务状况和经营成果进行分析和评价,目的在于判断企业的财务状况,考察企业经营活动的利弊得失,以便进一步预测企业未来的发展趋势,为财务决策、财务预算和财务控制提供依据的一项管理活动。

财务报表分析既是对已完成财务活动的总结(评价),又是财务预测的前提(预测),在财务管理工作中具有重要作用。

一、财务报表分析的目的

1. 投资者的分析目的

(1) 分析评价企业的盈利能力,预测企业未来收益。

(2) 分析企业经营业绩,评价受托经营者管理水平,合理进行薪酬与人事决策。

(3) 企业的资本结构决定了企业财务风险类型,企业偿债能力决定了企业财务环境好坏及资金取得渠道。

2. 债权人的分析目的

(1) 分析企业的偿债能力。

(2) 分析企业的盈利能力,评价企业成本付息的保障程度。

3. 经营管理者的分析目的

(1) 考核企业经营计划和财务计划完成情况,评价经营责任的履行效果。

(2) 分析评价企业财务状况,提高财务管理水平。

(3) 分析评价企业资源利用效率,增强企业市场竞争力。

4. 政府机构及其他的分析目的

(1) 监督、检查党和国家的各项经济政策、法规、制度在企业单位的执行情况。

(2) 保证企业财务会计信息和财务分析报告的真实性、准确性,为宏观决策提供可靠信息。

二、财务报表分析的对象

1. 筹资活动

筹资活动,是指筹集企业投资和经营所需要的资金,包括发行股票和债券,取得借款以及利用内部积累资金等。以此确定投资方式、规模、结构。

2. 投资活动

投资活动,是指将所筹集到的资金分配于资产项目,包括购置各种长期资产和流动资产。筹资活动是投资活动的"前置"部分,投资决定了经营活动的规模、类型和具体方式,经营活动是投资活动的"延续"部分。

3. 经营活动

经营活动,是在必要的筹资和投资前提下,运用资产赚取收益的活动,它至少包括研究与开发、采购、生产、销售和人力资源管理等五项活动。经营活动的关键是使上述五项活动适当组合,使之适合企业的类型和市场定位。如现金持有量、应收款项、存货等管理,以提高资产利用效率。

3.3 获取和阅读财务报表

3.3.1 获取公众企业财务报表

通过互联网获取公众企业的财务报表。以 Yahoo-Finance 为例,查询 Intel Corp. 的财务报表。

进入 Yahoo-Finance 的分析中心。

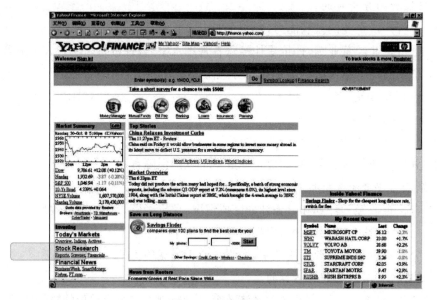

图 3-2 雅虎财经

从公司报告栏目进入财务报表。

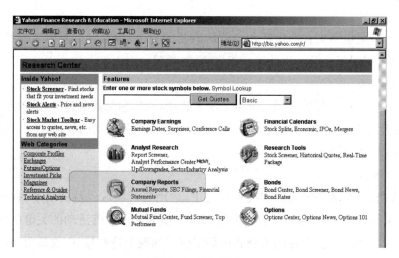

图 3-3 公司报告

通过搜索找到 Intel Corp.当前的财务报告(2003Q3)。

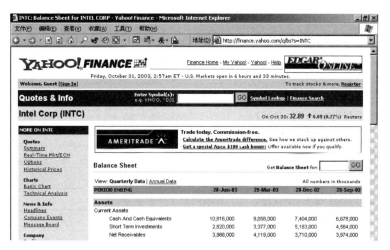

图 3-4　英特尔公司当前财务报告

从网页下部链接查询公司年报并下载。

3.3.2　损益表

损益表，又称利润表，是反映企业一定时期的收入、费用、利润等经营结果及资本利得或损失，提供企业所得与所耗之间配比效果的动态财务报表(见表 3-1)。

通过利润表分析可以了解公司的盈利能力、经营效率，对公司在行业中的竞争地位、持续发展的能力做出判断(见表 3-2)。

表 3-1　损益表　　　　　　　　　　　　　　　　　单位:元

项目	金额
一、营业收入	
二、营业利润	
三、利润总额	
四、净利润	
五、每股收益	

表 3-2　利润表　　　　　　　　　　　　　　　会企 02 表

　　　　　　　　　　　　　　　　　年　　　　　　　　　　　单位:元

项目	行次	本年金额	上年金额
一、营业收入			
减：营业成本			
营业税费			
销售费用			

(续表)

项目	行次	本年金额	上年金额
管理费用			
财务费用(收益以"－"号填列)			
资产减值损失			
加:公允价值变动净收益(净损失以"－"号填列)			
投资净收益(净损失以"－"号填列)			
二、营业利润(亏损以"－"号填列)			
加:营业外收入			
减:营业外支出			
其中:非流动资产处置净损失(净收益以"－"号填列)			
三、利润总额(亏损总额以"－"号填列)			
减:所得税			
四、净利润(净亏损以"－"号填列)			
五、每股收益			
(一) 基本每股收益		×	
(二) 稀释每股收益		×	

图 3-5 为英特尔公司 2001 年、2002 年损益表。以 2002 年情况为例,销售收入为 267.64 亿美元(B3),直接成本是 134.46 亿美元(B4),毛利 133.18 亿美元(B5＝B3－B4)。

	A	B	C	D
1	英特尔公司——损益表			
2	会计期截止:	2002-12-28		2001-12-29
3	销售收入	$26,764,000,000.00		$26,539,000,000.00
4	成本	$13,446,000,000.00		$13,487,000,000.00
5	毛利	$13,318,000,000.00		$13,052,000,000.00
6	经营费用			
7	研发	$4,034,000,000.00		$3,994,000,000.00
8	销售和管理费用	$4,334,000,000.00		$4,464,000,000.00
9	非常规项目(Nonrecurring)	$20,000,000.00		$0.00
10	其他经营费用	$548,000,000.00		$2,338,000,000.00
11	经营收益	$4,382,000,000.00		$2,256,000,000.00
12	其他收支项目总计净值	-$94,000,000.00		-$17,000,000.00
13	息税前收益EBIT	$4,288,000,000.00		$2,239,000,000.00
14	利息	$84,000,000.00		$56,000,000.00
15	税前收益	$4,204,000,000.00		$2,183,000,000.00
16	所得税	$1,087,000,000.00		$892,000,000.00
17	延续(Continuing)经营的净收益	$3,117,000,000.00		$1,291,000,000.00
18	非常规(Nonrecurring)事件			
19	终止(Discontinued)经营	$0.00		$0.00
20	非常规(Extraordinary)项目	$0.00		$0.00
21	其他项目	$0.00		$0.00
22	净收益	$3,117,000,000.00		$1,291,000,000.00
23	优先股和其他调整	$0.00		$0.00
24	适用于普通股的净收益	$3,117,000,000.00		$1,291,000,000.00
25				

图 3-5 英特尔公司损益表

下面 4 项(B7:B10)是当年发生的费用,用毛利减去这 4 项经营性支出,得到经营收益 438.20 亿美元(B11);再减去其他收支项目,得到息税前收益(EBIT)为 428.80 亿美元(B13)。

用 EBIT 减去利息(B14)和所得税(B16),得到净收益为 31.17 亿美元(B17)。

3.3.3 现金流量表

现金流量表是反映企业一定会计期间内有关现金及现金等价物的流入与流出情况的会计报表,是为报表使用者提供有关企业资金流量信息的报表(见表 3-3)。

通过现金流量表分析,了解公司资金管理的能力及支持公司日常经营的资金来源是否充分(支付能力)、偿债能力、收益质量等(见表 3-4)。

表 3-3 现金流量表　　　　　　　　　　　　　　　　单位:元

1. 经营活动现金流量净额	
1)现金流入	
2)现金流出	
2. 投资活动现金流量净额	
1)现金流入	
2)现金流出	
3. 筹资活动现金流量净额	

表 3-4 企业现金流量表结构　　　　　　　　　　　　会企 03 表

编制单位:　　　　　　　　　_____年度　　　　　　　　　　单位:元

项目	行次	本年金额	上年金额
一、经营活动产生的现金流量:			
销售商品、提供劳务收到的现金			
收到的税费返还			
收到其他与经营活动有关的现金			
经营活动现金流入小计			
购买商品、接受劳务支付的现金			
支付给职工以及为职工支付的现金			
支付的各项税费			
支付其他与经营活动有关的现金			
经营活动现金流出小计			
经营活动产生的现金流量净额			

(续表)

项目	行次	本年金额	上年金额
二、投资活动产生的现金流量：			
收回投资收到的现金			
取得投资收益收到的现金			
处置固定资产、无形资产和其他长期资产收回的现金净额			
处置子公司及其他营业单位收到的现金净额			
收到其他与投资活动有关的现金			
投资活动现金流入小计			
购建固定资产、无形资产和其他长期资产支付的现金			
投资支付的现金			
取得子公司及其他营业单位支付的现金净额			
支付其他与投资活动有关的现金			
投资活动现金流出小计			
三、筹资活动产生的现金流量：			
投资活动产生的现金流量净额			
吸收投资收到的现金			
取得借款收到的现金			
收到其他与筹资活动有关的现金			
筹资活动现金流入小计			
偿还债务支付的现金			
分配股利、利润或偿付利息支付的现金			
支付其他与筹资活动有关的现金			
筹资活动现金流出小计			
筹资活动产生的现金流量净额			
四、汇率变动对现金的影响			
五、现金及现金等价物净增加额			
期初现金及现金等价物余额			
期末现金及现金等价物余额			

图3-6为英特尔公司2001、2002年度现金流量表。以2002年情况为例，B3:B12是源自经营活动的现金流量。来自损益表的净收益31.17亿美元(B3)；经营活动现金流量91.29亿美元(B12)。

B13:B17是源自投资活动的现金流量：−57.65美元(B17)。负值表示现金流出量大于现金流入量。

B18:B23 是源自融资活动的现金流量：-39.30 美元(B23)。

现金及现金等价物的变化为-5.66 亿美元(B24)。

	英特尔公司——现金流量表	
会计期截止:	2002-12-28	2001-12-29
净收益	$3,117,000,000.00	$1,291,000,000.00
经营活动现金流量		
折旧	$5,344,000,000.00	$6,469,000,000.00
净收益的调整	$1,073,000,000.00	$895,000,000.00
经营活动引起的变动		
应收账款的变动	$30,000,000.00	$1,561,000,000.00
负债的变动	$56,000,000.00	-$1,467,000,000.00
投资的变动	-$26,000,000.00	$24,000,000.00
经营活动引起其他的变动	-$465,000,000.00	-$119,000,000.00
源自经营活动现金流量	$9,129,000,000.00	$8,654,000,000.00
投资活动现金流量		
资本支出	-$4,703,000,000.00	-$7,309,000,000.00
投资	-$675,000,000.00	$8,257,000,000.00
源自投资活动的其他现金流量	-$387,000,000.00	-$1,143,000,000.00
源自投资活动现金流量	-$5,765,000,000.00	-$195,000,000.00
融资活动现金流量		
支付股利	-$533,000,000.00	-$538,000,000.00
卖出和回购股票	-$3,333,000,000.00	-$3,246,000,000.00
借款净值	-$64,000,000.00	$319,000,000.00
源自融资活动的其他现金流量	$0.00	$0.00
源自融资活动的现金流量	-$3,930,000,000.00	-$3,465,000,000.00
现金和现金等价物的变动	-$566,000,000.00	$4,994,000,000.00

图 3-6 英特尔公司现金流量表

3.3.4 资产负债表

资产负债表是反映企业某一特定日期的财务状况，包括企业拥有的经济资源、债务和净资产等情况的会计报表(见表 3-5)。

通过资产负债表分析，可以了解公司的财务状况，对公司的偿债能力、资本结构是否合理、流动资金是否充足做出判断。

资本结构指负债资本、股东(所有者)权益资本在总资产中所占比重。即：

$$资产＝负债＋所有者权益$$

表 3-5 资产负债表结构

资产项目	负债及所有者权益项
一、流动资产	一、流动负债
二、非流动资产	二、非流动负债
	三、所有者权益

如图 3-7,第一部分(B3:B9)是流动资产,其总计为 189.25 亿美元(B9),其中现金和现金等价物为 74.04 亿美元(B4)。

第二部分(B10:B16)为长期资产即固定资产与无形资产之和。将长期资产各项与流动资产相加,得到总资产为 442.24 亿美元(B17)。

第三部分(B18:B26)是负债。其中,流动负债为 65.95 亿美元(B22),负债总计为 87.56 亿美元(B26)。

第四部分(B27:B34)是股东权益,总计为 354.68 亿美元(B34)。

	A	B	C	D	E
1		英特尔公司——资产负债表			
2	会计期截止:	2002-12-28		2001-12-29	
3	流动资产				
4	现金和现金等价物	$7,404,000,000.00		$7,970,000,000.00	
5	短期投资	$5,183,000,000.00		$3,580,000,000.00	
6	净应收账款	$3,710,000,000.00		$3,565,000,000.00	
7	库存	$2,276,000,000.00		$2,253,000,000.00	
8	其他流动资产	$352,000,000.00		$265,000,000.00	
9	流动资产总计	$18,925,000,000.00		$17,633,000,000.00	
10	长期资产				
11	长期投资	$1,234,000,000.00		$1,474,000,000.00	
12	厂房和设备	$17,847,000,000.00		$18,121,000,000.00	
13	商誉	$4,330,000,000.00		$4,330,000,000.00	
14	无形资产	$1,888,000,000.00		$797,000,000.00	
15	其他资产	$0.00		$2,040,000,000.00	
16	延期的长期资产变动	$0.00		$0.00	
17	资产总计	$44,224,000,000.00		$44,395,000,000.00	
18	流动负债				
19	应付账款和应计开销	$5,684,000,000.00		$5,743,000,000.00	
20	短期和流动性长期债务	$436,000,000.00		$409,000,000.00	
21	其他流动负债	$475,000,000.00		$418,000,000.00	
22	流动负债总计	$6,595,000,000.00		$6,570,000,000.00	
23	长期债务	$929,000,000.00		$1,050,000,000.00	
24	其他负债	$0.00		$0.00	
25	延期的长期负债变动	$1,232,000,000.00		$945,000,000.00	
26	负债总计	$8,756,000,000.00		$8,565,000,000.00	
27	股东权益				
28	可赎回优先股	$0.00		$0.00	
29	优先股	$0.00		$0.00	
30	普通股	$7,641,000,000.00		$8,833,000,000.00	
31	留存收益	$27,847,000,000.00		$27,160,000,000.00	
32	资本盈余	$0.00		$0.00	
33	其他股东权益	-$20,000,000.00		-$153,000,000.00	
34	股东权益总计	$35,468,000,000.00		$35,830,000,000.00	
35	有形资产净值	$29,250,000,000.00		$30,703,000,000.00	
36					

图 3-7 英特尔公司资产负债表

3.4 基于报表的财务分析

财务报表分析方法是财务报表分析过程中运用数据收集、整理、归类、计算、比较、评价与预测等手段来揭示企业财务能力的一种方式与手段。

3.4.1 比较分析方法

比较分析法是指将实际的数据同特定的各种（比较）标准相比较，从数量上确定其差异，并进行差异分析或趋势分析的一种分析方法。使用该方法的关键在于确立比较的标准（参照标准），即解决与谁比较的问题，以及选择比较的形式。

常用的比较标准有以下几种。

(1)公认标准；(2)预算标准；(3)历史标准；(4)行业标准。

比较分析法有绝对数比较（即差异额）和相对数比较（百分比变动）两种形式（见图 3-8）。

	A	B	C	D
1	英特尔公司——资产负债表			
2	会计期截止：	2002-12-28		2001-12-29
3	流动资产			
4	现金和现金等价物	16.74%		17.95%
5	短期投资	11.72%		8.06%
6	净应收账款	8.39%		8.03%
7	库存	5.15%		5.07%
8	其他流动资产	0.80%		0.60%
9	流动资产总计	42.79%		39.72%
10	长期资产			
11	长期投资	2.79%		3.32%
12	厂房和设备	40.36%		40.82%
13	商誉	9.79%		9.75%
14	无形资产	4.27%		1.80%
15	其他资产	0.00%		4.60%
16	延期的长期资产变动	0.00%		0.00%
17	资产总计	100.00%		100.00%

	A	B	C	D
1	英特尔公司——资产负债表			
2	会计期截止：	2002-12-28		2001-12-29
18	流动负债			
19	应付账款和应计开销	12.85%		12.94%
20	短期和流动性长期债务	0.99%		0.92%
21	其他流动负债	1.07%		0.94%
22	流动负债总计	14.91%		14.80%
23	长期债务	2.10%		2.37%
24	其他负债	0.00%		0.00%
25	延期的长期负债变动	2.79%		2.13%
26	负债总计	19.80%		19.29%
27	股东权益			
28	可赎回优先股	0.00%		0.00%
29	优先股	0.00%		0.00%
30	普通股	17.28%		19.90%
31	留存收益	62.97%		61.16%
32	资本盈余	0.00%		0.00%
33	其他股东权益	-0.05%		-0.34%
34	股东权益总计	80.20%		80.71%
35	有形资产净值	66.14%		69.16%

图 3-8 英特尔公司百分比资产负债表

1. 绝对数比较

$$差异额 = 实际指标 - 标准指标$$

2. 百分比变动比较

$$差异率 = 差异额 / 标准指标 * 100\%$$
$$通用公式：(a_1 - a_0)/a_0 = b\%$$

3.4.2 比率分析方法

比率分析法，是利用两项相关数据之间的关联关系，通过两数相比计算出比率，以此计量经济活动的变动程度，揭示企业财务活动的内在联系，借以评价企业财务状况和经营成果的一种方法。是用两个以上的指标（分子、分母）的比率进行分析的方法。比率分析法主要有三种。

1. 构成比率(部分与整体之比,也叫结构比率)

$$结构比率 = \frac{某项目财务指标的部分数值}{某项目财务指标的总体数值} \times 100\%$$

2. 效率比率(反映成果性比率——如盈利能力指标)

如:成本利润率、销售利润率、资金利润率。

3. 相关比率(两个性质不同而又相关的指标的比率)

将两个性质不同而又相关的指标加以对比,求出比率,并以此来考察经营成果的好坏。如:流动比率(流动资产/流动负债)、存货周转率(主营业务成本/平均存货)、资产周转率(主营业务收入/资产总额)、产权比率(负债总额/所有者权益)等。(需用有内在联系的指标进行对比)

常用财务比率如表 3-6 所示。

表 3-6 常用财务比率

流动性	资产管理	市场价值
流动比率 速动比率 现金比率	应收账款周转率 存货周转率 资产周转率	每股净收益 每股账面价值 每股股利 市盈率 市净率
债务管理	盈利能力	
资产负债率 权益负债率 权益乘数 利息保障倍数	销售利润率 基本盈利能力 BEP 资产收益率 ROA 权益收益率 ROE	

3.4.3 杜邦分析法

杜邦分析法(DuPont analysis)是利用几种主要的财务比率之间的关系来综合地分析企业的财务状况。具体来说,它是一种用来评价公司盈利能力和股东权益回报水平,从财务角度评价企业绩效的一种经典方法。其基本思想是将企业净资产收益率逐级分解为多项财务比率乘积,这样有助于深入分析比较企业经营业绩。由于这种分析方法最早由美国杜邦公司使用,故名杜邦分析法(见图 3-9)。

杜邦等式:权益收益率 = 销售净利率 × 资产周转率 × 权益乘数

一、基本思路

(1)权益收益率是一个综合性最强的财务分析指标,是杜邦分析系统的核心。

(2)资产净利率是影响权益净利率的最重要的指标,具有很强的综合性,而资产净利

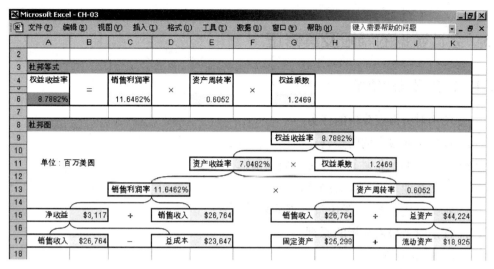

图 3-9 杜邦图

率又取决于销售净利率和总资产周转率的高低。总资产周转率是反映总资产的周转速度。对资产周转率的分析,需要对影响资产周转的各因素进行分析,以判明影响公司资产周转的主要问题在哪里。销售净利率反映销售收入的收益水平。扩大销售收入,降低成本费用是提高企业销售利润率的根本途径,而扩大销售同时也是提高资产周转率的必要条件和途径。

(3) 权益乘数表示企业的负债程度,反映了公司利用财务杠杆进行经营活动的程度。资产负债率高,权益乘数就大,这说明公司负债程度高,公司会有较多的杠杆利益,但风险也高;反之,资产负债率低,权益乘数就小,这说明公司负债程度低,公司会有较少的杠杆利益,但相应所承担的风险也低。

二、杜邦分析法的财务指标关系

杜邦分析法中的几种主要的财务指标关系为

净资产收益率＝总资产净利率×权益乘数＝销售净利率×总资产周转率×权益乘数

其中:

销售净利率＝净利润／销售收入;

总资产周转率＝销售收入／平均资产总额;

权益乘数＝资产总额／所有者权益总额＝1/(1－资产负债率)＝1＋产权比率

在具体运用杜邦体系进行分析时,可以采用因素分析法,首先确定营业净利率、总资产周转率和权益乘数的基准值,然后顺次代入这三个指标的实际值,分别计算分析这三个指标的变动对净资产收益率的影响方向和程度,还可以使用因素分析法进一步分解各个指标并分析其变动的深层次原因,找出解决的方法。

3.5 会计数据的局限及其修正

3.5.1 财务报表的使用

一、使用财务报表分析的任务

(1) 评估企业报告期的经营业绩；
(2) 分析影响企业财务状况变动的因素；
(3) 预测企业未来的发展趋势；
(4) 选择最优方案,科学决策发展战略。

二、使用财务报表分析的原则

1. 实事求是原则

(1) 对财务报表的信息进行认真审查与选择；
(2) 由于财务报表不可能十分全面地反映企业财务状况和经营成果,因此财务报表分析工作者应深入实际,尽量多地掌握第一手资料；
(3) 具体问题具体分析,具体情况具体对待。

2. 系统分析原则

(1) 全面综合分析问题；
(2) 加强重点分析问题。

3. 成本效益原则

(1) 舍弃对具体对象的分析；
(2) 从简处理；
(3) 抓住重要因素进行分析；
(4) 采取定性的分析方法；
(5) 注重时效性。

4. 可理解性原则

(1) 按逻辑展开；
(2) 语言清晰明了。

三、使用财务报表分析的要求

(1) 明确总体分析目标与具体分析目标,制定分析工作计划；
(2) 选择灵活多样的分析形式；
(3) 明确财务报表分析的局限性。

四、使用财务报表分析的其他注意因素

基于财务报表进行财务分析时,还要考虑以下一些因素。

首先是账面价值和市场价值的区别问题。金融计算关注的是现在和未来的市场价值。

其次，会计方法的不同会引起对同一指标的不同理解。

许多企业采用了多元化的经营战略，这就使得企业行业类别的划分以及基于这种划分的比较变得很困难。

由于会计期的限制，使得一切财务报表和财务数据都具有时间性。

最后，即使假定全部会计数据是真实可信的，其所反映的信息也不可能成为评估的绝对标准。

3.5.2 现金流量

一般将现金流量分为三类，即经营活动产生的现金流量、投资活动产生的现金流量、筹资活动产生的现金流量。

1. 经营活动产生的现金流量

(1) 销售商品、提供劳务收到的现金；

(2) 收到的租金；

(3) 收到的增值税项税额和退回的增值税款；

(4) 收到的除增值税以外的其他税费返还；

(5) 购买商品、接受劳务支付的现金；

(6) 经营租赁所支付的现金；

(7) 支付给职工以及为职工支付的现金；

(8) 支付的增值税款；

(9) 支付的所得税款；

(10) 支付的除增值税、所得税以外的其他税费；

(11) 支付的其他与经营活动有关的现金。

2. 投资活动产生的现金流量

(1) 收回投资所收到的现金；

(2) 分得股利或利润所收到的现金；

(3) 取得债券利息收入所收到的现金；

(4) 处置固定资产、无形资产和其他长期资产而收到的现金净额；

(5) 购建固定资产、无形资产和其他长期资产所支付的现金；

(6) 权益性投资所支付的现金；

(7) 债权性投资所支付的现金；

(8) 其他与投资活动有关的现金收入与支出。

3. 筹资活动产生的现金流量

(1) 吸收权益性投资所收到的现金；

(2) 发行债券所收到的现金；

(3) 借款收到的现金；

(4) 偿还债务所支付的现金；

(5) 发生筹资费用所支付的现金；

(6) 分配股利或利润所支付的现金；

(7) 偿付利息所支付的现金；

(8) 融资租赁所支付的现金；

(9) 减少注册资本所支付的现金；

(10) 与筹资活动有关的其他现金收入与支出。

3.5.3 净现金流量

净现金流量是现金流量表中的一个指标，是指一定时期内，现金及现金等价物的流入/收入减去流出/支出的余额＝净收入或净支出，反映了企业本期内净增加或净减少的现金及现金等价物数额。

在此应注意两点：第一，净现金流量是同一时点，如2018年末，现金流入量与现金流出量之差。第二，净现金流量按投资项目划分为三类：完整工业投资项目的净现金流量，单纯固定资产项目的净现金流量和更新改造项目的净现金流量。

由于利润表所反映的损益信息的固有限制，比如，实现的利润并不一定已取得现金，仍存在收不到现金而发生坏账的可能性。另外，利润表受人为调节的空间较大。因此，通过编制现金流量表，为会计报表使用者提供更为全面、更为有用、更为真实的信息。

$$净现金流量 = 净收益 - 非现金收入 + 非现金支出$$

$$净现金流量 \approx 净收益 + 折旧$$

自由现金流量：公司支付了为维持经营所必需的现金支出后可自由支配的现金流量。

$$FCF = EBIT - 所得税 + 折旧 - 固定资产开支 - 净营运资本的变化$$

自由现金流量的意义：

$$企业经营活动的价值 = \sum_{i=1}^{n} \frac{FCF_i}{(1+资本成本)^i}$$

3.6 折旧、所得税与现金流量

3.6.1 折旧计算

折旧(depreciation)是指实物资产(assets)随着时间流逝和使用消耗在价值上的减少。

资产是前期发生的支出，该支出的收益在资产投入使用后的实际经济寿命期内逐渐实现。因而，当期计提的折旧额应尽可能与当期用于创造收入而形成的资产消耗相匹配。

当期计提的折旧费，是一种非现金流出，也就是说，不是计提期间实实在在的货币资金流出。

固定资产是指使用期限超过一年的房屋建筑物、机器设备、工器具等;单价在规定的限额以上。固定资产折旧是指在固定资产的使用寿命内,按照确定的方法对应计提折旧额进行的系统分摊。

摊销(amortization)费是指无形资产和长期待摊费用等一次性投入费用的分摊。

无形资产是诸如版权、专利权、特许使用权、商标权等资产。无形资产从开始使用之日起,在有效使用期内平均计算摊销费。

以设备为例,设备更新(replacement)或废弃(abandonment),来自许多原因,如:资产的自然寿命或物理寿命的结束;资产经济寿命的完结;更新更好设备的出现,或者说技术寿命的完结,等等。

一般来说,企业总是希望多提和快提折旧费以期少交和慢交所得税;而政府为了防止企业的这种倾向,保证税收来源,对折旧的计算总是予以限定。

折扣的常见计算方法如下。

1. 直线折旧法

$$\text{直线折旧法}: D = \frac{C-S}{n}$$

其中,D 为折旧率;C 为资产原值;S 为资产在折旧期末的价值;n 为折旧期限。

Excel 财务函数:SLN(cost, salvage, life)

cost 为资产原值。

salvage 为资产在折旧期末的价值(有时也称为资产残值)。

life 为折旧期限(有时也称作资产的使用寿命)。

2. 加速折旧法

(1) 年限总和法:以固定资产应计折旧总额乘以使用年限的递减分数。

$$D_k = \alpha \cdot (C-S)$$

$$\alpha = \frac{2 \cdot (n-k+1)}{n(n+1)}$$

其中,n 为折旧年限;k 为已使用年限。

Excel 财务函数:SYD(cost, salvage, life, period)

cost 为资产原值。

salvage 为资产在折旧期末的价值(有时也称为资产残值)。

life 为折旧期限(有时也称作资产的使用寿命)。

period 为需要计算折旧值的期间。

SYD 函数与 SLN 函数基本上类似。

(2) 固定余额递减法:以每期的折余价值按固定的折旧率计算折旧额。

$$D_k = r \cdot (C - \sum_{k=1}^{n} D_{k-1})$$

$$r = 1 - \left(\frac{S}{C}\right)^{\frac{1}{n}}$$

其中，N 为估计使用年限；S 为预计残值；C 为固定资产原值。

Excel 财务函数：DB(cost, salvage, life, period, month)

cost 为资产原值。

salvage 为资产在折旧期末的价值（有时也称为资产残值）。

life 为折旧期限（有时也称作资产的使用寿命）。

period 为需要计算折旧值的期间。

注：period 必须使用与 life 相同的单位。month 为第一年的月份数，如省略，则假设为 12。

（3）双倍余额递减法：以使用年限的倒数乘以 2 作为折旧率计算。

$$D_k = r \cdot (C - \sum_{k=1}^{n} D_{k-1})$$

$$r = 2 \cdot \frac{1}{n}$$

Excel 财务函数：DDB(cost, salvage, life, period, factor)

通过指定 factor 参数的值（余额递减速率），DDB( ) 函数可用于多倍余额递减法的计算。当该参数被省略时，系统自动默认该参数的值为 2，此时将采用双倍余额递减法。

计算连续若干年内累计折旧金额：

Excel 财务函数：VDB(cost, salvage, life, start period, end period, factor, no switch)

start period 为进行折旧计算的起始期次，start period 必须与 life 的单位相同。

end period 为进行折旧计算的截止期次，end period 必须与 life 的单位相同。

factor 为余额递减折旧因子，如果省略参数 factor，则函数假设 factor 为 2（双倍余额递减法）。如果不想使用双倍余额法，可改变参数 factor 的值。

no switch 为一逻辑值，指定当折旧值大于余额递减计算值时，是否转到直线折旧法。

如果 no switch 为 TRUE，即使折旧值大于余额递减计算值，Excel 也不转换到直线折旧法；如果 no switch 为 FALSE 或省略，且折旧值大于余额递减计算值，Excel 将转换到直线折旧法。

除 no switch 外的所有参数必须为正数。

【例 3-1】

假设某工厂购买了一台新机器，该机器成本为 \$2 400，使用寿命为 10 年。机器的残值为 \$300。下面的示例将显示若干时期内的折旧值。结果舍入到两位小数。

VDB(2 400，300，3 650，0，1) 等于 \$1.32，为第一天的折旧值。Microsoft Excel 自动假设 factor 为 2。

VDB(2 400，300，120，0，1) 等于 \$40.00，为第一个月的折旧值。

VDB(2 400，300，10，0，1)等于＄480.00，为第一年的折旧值。

VDB(2 400，300，120，6，18)等于＄396.31，为第六到第十八个月的折旧值。

不同折旧方法计算结果的比较如图 3-10 所示。

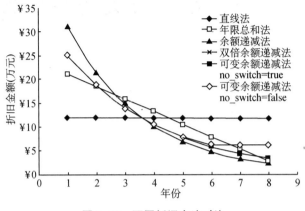

图 3-10　不同折旧方法对比

3.6.2　所得税和现金流量

根据会计原理，在现金流量计算中有如下关系式：

$$税前利润 = 毛利 - 折旧$$

$$纳税金额 = 税前利润 \times 所得税税率$$

$$税后利润 = 税前利润 - 纳税金额$$

$$现金流入量 = 税后利润 + 折旧$$

将以上公式综合起来，可以得到下式：

$$现金流入量 = (毛利 - 折旧) \times (1 - 所得税税率) + 折旧$$

可以看出，尽管折旧不作为全部投资的现金流出，但由于可以抵扣所得税，因此，折旧越多越快，税后的净现金流入量越多。

第四章 资本预算原理
——投资决策的评价指标

4.1 基本概念

4.1.1 资本预算

资本预算(capital budgeting)是公司用于资本项目决策,即决定接受或拒绝某个项目的决策过程。这一过程是为企业或组织在主要资本、投资、支出上分配资源的过程。其中,资本项目是指生命周期在一年或一年以上的项目。资本预算的主要目标之一则是增加公司股东的价值。资本预算一般包括以下四个步骤:一是产生创意、提出可能的决策方案;二是对各个方案进行财务效益、经济效益、社会效益等方面的分析;三是评估并做出投资决策;四是监控决策并进行事后审计和调整。

1. 资本预算的原则

(1) 基于税后增量现金流。资本预算决策基于现金流量预测,且是经税后调整的现金流,而不是会计收入。其中,增量现金流是指与项目未进行时相比,项目一旦开展后将产生的该项目所带来的现金流量。使用现金流量有利于清楚每一笔预期收入、支出的具体时间;利润计算没有考虑资金的收付时间(权责发生制)。现金流量使资本预算更具有客观性;会计利润一定程度上受存货计价、费用摊派和折旧计提方式影响;折旧不是当期真正的现金支出。

(2) 现金流时点很重要。资本预算分析的另一重要方面是尽可能准确地估计现金流发生的时间。由于资本预算分析使用的是货币时间价值的概念,现金流量发生的时间显著影响项目的现值。

(3) 应考虑机会成本和外部性。机会成本是公司因承接新项目而损失的现金流量。外部性是指一个项目或投资对项目本身以外的其他事物的影响。外部性包括两部分,一个是协同效应,另一个是侵蚀效应。前者是指新项目对现有项目的收入产生正向积极影响,后者则是指新项目对现有项目的收入产生负向影响。

我们可以这样理解,比如 AA 奶茶店打算在第五大道上新建一个店铺,已知第五大道上已经有一家 AA 奶茶店的商铺了,那么新建这个项目对已有店铺产生的影响可能有两种可能。若新店铺吸收新的消费者为自身创收,同时打响了品牌效应,进而带来的市场份额的增多,使已有店铺的收入也增多,这即是正向的协同效应。当然也有另一种可能,比如新店铺的收入的一部分是由于抢占了已有店铺的客户所带来的,那么这个新项目即新店铺为已有店铺带来的即是负向的侵蚀效应。

(4) 应忽略沉没成本、融资成本。在估算现金流量时,沉没成本应被忽略。沉没成本是指项目是否发生已经发生的成本。

融资成本不应计入现金流量。分析师用要求的回报率即贴现率对该项目产生的税后增量现金流进行贴现,融资成本已反映在要求的回报率中,应避免重复计算问题。

【例 4-1】 一个公司考虑在已有的土地上建一个别墅,该土地是四年前以 400 000 元购买的,该公司估计建别墅的建造成本是 100 000 元。在这片区域上,相同大小的土地标价为 800 000 元,求这个别墅的初始投资预算支出是多少。

分析:根据资本预算支出的定义,实际花的建造成本是 100 000 元,机会成本是 800 000 元,故初始投资预算支出是 900 000 元。

2. 资本预算的评价方法

常见的资本预算评价方法有净现值法,内部收益率法,回收期法,盈利指标法,平均收益率法。各方法的应用范围、项目方案比选时的决策标准、优缺点各不相同,不同关系的方案比选在后续章节将会详细讲解。

4.1.2　项目分类

一、项目

项目的一般概念是指在一定时间内,按预算规定的范围,达到预定质量目标的一项一次性任务。例如:建一栋大楼、解决一个科学研究课题等,都要在特定的时期内,按照规定的质量、性能、费用和工期要求一次性地完成。

二、投资项目

投资项目是指投入一定资金以获取预期效应的一整套投资活动,是在规定期限内为完成某项开发目标(或一组目标)而规划投资、实施政策措施、组建机构,以及包括企图活动在内的同一整体。

作为投资者,无论是直接从事投资活动的各级政府、企事业单位或者个人,还是其他形式的间接投资者,都希望以最少的投入获得最大的效益,包括商业效益、财务效益、经济效益、社会效益等。

三、项目分类

投资项目可以根据项目性质、投资用途、产品属性、管理形式、投资主体和融资方式等标准进行分类。

1. 按项目投资性质分类

(1) 新建项目:是以扩大生产能力或新增工程效益为主要投资建设目标的项目。

(2) 改扩建项目:是对原有厂房、设备、工艺流程等进行技术改造或更新,扩大原有生产能力或效益,在原有企业基础上进行建设的项目。

2. 按项目投资用途和目标分类

(1) 经营性项目：主要指直接用于物质生产或为满足物质生产需要服务的项目，项目投资目标是实现项目所有者权益的市场价值最大化和获取最大投资盈利。绝大多数生产或流通领域的投资项目均属此类。

(2) 非经营性项目：主要指用于满足人民物质和文化生活需要及其他非物质生产需要的项目，项目投资不是以盈利为目标。此类项目有两种情况，一是项目本身没有经营活动，如城市道路、公共绿化等，项目投资和营运支出一般由政府安排和支出。二是项目的产出直接为公众提供基本生活服务，项目本身有生产经营活动和营业收入，但产品价格不是由市场机制形成的。此类项目的投资回收能力不同，国家对该类投资建设项目有相应的配套政策。

3. 按项目的产品(或服务)属性分类

(1) 公共项目：是指为满足社会公众需要，生产或提供公共物品(或服务)的项目，属于非经营性项目。如市政工程的道路、路灯等。公共物品由政府生产或提供，人们一般将其看作社会福利。

(2) 非公共项目：是除公共项目以外的其他项目。含私人和企业、事业单位或社会团体、机构投资的项目。主要特征是投资商要向接受这种项目产出(商品或服务)的消费者收取费用因而获得利润。

4. 按项目投资主体和管理形式分类

(1) 政府投资项目：是指使用政府性资金的项目以及与此有关的活动。包括国家投资项目和各级地方政府的投资项目。政府投资项目主要是指用于关乎国家安全和市场不易有效配置资源的经济和社会领域的项目。政府性资金的来源主要包括：国家财政预算投资资金(含国债资金)；国家通借通还的利用国际金融组织和外国政府贷款主权外债资金；纳入预算管理的专项建设资金；国家直接安排的银行贷款资金；各级地方政府财政性资金，以及法规规定的其他政府性资金。对于此类项目，政府按照资金来源、项目性质和宏观调控需要，分别采用直接投资、资本金注入、投资补助、转贷和贴息等方式进行投资。

(2) 企业投资项目：主要指企业(包括国有企业、民营企业、企业集团等)用自有资金或自筹资金投资建设的项目。单纯地站在企业投资项目角度，可分为出于维持经营、减少成本的替代性项目；出于扩大生产经营的扩张性项目；新产品或服务项目；如消防等出于安全和环境角度而需的强制性项目，或是"pet projects"(如CEO购买用于出行的飞机)等其他项目。

(3) 利用外资的"三资"企业项目，主要形式有中外合资企业、中外合作企业和外商独资企业投资项目即境外投资项目。

(4) 各类投资主体联合投资项目，主要形式有生产联合体、资源开发联合体、科研与生产联合体和产销联合体等投资项目。

5. 按企业法人的现状和项目融资主体分类

(1) 新设法人的投资项目是指由新组建的项目法人为项目进行融资，项目投资由新设法人筹集的资本金和债务资金构成。这类项目的项目法人大多数是企业法人，它是由项目发起人（企业或政府）发起组建的新的具有独立法人资格的项目公司，由该项目公司承担项目融资责任和风险，主要依靠自身盈利能力（即项目投产后的财务效益）来偿还项目债务。这类项目一般是新建项目，但也可以是将既有法人的一部分资产剥离出去后重新组建新的项目法人的改扩建项目。

(2) 既有法人投资项目即要依托现有法人为项目进行融资的项目。其特点是，拟建项目部组建新的项目法人，由既有法人发起组织融资活动并承担融资责任和风险；拟建项目一般是在既有法人资产和信用的基础上进行，形成增量资产，并用既有法人的全部资产来偿还项目债务。这类项目既可以是改扩建项目也可以是非独立法人的新建项目。

6. 按投资主体的投资范围、融资方式和效益分类

(1) 竞争性项目：主要是指投资收益比高、市场调节比较灵敏、具有市场竞争能力的行业部门的相关项目，如夹竹园、房地产业、服务业等、金融业等。

(2) 基础性项目：主要包括具有一定自然垄断性、建设周期长、投资大、收益较低、需要政府扶植的基础设施项目以及直接增强国力的符合规模经济的产业项目。如三峡水利工程、城市公用设施等假设。

(3) 公益性项目：主要包括科教文卫、体育、广播电视和环保等事业的建设项目，公检法司的证券籍贯的假设项目以及政府机关、社会团体办公设施和国防设施建设项目。

4.2 投资评价指标

这里我们介绍用于投资项目评估时主要的几个指标，如平均收益率、回收期、净现值、内部收益率。本节中，我们主要目的是初步介绍各指标的概念、计算方法和投资决策标准。其中，本节所谈到的各指标的投资决策标准，是针对单个项目或独立项目的情况，至于多个项目之间的比选如互斥项目等情形，我们将在后续章节进行讨论。

4.2.1 平均收益率

平均收益率（ARR）是用项目预期的年平均净收益与初始投资的比值，称为平均会计收益率。

$$ARR = 预期年平均净收益/初始投资$$

平均收益率的投资决策标准（单个项目/独立项目）：

当 $ARR \geq$ 企业目标收益率时，项目接受/投资。

优点：简单直接、易理解、易计算。

缺点：平均收益率未考虑货币的时间价值，忽略项目预期现金流量的时间分布因素，故只能在非正式场合作为一种辅助性的手段来使用。

4.2.2 回收期

一、回收期

回收期(payback period, PB)是指从项目投资之日算起，以项目的净收益抵偿全部投资所需的时间，即初始投资能够收回来所需要的时间，是使累计现金流等于初始投资的时间。反映项目的财务清偿能力和风险大小。

$$PB = A + B/C$$

A 为最后有负的累计现金流的一期。B 为在 A 期末的累计现金流。C 为 A 后一期所发生的现金流

【例 4-2】 见表 4-1。

表 4-1 回收期计算

年末	0	1	2	3
现金流	−1 000	200	400	800
累计现金流	−1 000	−800	400	601.05

$PB = 2 + 400/800 = 2.5$ 年，即公司收回它的初始投资需要 2.5 年。

回收期的投资决策标准(单个项目/独立项目)

当 $PB \leqslant PB_{标}$ 时，投资方案可行；反之，不可行。其中 $PB_{标}$ 是指企业的目标回收期，多个可行方案进行比较，由于货币时间价值，投资回收期在满足 $PB \leqslant PB_{标}$ 的情况下相对而言，越短越好。

优点：简单直接，反映一定的项目流动性。

缺点：未直接衡量出项目的价值大小或是收益率；忽略货币的时间价值及项目的风险。

未考虑回收期后的现金流；决策依据主观臆断，对于回收期截止日的选择并不存在有可比性的指南，对项目的考察不全面，容易导致短视决策。

二、折现回收期法

由于回收期法存在忽略货币时间价值的问题，后期引入折现回收期(discounted payback period, DPB)，折现回收期 DPB 是使累计折现现金流等于初始投资所需要的时间。

折现回收期的投资决策标准(对单个项目/独立项目)

当 $DPB \leqslant DPB_{标}$ 时，投资方案可行；反之，不可行。其中 $DPB_{标}$ 是指企业的目标折现回收期，多个可行方案进行比较，由于货币时间价值，投资回收期在满足 $DPB \leqslant DPB_{标}$

的情况下相对而言,越短越好。

优点:简单,便于控制,直接反映流动性,考虑了货币的时间价值和风险。

缺点:没有衡量出价值或是收益率;未考虑回收期后的现金流。

【例 4-3】 一个项目未来现金流如表 4-2,折现率是 10%,计算 DPB。

表 4-2 折现回收期计算

年末	0	1	2	3
现金流	−1 000	200	400	800
折现现金流	−1 000	181.82		601.05
累计折现现金流	−1 000	−818.18	−487.60	113.45

$$DPB = 2 + 487.60/601.05 = 2.8(年)$$

由此也可得出一个重要的结论:折现回收期总是比回收期长。

4.2.3 净现值

净现值 NPV 是未来税后现金流现值的加总。

$$NPV = CF_0 + \frac{CF_1}{1+r} + \frac{CF_2}{(1+r)^2} + \cdots + \frac{CF_n}{(1+r)^n}$$

其中,$CF_i(i=0\cdots n)$ 分别表示该项目投资中第 i 期发生的现金流,r 代表折现率。由该公式中可以看出,在使用 NPV 法对项目进行评估时,合理预测此项目的现金流、使用正确的折现率是十分重要的。净现值反映出公司未来价值的预期变化。

【例 4-4】 一个项目未来现金流如下,折现率是 10%,计算 NPV,见表 4-3。

表 4-3 净现值计算

年末	0	1	2	3
现金流	−1 000	200	400	800
折现现金流	−1 000	181.82	330.58	601.05

$$NPV = -1\,000 + 181.82 + 330.58 + 601.05 = 113.45$$

投资决策标准——对单个项目/独立项目

如果 $NPV > 0$,则接受/投资;如果 $NPV < 0$,则拒绝/不投资。接受净现值为正的项目将使股东受益。

优点:考虑了资金的时间价值;能够直接反映公司价值的预期变化;如果利用现金流量表计算方案的净现值,可以清楚地表明方案在整个经济寿命期的经济效益。

缺点:不能说明资金的利用效率;忽视了项目的规模。如在实际工作中若仅以净现值的大小选择方案,则容易选择投资额大、盈利多的方案,而容易忽视投资少、盈利较多的方案。

盈利指数 profitability index（PI）是未来现金流的现值比上初始投资。反映了投资一单位所能换取的价值。

$$PI = \frac{\text{未来现金流的现值之和}}{\text{初始投资}} = 1 + \frac{\text{净现值}}{\text{初始投资}}$$

【例 4-5】 见表 4-4。

表 4-4 PI 计算

年末	0	1	2	3
现金流	−1 000	200	400	800
折现现金流	−1 000	181.82	330.58	601.05

$$PI = \frac{181.82 + 330.58 + 601.05}{1\,000} = 1.11$$

盈利指数的投资决策标准（单个项目/独立项目）

如果 $PI>1$，则接受/投资；如果 $PI<1$，则拒绝/不投资。

优点：衡量了利润率，直接展示了每单位投资所创造的价值。

缺点：忽略了该项目所体现的绝对净现值。

Excel 中净现值计算函数：NPV(rate, value1, value2)在使用 NPV()函数时，rate 为折现率，输入的 Value 值是指项目开始后产生的现金流，故该函数输出结果只是在项目开始后产生的各期现金流的现值之和，并未计入项目的初始投资，要计算 NPV，则需在使用 NPV()函数的计算结果基础上再加上初始投资（作为现金流出，记为负值）。

4.2.4 内部收益率（IRR）

内部收益率是项目现金流入量现值等于现金流出量现值时的折现率。其经济含义是在项目寿命期内项目内部未收回投资每年的净收益率。项目投资的内部收益率 IRR 是使 NPV=0 时的折现率，它反映了项目的预期回报率。

$$0 = NPV = CF_0 + \frac{CF_1}{(1+IRR)} + \frac{CF_2}{(1+IRR)^2} + \cdots + \frac{CF_n}{(1+IRR)^n}$$

【例 4-6】 见表 4-5。

表 4-5 IRR 计算

年末	0	1	2	3
现金流	−1 000	200	400	800

$$NPV = -1\,000 + \frac{200}{(1+IRR)} + \frac{400}{(1+IRR)^2} + \frac{800}{(1+IRR)^3} = 0$$

解得：$IRR = 15.12\%$

投资决策标准（单个项目/独立项目）

$IRR >$ 资金成本（cost of capital），则接受/投资此项目。

$IRR <$ 资金成本（cost of capital），则拒绝/不投资此项目。

可以这样理解，IRR 是使 $NPV = 0$ 时的贴现率，那么如果贴现率小于 IRR，则 NPV 大于 0；贴现率大于 IRR，则 NPV 小于 0。这样，如果我们在贴现率小于内部收益率时接受某一个项目，我们也就接受了一个净现值为正的项目。在这一点上，内部收益率法与净现值法是一致的。

优点：IRR 是由项目整个寿命周期的现金流量决定的，是项目的实际收益率，真实地反映了项目投资的使用效率。

缺点：一是可能会存在多个 IRR，或者无解的问题。IRR 的多解和无解问题，我们将会在下节学完净现值曲线后再深入探讨，将会有更直观的理解。二是不切实际的再投资回报率假设。默认第二年以 IRR 作为再投资回报率。它反映的是项目寿命期内没有回收的投资的盈利率，而不是初始投资在整个寿命期内的盈利率。

Excel 中定期现金流的函数 IRR(values, guess)，其中 Values 作为单元格或数组的引用，保护用来计算内部收益率的数字。guess 为对函数 IRR 计算结果的估计值，Excel 使用迭代法计算函数 IRR 从 guess 开始，函数 IRR 不断修正内部收益率，直至结果精度达到 0.00001%。在大多数情况下，并不需要为函数 IRR 计算提供 guess 值，可省略。

4.2.5 评价指标的总结

4.2 节主要初步介绍了几个常见的用于评价投资项目的指标，包括其概念、计算方法和评价标准。对于单个项目/独立项目而言，$NPV > 0$；$IRR >$ 折现率；$PI > 1$，就可接受所有这样的项目，这三个指标是对单个/独立方案进行投资项目经济评估、对互斥方案进行比较选优时经常使用的评估指标。回收期和折现回收期法虽无具体的同上述三个指标一样在具体的投资评价标准，但由于货币的时间价值，能尽早收回初期投资成本自然是好的，但不同项目的规模、性质、寿命均不尽相同，故单一的凭借收回初始投资所需时间的长短作为评价指标，精确性合理性则不足，且未考虑回收期后的现金流量，可能会导致决策偏差，故回收期、折现回收期多用于小规模项目的比选中。平均收益率简单，易计算、易理解。但未考虑贴现因素，不能准确反映出项目的真正的收益。

这里尤其指出 NPV 法和 IRR 法项目评选可能存在冲突。且净现值和内部收益率由于不同的现金流的规模、现金流发生时点不同，有着不同的再投资回报率的假设。NPV 是假设以资本成本进行再投资（更为保守，也更接近现实）；IRR 是假设以项目的 IRR 进行再投资。

NPV 是直接反映出投资项目的价值，是投资项目决策中较为完善的指标，但净现值忽略了项目规模问题，特别是当存在多个项目可供选择而公司的融资能力有限时，这是一个比较重要的因素。在 NPV 基础上衍生的盈利指数 PI 可以弥补这个缺点。

内部收益率的计算适用于常规方案。常规方案是指在寿命期内除建设期或者投产初期的净现金流量为负值外，其余年份均为正值，寿命期内净现金流量的正负号只从负到正变化一次，且所有负现金流量都出现在正现金流量之前。内部收益率只适用于单个方案的评价，对于多个方案选优要用增量内部收益率。同时，为处理 IRR 多解或无解问题，后续章节中我们将引入修正内部收益率。

故在投资项目评价指标的使用时有一个重要结论是：当 NPV 和 IRR 两种方法下，进行项目比选有冲突时，选择以 NPV 法为主。

4.3 NPV 与 IRR 深入讨论

上一节初步介绍了对单个项目或独立项目的投资项目评估的四个指标。对于单个项目或独立项目而言，除回收期、折现回收期外，其余指标均有项目投资指标的具体标准。平均收益率、净现值、内部收益率，只要满足各自的决策标准，即如果 $ARR \geqslant$ 企业目标收益率；$NPV>0$，$IRR>$ 折现率，$PI>1$，则可接受/投资，反之则不接收。从本节开始，我们将由单个项目扩展至多个项目之间的比选。并对 NPV 与 IRR 进一步讨论两种方法在投资项目决策中的应用。

4.3.1 净现值曲线

一、NPV 曲线

站在企业角度，一般而言，往往在第 0 期进行初始投资，即现金流流出，随后，当项目投入正常的生产运营后，产生现金流流入。故一般情况下，根据净现值公式 $NPV = CF_0 + \dfrac{CF_1}{1+k} + \dfrac{CF_2}{1+k^2} + \cdots + \dfrac{CF_n}{1+k^n}$ 有：净现值随着未来现金流的增加而增加，随着折现率的增加而减小。那么以净现值 NPV 为纵轴，以折现率为横轴，我们将得到一条体现 NPV 与折现率 $r\%$ 间关系的曲线，且该曲线向右下方倾斜，表示在未来现金流给定的情况下，随着折现率的增加，净现值随之减少（见图 4-1）。

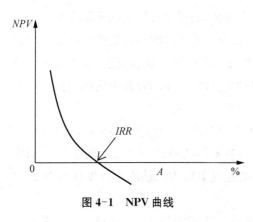

图 4-1　NPV 曲线

如图 4-1 所示，从净现值曲线上，我们可以看到 A 点是使 NPV 等于 0 的点，该折现率所对应的值即是内部收益率。当贴现率 $r\%$ 小于 IRR 时，净现值曲线在横轴上方，NPV 大于 0；当贴现率 $r\%$ 大于 IRR 时，净现值曲线在横轴下方，NPV 小于 0。当折现率等于 IRR 时，NPV 等于 0。这样，如果我们在贴现率小于内部收益率时接受某一个项目，我们也就接受了一个净现值为正的项目。在这一点上,内部收益率法语净现值法是一致的。

二、NPV 曲线应用

1. 应用净现值曲线进行项目比选

如图 4-2 所示是项目 A 和项目 B 的两条净现值曲线。

由此可见,$IRR_A = 10\% > IRR_B = 8\%$。当 $r < 4\%$ 时,$NPV_A > NPV_B$;当 $r > 4\%$,$NPV_A < NPV_B$;当 $r = 4\%$ 时,$NPV_A = NPV_B$。

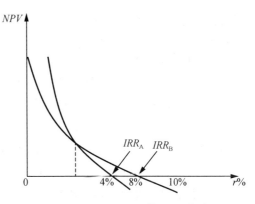

图 4-2　项目 A 和项目 B 的 NPV 曲线

【练习题】　提示(并非真正按照现金流去计算,使用净现值曲线在选择题中更为便捷)

年	CF_0	CF_1	CF_2	CF_3	CF_4	NPV	IRR
项目 1	−100	50	50	50	50	58.5	34.9%
项目 2	−100	0	0	0	250	70.8	25.7%

折现率是多少时可以使得两个项目的 NPV 相等。

A. 0%—10%

B. 10.0%—25.7%

C. 25.7%—34.9%

2. 解释 IRR 的多解与无解问题

由 IRR 定义来看,IRR 是使 $NPV = 0$ 的点,那么在净现值曲线中,IRR 即为 NPV 曲线与横轴的交点。在现金流方向(流入和流出)大于一次的改变过程中,可能会形成如图 4-3(a) 和图 4-3(b) 两种情况的净现值曲线,即分别对应着 IRR 为多解和 IRR 无解的情况。且根据代数理论,在多解问题中,现金流改变 K 次方向,即会有 K 个可能的 IRR 值。

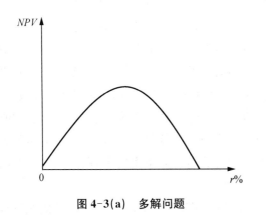

图 4-3(a)　多解问题

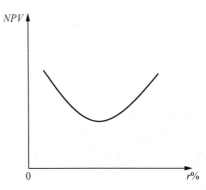

图 4-3(b)　无解问题

4.3.2 项目的评价与比较

一、项目之间的关系

(1) 独立项目:项目之间无关。即接受或放弃的决策不受其他项目投资决策影响的投资项目。如果用于比选的项目均可带来正收益,那么都可以选择。即项目 A 赚钱,项目 B 也赚钱,且两者是独立的,那么项目 A 和 B 均可接受/投资。这也体现了一家公司相对雄厚的资金实力,无投资资金方面的限制。

(2) 互斥项目:项目之间存在竞争关系。选择其中一个,另一个则不能同时被选择。即使项目 A 和 B 经过分析后都是可以带来正向收益的,但由于两者是互斥项目,那么二选一去投资,不能两者兼得。这也体现了一家公司有限的投资资金。

二、项目比选方法

(一) 独立项目

如果两个项目是独立项目,只要满足 $NPV>0, IRR>$ 折现率, $PI>1$, 就可接受所有这样的项目。对于独立项目而言,无论采用哪种指标,结论都是一致的。

(二) 互斥项目

本着先筛选后优选的原则,先筛选即是判断各方案是否满足 $NPV>0, IRR>$ 折现率, $PI>1$ 的各投资评估指标的标准;后优选即是在通过了各方法所选用指标的投资标准下,选择其中有最大 NPV,最高 IRR 和最高 PI 的项目。

1. 互斥项目问题

一般而言,由于互斥项目中只能二选一,故在使用净现值法时,首先对备选项目逐一计算 NPV,满足 NPV 大于 0 的情况下,选择其中有最高 NPV 的项目;使用内部收益率法时,首先对备选项目逐一计算 IRR,满足 IRR 大于折现率的情况下,选择其中有最高 IRR 的项目;使用盈利指标法,则首先对备选项目逐一计算 PI,满足 PI 大于 1 的情况下,选择其中有最高 PI 的项目。但有一点应当注意,当两个方案为互斥事件时,很有可能出现使用 NPV 法和使用 IRR 法结论不一致的情况,这里主要是表现为互斥项目所特有的问题。

(1) 规模问题。在使用 NPV 法和 IRR 法比选时,存在规模问题。如项目 A 初始投资 1 亿,项目 NPV_A 是 1 000 万, IRR_A 是 10%;项目 B 初始投资 1 000 万,项目 NPV_B 是 700 万, IRR_B 是 50%。若以 NPV 作为投资评价指标, $NPV_A > NPV_B > 0$,按照净现值大小应选项目 A,但比较其成本规模来看,A 虽然净现值高,可同样初始投资成本也高,故 NPV 作为投资项目的指标,虽然能够直接地反映公司未来价值的变化,但却忽视了项目的规模。若以 IRR 为投资评价指标, $IRR_B > IRR_A > 0$,应选项目 B,但也同样忽视了由于 B 的投资规模小,其所产生的收益的绝对大小也较小,虽然其内部收益率较高。

(2) 时间序列问题。在 4.3.1 净现值曲线学习的应用当中,举了用 NPV 曲线进行项目比选的一个例子,从其中可以看出,在 IRR 处于不同大小范围时,项目 A 和项目 B 的 NPV 大小不同,项目最终选择也不同。

总之,由于规模与时间序列的不同,高内部收益率未必对应高净现值。这样单纯的内部收益率法就不再适用(当然,净现值法仍可适用)。从而在互斥项目比选时,我们在 NPV 和 IRR 的基础上,引入增量现金流,因为无论采用 NPV 还是 IRR 进行方案的比较,比选的实质是判断投资大的方案与投资小的方案相比,增量收益能否抵偿增量投资,即对增量现金流的经济性做出判断。

2. 增量现金流法

反映增量现金流经济性的指标有增量净现值(ΔNPV)与增量内部收益率(ΔIRR)。

(1) 增量净现值。设 A,B 为投资额不等的互斥方案,A 方案比 B 方案投资大,两方案的增量净现值可由下式求出。为简化计算,我们建议用投资额较大项目的现金流减去投资额较小项目的现金流,这样就可以使首期的增量现金流量为负值。

$$\Delta NPV = (CF_0^A - CF_0^B) + \sum_{i=1}^{i=n} \frac{(CF_i^A - CF_i^B)}{(1+r)^n}$$

用增量净现值进行互斥方案比选时,若 $\Delta NPV \geqslant 0$,表明增量投资可以接受,投资大的方案经济效果好;若 $\Delta NPV < 0$,表明增量投资不可接受,投资小的方案经济效果好。

(2) 增量内部收益率。所谓增量内部收益率,就是使增量净现值等于零的折现值。

$$0 = \Delta NPV = (CF_0^A - CF_0^B) + \sum_{i=1}^{i=n} \frac{(CF_i^A - CF_i^B)}{(1+\Delta IRR)^n}$$

用增量内部收益率比选方案的判别准则是:若 $\Delta IRR \geqslant r_0$(基准折现率),则初始投资大的方案优;若 $\Delta IRR < r_0$,则初始投资小的方案为优。

【例 4-7】 假设贴现率为 25%,现金流单位为万元。

表 4-6 现金流

	第 0 期现金流	第 1 期现金流	NPV	IRR
方案 A	-25	65	27	160%
方案 B	-10	40	22	300%

按照 NPV 法,由于 $NPV_A > NPV_B > 0$,故应选方案 A;按照 IRR 法,由于 $IRR_B > IRR_A$;从而出现结论不一致的情况。

续上例:

第 0 期增量现金流	第 1 期增量现金流	ΔNPV	ΔIRR
$-25-(-10)=-15$	$65-40=25$	$-15+\dfrac{25}{1.25}=5$	$0=-15+\dfrac{25}{1+\Delta IRR}$

$\Delta NPV = 5 > 0$，$\Delta IRR = 66.67\% >$ 折现率 25%，故追加 15 万元的投资，换取增加 25 万元的现金流入是合算的，故选择方案 A。可见通过增量现金流法下，所得到的结论与使用 NPV 下的结论是一致的，即相对来讲，使用 NPV 法更为准确些，故当 NPV 法和 IRR 法冲突时，我们以 NPV 法为主。

* **注意**：ΔNPV、ΔIRR 只能反映增量现金流的经济性（相对经济效果），不能反映各方案自身的经济性（绝对经济效果）。故 ΔNPV、ΔIRR 只能用于方案之间的比较（相对效果检验），不能仅根据 ΔNPV、ΔIRR 值的大小判定方案的取舍。

* **结论**：对于互斥方案而言，净现值最大准则总是正确的，IRR 和 ΔIRR 准则不能保证结论的正确性。当有多个互斥方案时，直接用净现值最大准则选择最优方案比两两比较的增量分析更为简便。判别准则为选择净现值最大且非负的方案为最优方案。

对于仅有或仅需计算费用现金流的互斥方案，只需进行相对效果检验，通常使用费用现值或费用年值指标，一般情况下，不需要进行增量分析，方案选择的判别准则是选择费用现值或费用年值最小的方案为最优方案。以上介绍是基于寿命相等的项目的比选，关于寿命不等的项目的比选，将在后续章节介绍项目的经济年限中予以介绍。

4.3.3 不规则现金流量

一、现金流量

现金流量是指经济系统中各个时间点上实际发生的资金流入或资金流出。在投资项目中，是指投资项目从筹划、设计、施工、投产直至报废（或转让）为止的整个生命周期各年现金流入量和现金流出量的总称。现金流量指在把投资项目看作一个独立系统的条件下，在项目整个有效寿命期内现金流入和流出该系统的数量。一个项目在某一时期内所支出的费用称为现金流出，取得的收益称为现金流入，现金流入与现金流出差额为净现金流量，它是项目的净收益。现金流入量、现金流出量及净现金流量统称为现金流量。

从项目系统角度看，凡是在某一时点上，流出项目的资金称现金流出量，记为 CO；流入项目的资金称为现金流入量，记为 CI。同一时点的现金流出量与现金流入量之和称为净现金流量，记为 NCF。在投资项目中，一般做法是以年为时间单位，且投资发生在年初；经营费用、销售收入、残值回收发生在年末。

二、不规则现金流量

传统现金流是指项目的现金流方向只改变一次，一般情况下而言，初始投资为现金流流出，后期生产经营阶段产生现金流的流入。当然，也存在为初期现金流流入，后期现金流流出的项目。但无论是哪种情形，只要现金流方向变化一次，那么所得到的该项目的可能的 IRR 只有 1 个。

非传统现金流是指项目的现金流方向改变大于一次。即当初始投资后既发生了现金流入，又发生了现金流出。当项目净现金流量的正负号在项目寿命期内发生多次变化时，计算 IRR 的方程可能有多个解。根据代数理论，若现金流方向变化 K 次，那么最多可能会有 K 个合理的内部收益率（内部收益率大于 -100%）。

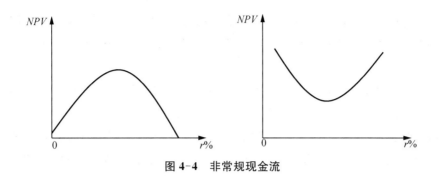

图 4-4 非常规现金流

对非常规项目,须根据 IRR 的经济含义对计算出的 IRR 进行检验,以确定是否能用 IRR 评价该项目。那么此时,我们对比一下常规现金流和非常规现金流下 IRR 和 NPV 法则的结果情况(见表 4-7)。

表 4-7 不同现金流下 NPV 与 IRR 法对比

现金流量	IRR 个数	IRR 法则	NPV 法则
首期为负,其余为正	1	若 IRR > 折现率接受;反之,则不接受	NPV > 0,接受;反之,则不接受
首期为正,其余为负	1	若 IRR > 折现率接受;反之,则不接受	NPV > 0,接受;反之,则不接受
首期之后,部分为正,部分为负	0/多个	IRR 无效	NPV > 0,接受;反之,则不接受

特别注意,不管是哪种情况,净现值法的投资法则都是已知的。换言之,净现值法总是使用的。相比之下,内部收益率法只能在某种条件下使用。

4.3.4 修正内部收益率

在上一节介绍非常规现金流后,我们发现使用 IRR 法可能存在 IRR 无解或 IRR 多解的情形。故此,我们引入修正内部收益率法。修正内部收益率法的核心思想是通过合并现金流,使现金流的方向只改变一次,来处理 IRR 多解的问题。

【例 4-8】 假设项目 A 从第 0 期到第 2 期的现金流量为 $(-100, 230, -132)$,其中负号代表现金流流出,正号代表现金流流入,单位元,折现率为 14%。

将第二期的现金流 -132 折现到第 1 期,得到该现金流在时点 1 时的价值,即:

$$-132/1.14 = -115.79$$

故此时在时点 1 上有两笔现金流,一笔是 -115.79 的现金流出,一笔是 230 的现金流入,故合并后得到在时点 1 时的净现金流,$230 - 115.79 = 114.21$ 经过调整后得到了该项目现金流 $(-100, 114.21)$。

通过折现并合并现金流,使得现金流的符号只改变一次。此时,对调整后的现金流应用 IRR 法,得到 $IRR = 14.21\%$。该 IRR 大于折现率 14%,故该项目可以接受。

当然，本例题中的项目 A 相对比较简单，只有三期现金流且符号只改变两次。但同样的程序很容易被应用于更加复杂的项目，即一直对后面的现金流进行折现并合并，直到剩余部分的符号只改变一次。

尽管这种调整确实纠正了 IRR 多解的问题，但其干扰了 IRR 法的精髓。IRR 法背后的基本原理是提供了一个能体现出项目内在价值的数值。该数值并不依靠折现率。事实上，这就是称之为内部收益率的原因：对于该项目而言，这个数值是内部的或内在的，除了该项目的现金流外，其并不依靠任何其他东西。相反，修正内部收益率明显是折现率的一个函数。然而，与采用 NPV 法一样，公司使用这种调整可以避免 IRR 多解的问题。

4.3.5 项目的经济年限

经济年限是指项目能够产生净现金流量的年限。但对于像固定资产投资或置换这类项目，实际上还存在一个物理年限的问题。在前面的讨论中，通常隐含地假定项目将持续到整个物理年限。实际上在某些情况下，在到达物理年限之前提前终止项目可能更有价值。

这里我们具体介绍一下当两个项目经济年限不等时如何进行方案比选。

对寿命不等的互斥方案进行比选，同样要求方案间具有可比性。满足这一要求需要解决两个方面的问题：一是设定一个合理的共同分析期，二是给寿命期不等于分析期的方案选择合理的方案接续假定或者残值回收假定。

1. 年值法

思想是先求出各方案的 NPV，然后根据 NPV 求出各自所对应的 NAV（净年值），由于寿命不同，故直接比较 NPV 会显得不合理，但可以比较每年所产生的净现值即净年值，最后通过比较各自净年值的大小来作为投资项目评价的依据。

设 m 个互斥方案的寿命期分别为 $n_1, n_2, \cdots, n_m$。方案 $j(j=1, 2, \cdots)$ 在其寿命期内的净年值 NAV：

$$NAV_j = NPV_j(A/P, r, n_j)$$

净年值最大且非负的方案为最优方案。

用年值法进行寿命不等的互斥方案比选，实际隐含着这样一种假定：各备选方案在其寿命结束时均可按原方案重复实施或以原方案经济效果水平相同的方案接续。

【例 4-9】 设互斥方案 A，B 的寿命分别为 3 年和 5 年（见表 4-8），各自寿命期内的净现金流量如表，试用年值法评价选择（$r_0 = 12\%$）。

表 4-8 方案比选   单位：万元

方案	0	1	2	3	4	5
A	−300	96	96	96	96	96
B	−100	42	42	42		

解：$NAV_A = [-300 + 96(P/A, 12\%, 5)](A/P, 12\%, 5) = -300 * 0.277 + 96$
$= 12.78(万元)$

$NAV_B = [-100 + 42(P/A, 12\%, 3)](A/P, 12\%, 3) = -100 * 0.416 + 42$
$= 0.365(万元)$

$NAV_A > NAV_B > 0$，所以选取 A 方案。

2. 现值法

（1）寿命期最小公倍数法。此法假定备选方案中的一个或若干个在其寿命期结束后按原方案重复实施若干次，取各备选方案寿命期的最小公倍数作为共同的分析期。

（2）合理分析期法。根据对未来市场状况和技术发展前景的预测直接选取一个合理的分析期，假定寿命期短于此分析期的方案重复实施，并对各方案在分析期末的资产余值进行估价，到分析期结束时回收资产余值。在备选方案寿命比较接近的情况下，一般取最短的方案寿命期作为分析期。

【例 4-10】 有两种可供选择的设备，A 设备价格为 10 000 元，寿命为 10 年，残值为 1 000 元，每年创净效益 3 000 元；B 设备价格 16 000 元，寿命为 20 年，无残值，每年创净效益 2 800 元。基准收益率 10%，试分析哪种设备好。

A 设备寿命期为 10 年，B 设备寿命期为 20 年，两者的最小公倍数为 20，即 A 设备要重复投资一次，A 设备的现金流量图如图 4-5(a)所示。

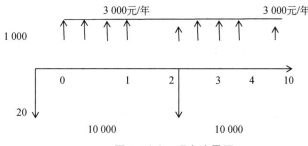

图 4-5(a)　现金流量图

$NPV_A = -10\,000 - 10\,000(P/F, 10\%, 10) + 3\,000(P/A, 10\%, 20)$
$\quad + 1\,000(P/F, 10\%, 10) + 1\,000(P/F, 10\%, 20)$
$= 12\,221(元)$

B 设备现金流量图如图 4-5(b)所示。

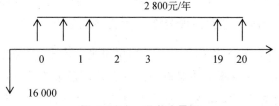

图 4-5(b)　现金流量图

$NPV_B = -16\,000 + 2\,800(P/A, 10\%, 20) = 7\,839(元)$

$NPV_A > 0$，$NPV_B > 0$，两方案均可行。

$NPV_A > NPV_B$，故 A 方案最优。

思考：假设 A 设备的寿命期为 16 年，B 方案的寿命期为 20 年，则两者的最小公倍数是 80 年，考虑这么长时间的重复投资太复杂，也没有必要。这时可以采用分析期截止法，即取 16 年为 A，B 的共同分析期。还可以按寿命期无限长来处理。

4.4 现金流量与贴现率

对大多数项目来说，现金流的发生遵循一种普遍的模式。首先，公司在项目开始时进行投资，产生现金流出。随后，在项目的生命周期内，产品销售带来现金流入。最后，厂房和设备在项目结束时卖出，产生现金流入。

4.4.1 预测项目的现金流量

1. 项目现金流量

从项目系统角度看，凡是在某一时点上，流出项目的资金称现金流出量，记为 CO；流入项目的资金称为现金流入量，记为 CI。同一时点的现金流出量与现金流入量之和称为净现金流量，记为 NCF。现金流入量、现金流出量及净现金流量统称为现金流量。在投资项目中，一般做法是以年为时间单位，且投资发生在年初；经营费用、销售收入、残值回收发生在年末。

2. 项目现金流量构成

(1) 现金流入量包括三大部分：项目主副产品销售收入、项目期末回收的固定资产残值和回收的流动资金。

(2) 现金流出量包括四个部分：工程建设投资、流动资金、经营成本和各种税金。

(3) 净现金流量：净现金流量＝现金流入量(CI)－现金流出量(CO)

(4) 累计净现金流量：为各年净现金流量的代数和。

(5) 财务净现值：财务净现值＝净现金流量×折现系数

(6) 累计财务净现值：为各年财务净现值的代数和。

$$经营性现金流\ CFO = 销售收入 - 经营成本 - 所得税$$
$$项目总现金流 = 经营性现金流 + 投资性现金流 + 融资性现金流$$

在本章第一节指出的资本预算是基于税后增量现金流量，其考虑机会成本、不计入沉没成本等，且又根据第三章财报分析基础所学的经营性现金流的计算公式的组成，在计算项目现金流量时，要注意考虑固定资产成本及其折旧，经营性运营资本，沉没成本、机会成本、所得税、通货膨胀等问题。

首先要准确识别项目的相近流量、充分考虑税收和通货膨胀的因素。现金流量是指由于实施了投资项目而给公司未来的总体现金流量所带来的变化,通常这种变化应该体现为增量,所以它也被称为增量现金流量。在资本预算分析中,通常采取独立性原则,将一个项目独立出来,单独考虑项目本身的成本收益。项目的相关现金流量在分析中多分为三个部分:初始投资、运营期间的现金流量及项目终止时的现金流量。

4.4.2 现金流量分析示例

【例 4-11】 Gorden 公司打算进行保龄球的机器设备和相关项目投资。首先开始考虑投资生产保龄球的机器设备。保龄球生产厂址的建筑加上土地的税后竞价为 150 000 元。已知保龄球机器设备的成本为 100 000 元。预计第 5 年末的市场价值为 30 000 元。该设备在 5 年的试用期内年产量预计如下:5 000 个、8 000 个、12 000 个、10 000 个和 6 000 个。第一年保龄球的单价为 20 元/个。鉴于 5% 的预期通货膨胀率,保龄球的价格也将以每年 2% 的价格增长。第一年的经营成本为每单位 10 元。新增保龄球项目使用公司所得税税率为 34%。管理层认为对营运资本的各个项目的投资第 0 年总计为 10 000 元,在项目周期结束时能完全回收。

表 4-9 是有关经营收入、经营成本等的明细资料。用以说明表 4-10 的数据来源。
表 4-10 是有关项目投资与理论的基础数据。是计算相关现金流量所需的。
表 4-11 是该项目现金流量表。

表 4-9 Gorden 公司现金流量表

单位:千元

	第 0 年	第 1 年	第 2 年	第 3 年	第 4 年	第 5 年
投资						
(1) 保龄球机器设备	−100.00					21.76①
(2) 累计折旧		20.00	52.00	71.20	82.72	94.24
(3) 设备纳税调整		80.00	48.00	28.80	17.28	5.76
(4) 机会成本(厂房)	−150.00					
(5) 净营运资本(年末)	10.00	10.00	16.32	24.97	21.22	
(6) 净营运资本变化	−10.00		−6.32	−8.65	3.75	21.22
(7) 投资性现金流量	−260.00		−6.32	−8.65	3.75	192.98
收入						
(8) 销售收入		100.00	163.20	249.70	212.24	129.89
(9) 经营成本		−50.00	−88.00	−145.20	−133.10	−87.85
(10) 折旧		−20.00	−32.00	−19.20	−11.52	−11.52
(11) 税前利润 [(8)+(9)+(10)]		30.00	43.20	85.30	67.62	30.53

(续表)

	第0年	第1年	第2年	第3年	第4年	第5年
(12) 所得税		−10.20	−14.69	−29.00	−22.99	−10.38
(13) 净利润		19.80	28.51	56.30	44.63	20.15

① 假定这项资本投资第5年年末市场价值是30。税后资本利得为21.76(=30−[0.34×(30−5.76)])。

表 4-10 Gorden 公司新增保龄球项目经营收入和成本

单位:元

年	产量	价格	销售收入	单位成本	经营成本
1	5 000	20.00	100 000	10.00	50 000
2	8 000	20.40	163 320	11.00	88 000
3	12 000	20.81	249 696	12.10	145 200
4	10 000	21.22	212 242	13.31	133 100
5	6 000	21.65	129 892	14.64	87 846

注:价格每年增长2%,单位成本每年增长10%。

表 4-11 Gorden 公司新增保龄球项目现金流量

单位:千元

项目	第0年	第1年	第2年	第3年	第4年	第5年
(1) 销售收入(表4-9第8行)		100	163.20	249.70	212.24	129.89
(2) 经营成本(表4-9第9行)		−50	−88.00	−145.20	−133.10	−87.85
(3) 所得税(表4-9第12行)		−10.20	−14.69	−29.00	−22.99	−10.38
(4) 经营性现金流量((1)+(2)+(3))		39.80	60.51	75.50	56.15	31.67
(5) 投资性现金流量(表4-9第7行)	−260		−6.32	−8.65	3.75	192.98
(6) 项目总现金流量[(4)+(5)]	−260	39.80	54.19	66.85	59.90	224.65
NPV						

1. 初始投资

表4-9上半部分列式项目的初始投资支出,它包括三部分。

(1) 保龄球生产设备。初始投资发生在第0年,产生100 000元的现金流出。当设备最后在项目周期结束第5年卖出时,获得现金流入。

(2) 不能出售厂房的机会成本。一旦接受保龄球项目,则不能用于其他用途,故厂房和土地预期的销售价格作为机会成本,进入资本预算时需要加以考虑的现金流量。

(3) 净营运资本变化。在上一章介绍财报时,公司的资产负债表中流动资产和流动负债两个科目,净营运资本被定义为流动资产与流动负债之差。公司必须保持对营运资本的一定投资额。项目早期营运资本增加所需的资金来源于公司其他项目产生的现金。因此这种增加被看作现金流出。注意:只有当年增量营运资本投资才可以作为当年的现金流出。相反,在项目活期营运资本的减少则作为现金流入。

2. 生命周期内产生销售收入、成本、利润

表4-9下半部分第8、9行分别列示了销售收入和经营成本,来源于表4-10中公司人员对产品价格和成本的预计假设而做出的估计。

3. 项目结束时的残值

该例中在第5年年末售出保龄球生产设备,估计售价30 000元,在第5年年末该设备账面价值为5 760元,故出售该设备应缴纳税金为(30 000－5 760)×0.34＝8 242元。故该设备税后残值为30 000－8 242＝21 758元作为现金流入。

4. 现金流量

$$净现金流量＝现金流入－现金流出$$

现金流又可按照性质分为经营性现金流、投资性现金流和融资性现金流。这里只出现了经营性现金流和投资性现金流。其中,经营性现金流等于销售收入减去经营成本减去所得税。两者相加得到该项目总现金流量。

5. 净现值

参照表4-3的净现值计算方法,最终得到本例子中按照折现率为10%,NPV则等于51 588元,大于0可接受。

注意:在计算现金流时有除了自上而下的传统算法即如该示例中的从利润表的顶端开始,逐渐向下依次减去成本、税收以及其他费用。这是传统做法,还有自下而上的方法。即从净利润出发。

$$净利润＝税前利润－所得税$$
$$经营性现金流＝净利润＋折旧＋摊销＋资本损失－资本利得－净营运资本$$

关于经营性现金流、投资性现金流、融资性现金流,在第三章即财报分析中有详细的介绍,这里不做过多的赘述,在投资项目评价中,我们主要目的则是能够精准地预测出项目的现金流入量、现金流出量,从而计算该项目的NPV,最终根据NPV做出投资决策。

4.4.3 贴现率与资本成本

资本预算分析中现金流量和贴现率都是十分关键的因素。前面章节关于现金流做了介绍,这里将重点探讨贴现率。

一、资本成本

资本成本(cost of capital)是资本提供者所要求的回报率,以作为其资本贡献的补偿,或资本提供者提供资金的机会成本。公司资本成本是指投资者要求公司平均风险投资所需的回报率。

可以这样更好地理解资本成本,由定义来看,资本成本是资本提供者所要求的回报率,故站在公司(筹资者)角度而言,即是成本,是未来要补偿投资者(资金供给者)的,故是

公司的成本;而站在投资者(资金供给者)角度而言,是投资者投资于此能够带来的回报率。

公司筹集资金可以通过股权融资和债券融资,其中,前者又可分为普通股融资和优先股融资。相应的在企业的资本构成中分成债务成本和权益成本两部分。

二、资本成本的衡量方式

最常用的衡量一个公司资本成本的方式是使用加权平均资本成本(weighted average cost of capital,WACC),目的是计算一项资金来源的增量成本,然后计算这些成本的加权平均值。

$$WACC = W_d \times K_d \times (1-t) + W_{ps} \times K_{ps} \times W_{ce} \times K_{ce}$$

其中,W_d 是指公司用于筹集资金的各项来源所占的比例,并且基于市场价值去计算;K_d 是指新增的税前债务成本;K_{ps} 是指新增的优先股成本;K_{ce} 是指新增的普通股成本;t 是指税率。

注意:通过债务融资会形成公司的债务成本,由于债务成本有税盾效应,故在计算资金成本时不要忘记税前债务成本乘上 $(1-t)$。

【例 4-12】 格林公司计划 100 亿美元用于扩建。其中,70 亿以发股形式,剩余以发债形式筹集。两者税前要求回报率分别是 6% 和 9%,若税率为 35%,计算加权平均资本成本。

$$WACC = 30/100 \times 9\% + 30/100 \times 6\% \times (1-35\%) = 7.5\%$$

三、加权平均资本成本的权重如何确定

当计算 WACC 的权重时,若目标资本结构可得,使用目标资本结构即可计算。

若目标资本结构不可得时,使用以下方法进行权重的估计。一是根据公司当前的资本结构;二是通过公司资本结构的趋势或管理层陈述来推断目标资本结构;三是使用可比公司的资本结构。

四、资本成本的应用

资本成本的应用有二。一是作为贴现率,计算项目的 NPV;二是在使用现金流折现法对股票进行估值时,作为折现率应用其中。在一个既定项目中,通过适当的风险调整所得到的 WACC,在基于项目 NPV 的资本预算决策中发挥着重要作用。

使用 WACC 作为贴现率,计算项目的 NPV 时,有两点假设:一是所分析的项目和公司的平均风险差不多。若项目的风险大于公司的平均风险,使用 WACC 作为折现率,那么此处的折现率则会被低估,进而 NPV 将被高估。同样,若项目的风险小于公司的平均风险,使用 WACC 作为折现率,那么此处的折现率则会被高估,进而 NPV 将被低估。二是公司在其项目期间目标资本结构应维持不变。

五、不同资金来源的资本成本

1. 计算债权资本成本——YTM 法

持有至到期收益率(YTM)是指如果投资者今天购买债券并将其持有至到期日,能够获得债券的年度回报。将持有至到期收益率作为公司的债务成本,故税后成本是公司真实有效的债务成本,因为利息费用通常是可以抵扣的。

$$税后债务成本 = K_d \times (1-t)$$

2. 计算债权资本成本——评级法

选用债务期限与该公司当前债务能够密切匹配的可比公司,将可比公司的评级债券的收益率作为该公司的债权资本成本。

$$税后债务成本 = K_d \times (1-t)$$

3. 优先股资本成本

对不可转换、不含权的优先股来说,其有着固定的股息率且没有到期日,故可以使用此公式来计算优先股资本成本。

$$K_{ps} = D_{ps}/P$$

其中,D_{ps} 是指优先股每股的股息;P 是优先股当前每股的股价。

4. 普通股资本成本——CAPM 法

资本资产定价模型 CAPM:

$$Kce = R_f + \beta[E(Rm) - R_f]$$

其中,R_f 是指无风险回报率;β 是指公司股票的系统性风险;$E(Rm)$ 是指预期市场收益;$E(Rm) - R_f$ 是指市场风险溢价。

5. 普通股资本成本——DDM 法

股息折现法(dividend discount model):

$$Kce = \frac{D_1}{P_0} + g$$

其中,D_1 是下一期的股息;P_0 是当前的股价;g 在上一章已经介绍过,是公司的可持续增长率。

$$g = 资本收益率 \times 留存收益率$$

6. 普通股资本成本——无风险收益率加上风险溢价法

$$Kce = K_d + risk\ premium$$

其中,K_d 是税前债务资本成本;$risk\ premium$ 是股票收益率和债务收益率的历史价差。它是权益资本相对于债务资本的额外风险的回报补偿。

7. 项目的资本成本

当使用 CAPM 法估计时,β_{equity} 首先要被估计出来。影响公司股票 β_{equity} 的因素有二。一是经营风险。包括销售风险(和收入不确定有关的风险);操作风险(由经营的固定成本导致的,如在商场里的租金等)。二是财务风险。由融资成本导致的风险。对于上市公司,估计该公司股票的 β_{equity} 不是一个大的问题,但是这个 β_{equity} 只适用于项目风险和公司的平均风险保持一致时才可使用。对于非上市公司,估计公司股票的 β_{equity} 就显得有一定困难了。

对于非上市公司采取 Pure-play method,选择一个上市公司作为可比公司,将其股票的 β 记为 $\beta_{equity, comp}$,对 $\beta_{equity, comp}$ 进行财务杠杆差异上的调整,从而得到非上市公司的 β 的估计量,我们将其记为 $\beta_{equity, project}$。那么如何选择可比公司呢。应和待估计的非上市公司处于同一行业,且经营风险相近。

Pure-play method 的步骤如下。

步骤1:选择可比公司(可比公司应为上市公司,且和待估计的非上市公司有着相近的经营风险);

步骤2:估计可比公司的 β,记为 $\beta_{equity, comp}$;

步骤3:去杠杆。对可比公司的 $\beta_{equity, comp}$ 去财务杠杆,得到可比公司的资产 $\beta_{Asset, comp}$;

步骤4:加杠杆。对待估计的非上市公司该项目的资产 β 加杠杆,得到待估计的 β,记为 $\beta_{equity, project}$。

Pure-play method 之去杠杆和加杠杆。

(1) 去杠杆——是对可比公司去杠杆,公式中各项用的都是可比公司的数据。

$$\beta_{Asset, comp} = \beta_{Equity, comp} \times \left[\frac{1}{1+(1-t)\frac{D}{E}}\right]$$

其中,t 是指税率,D 是指可比公司的债务,E 是指可比公司的所有者权益。

(2) 加杠杆——加的是待估计的非上市公司的财务杠杆。

$$\beta_{equity, project} = \beta_{Asset, comp} \times \left[1+(1-t')\times\frac{D'}{E'}\right]$$

【例 4-13】 格林公司打算投资一个服饰项目,请基于以下信息计算该项目的 β。

服饰公司的平均 β 是 1.1,基于市场价值计算的平均 D/E 比率是 0.4。该项投资将会以 D/E 为 0.6 的比率进行融资,税率为 35%。

$$\beta_{Asset, comp} = 1.1 \times \left[\frac{1}{1+(1-0.35)0.4}\right] = 0.873$$

$$\beta_{equity, project} = 0.873 \times [1+(1-0.35)\times 0.6] = 1.213$$

注意:有关发行成本。

发行成本是公司筹集新资本时,投行索要的费用。对于发行债务和优先股来融资时,发行成本非常小(<1%),通常在估计资本成本时不会计入。对于发行普通股形成的权益

资本而言,发行成本通常是非常巨大的,因此通常在估计权益资本成本时会将其考虑在内。

4.5 资本预算中的敏感性分析

4.5.1 敏感性分析

一、敏感性分析定义

敏感性分析是研究分析当建设项目的投资、成本、价格、产量和工期等主要变量发生变化时,导致对评估项目经济效益的主要指标发生变动的敏感程度。通过分析和预测经济评价中各种不确定因素发生变化时,对项目经济评价指标的影响,找出敏感性因素,并确定其影响的程度。就上述这些因素在一定范围内变化时,有关效益指标变动的数量,从而建立主要变量因素与经济效益指标之间的对应定量关系。

其中,敏感性因素是指不确定性因素中对方案经济效益影响程度较大的因素。

二、敏感性分析作用和目的

敏感性分析的主要作用是为了提高对建设项目经济效果评估的准确性和可靠性,降低投资风险。

(1) 通过敏感性分析研究相关因素的变动对建设项目经济效益评估指标的影响程度,即引起的经济效果评估指标的变动幅度和变化方向。

(2) 通过敏感性分析找出影响建设项目经济的敏感因素,并确定其影响程度,建立变量因素与经济效益指标之前的对应定量关系(即敏感系数),进行项目同一组风险估计,进一步分析与敏感性大的因素有关的预测或估算数据可能产生不确定性的根源,采取有效措施,进行重点监督,防范风险。

(3) 通过敏感性分析对不同项目方案对某关键因素的敏感程度的对比,可区别不同项目方案对某关键因素的敏感性大小,进行排序,以便选取对关键因素敏感性小的方案,减少建设项目的风险性,粗略预测项目可能承担的风险,为进一步的风险分析打下基础。

(4) 通过敏感性分析可找出项目方案的最好与最坏的经济效益的变化范围,使决策者全面了解建设项目投资方案可能出现的经济效益变动情况和风险程度,以便深入分析可能采取的某些有效控制措施,来选择最现实的项目方案或寻找替代方案,达到减少或避免不利因素影响的目的,改善和提高项目的投资效果,为最后确定有效可行的投资方案提供可靠的决策依据。

(5) 预测项目的经济效益指标达到临界点(如财务内部收益率达到基准收益率,财务净现值等于零)时,主要变量因素运行变化的幅度最大(极限值),如果超过此极限,就认为项目不可行。

三、敏感性因素分析方法

敏感性分析可采用单因素敏感性分析和多因素敏感性分析。单因素分析是指当一个不确定性因素变化时对项目效益指标的影响程度；多因素分析是指当两个及两个以上不确定性因素同时变化时对效益指标的影响程度。通常项目只进行单因素敏感性分析。

敏感性分析的步骤和内容如下。

1. 选择不确定因素

根据建设项目特点选择对经济效益指标有重大影响的主要变量因素。可能发生变化的共同的主要变量因素，一般是指产品质量（即生成负荷）、产品价格、主要原材料或动力价格、外汇牌价、可变成本、固定成本、固定资产投资及建设工期等。

2. 确定敏感性分析指标

针对不同项目的特点和要求、不同研究阶段和实际需要情况，选择最能反映项目经济效益的综合性评估指标（如投资利润率、投资回收期、内部收益率、净现值等），作为具体分析对象。

3. 计算不确定因素对指标的影响

$$敏感度系数(变化率)(E) = \frac{\Delta A}{\Delta F} = \frac{效益评价指标的变化幅度(\%)}{变量因素变化幅度(\%)}$$

式中，ΔF 是指不确定因素（因变量）F 的变化幅度（%）；ΔA 是指当变量因素 F 发生变化 ΔF 时，效果评价指标（A）的相应变化幅度（%）；E 是效果评价指标（A）对变量因素（F）的敏感度系数（变化率）。

计算各变量因素对经济效果指标的影响程度，编制敏感性分析图。按照预先指定的变化幅度（±10%，±20%）先改变某一个变量因素，而其他各因素暂不变，计算该因素的变化对经济效益指标（如收益率或还本期）的影响数值，并与原方案的指标对比，计算出对该变量因素的敏感度系数；然后再选另一个变量因素。这样，针对不同变量因素计算出对同样效果指标的不同敏感度系数，再进行比较，选择其中敏感度系数最大的变量因素为该项目的敏感因素。

4. 判断敏感性因素的影响程度并决策

判别因素敏感性的原则方法如下。

相对衡量法：比较各不确定因素在相同变动幅度条件下对经济效益指标的影响程度。相对衡量法经济含义直观、明确，是敏感性分析中最常采用的方法。

绝对衡量法：

（1）使各不确定因素向对方案不利的方向变化，若某一不确定因素的最不利数值可使方案变得不能接受，则该因素是敏感性因素。

（2）考察经济效益指标为临界值条件下，不确定因素的最大变动幅度，若其值超过最大允许变动幅度，则该因素是敏感性因素。

举例说明，以纵坐标表示项目投资内部收益率评价指标值，横坐标表示集中不确定变量因素（此处选取销售收入、建设投资和经营成本）的变化幅度（%），图 4-6 中按敏感性分析计算结果画出各种变量因素的变化曲线，选其中与横坐标相交的角度最大的曲线为敏感性因素变化线。同时,图中还应标出行业财务基准收益率。从某种因素对投资财务内部收益率的影响曲线与行业财务基准收益率曲线的交点(临界点),可以得知改变了因素运行变化的最大幅度,即变量盈亏界限的极限变化值。当变化幅度超过这个极限值时,该项目就不科学。如果发生这种极限变化的可能性很大,则表明项目承担的风险很大。临界点可采用不确定性因素对基本方案的敏感度系数即变化率表示。

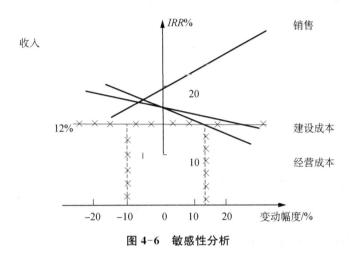

图 4-6 敏感性分析

如图 4-6 所示,图中所示"×××"线即为财务基准收益率曲线。销售收入线最陡,对内部收益率影响程度最大,该因素最敏感;经营成本其次,建设投资影响最小,为最不敏感因素。

【例 4-14】 某城市与某煤矿目前靠一条沿河修建的三级砾石铺面公路运输,公路全长约 60 公里,煤矿所生产的煤炭主要靠这条公路外运,拥挤现象严重,公路保养维修费用也在不断上升。现公路部门计划新建一条二级沥青铺面公路来分流,适当改进线路的走向,预计建设期 2 年,项目经济寿命 20 年,期末无残值、该项目预计经济投资 3 970 万元,建设期第一年初和第二年初各耗用 50%,新线建成后,在经济寿命期内预计年日常养护维修成本为 13 万元,大修成本为 575 万元,大修于新线使用 10 年后进行,项目建成后年经济效益为 2 540 万元。项目经济效益、投资、成本(包括大修成本)均有可能在 ±30% 范围内变动。设基准折现率为 10%,试分别就上述这两个不确定之因素对 NPV 作敏感性分析。

分析:这里的关键词为就上述两个不确定因素(指明不确定因素)对 NPV(确定敏感性分析指标)作敏感性分析

解:
$$NPV = 2\ 540[(P/A, 10\%, 22) - (P/A, 10\%, 2)] - \{3\ 970 \times 0.5 + 3\ 970 \times 0.5(1+10\%)^{-1} + 13[(P/A, 10\%, 22) - (P/A, 10\%, 2)] + 575 \times (1+10\%)^{-12}\}$$
$$= 13\ 807(万元)$$

下面用 NPV 指标分别就经济效益和投资及成本两个不确定因素作敏感性分析。

设经济效益变动的百分比为 K_1，分析经济效益变动对方案经济净现值影响的计算公式为

$$NPV_1 = 2\,540(1+K_1)[(P/A, 10\%, 22) - (P/A, 10\%, 2)] - \{3\,970 \times 0.5 \\ + 3\,970 \times 0.5 \times (1+10\%)^{-1} + 13[(P/A, 10\%, 22) - (P/A, 10\%, 2)] \\ + 575 \times (1+10\%)^{-12}\}$$

设投资及成本变动的百分比为 K_2，分析投资成本变动对方案经济净现值影响的计算公式为

$$NPV_2 = 2\,540[(P/A, 10\%, 22) - (P/A, 10\%, 2)] - (1+K_2)\{3\,970 \times 0.5 \\ + 3\,970 \times 0.5 \times (1+10\%)^{-1} + 13[(P/A, 10\%, 22) - (P/A, 10\%, 2)] \\ + 575(1+10\%)^{-12}\}$$

按照上面两个公式，根据已知条件，分别在 ±30% 取不同的 K_1，K_2，可以计算出各不确定因素在不同幅度下方案的经济净现值，绘出敏感性分析图。

4.5.2 Excel 中的方案管理器

Excel 中方案管理器可用于方案的比较，如下例所示。

【例 4-15】 生产一种产品，单位固定成本是 9 元。下面有三种生产和销售方案。方案 1：单价 70，数量 3 000；方案 2：单价 60，数量 5 000；方案 3：单价 65，数量 7 000。比较三种方案。

分析：方案选择，根据"公司利润最大化"的思想，比较三种方案哪一种利润最大。使用方案管理器，建立模型，比较方案。

步骤如下。

1. 建立模型

在 Excel 表中输入相关数据（见图 4-7）。其中，B1 = B5 * B6；B2 = B6 * B7；B3 = B1 - B2。

图 4-7 建模数据

2. 命名单元格

选中 A1:A7 单元格区域,单击"公式"选项卡,单击"定义名称"工具箱,单击"根据所选内容创建"工具(见图4-8)。

图 4-8 定义名称

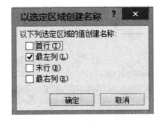
图 4-9 创建名称

随后,在弹出的"以下列选定区域的值创建名称"对话框中,选择"最左列",单击"确定"。定义好名称后,单击 B1:B7 单元格区域中的任何一个单元格,左上角名称框里显示的,都是相应左边单元格中的数据(见图4-9)。

3. 方案管理器之添加方案

单击"数据选项卡",单击"模拟分析"工具集,单击"方案管理器"对话框。在随之弹出的对话框中点击"添加"(见图4-10 和图4-11)。

图 4-10 模拟分析选项

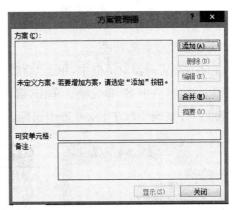
图 4-11 方案管理器对话框

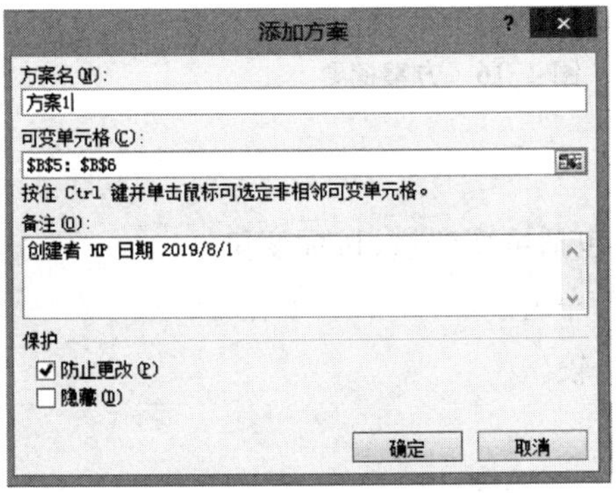

之后出现"添加方案"对话框,在方案名中,输入"方案1",在可变单元格中选中"B5:B6",单击确定(见图4-12)。

随之弹出"方案变量值"的对话框,相应在单价和数量中,分别输入方案1所对应的数字。单击确定。可见"方案管理器"对话框中已经建好了方案1(见图4-13)。

随后,在"方案管理器"对话框中,选择"添

图 4-12 添加方案对话框

加",则可按照以上步骤,将方案2,方案3相应添加进来。添加后,在"方案管理器"对话框中,可见方案1,方案2,方案3(见图4-14)。

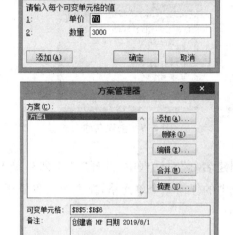

图 4-13　建立方案

图 4-14　添加新方案

4. 方案管理器之摘要

在该方案管理器对话框中,单击"摘要"按钮。在随之弹出的"方案摘要"对话框中,在结果单元格处,选中 B3 单元格。单击"确定"(见图4-15)。

随后,方案摘要即在 Excel 表中出现。方案摘要结果如图4-16所示。

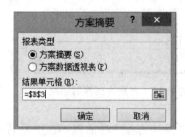

图 4-15　添加方案摘要

方案摘要				
	当前值:	方案1	方案2	方案3
可变单元格:				
单价	70	70	60	65
数量	3000	3000	5000	7000
结果单元格:				
利润	183000	183000	255000	392000
注释:"当前值"这一列表示的是在				
建立方案汇总时,可变单元格的值。				
每组方案的可变单元格均以灰色底纹突出显示。				

图 4-16　方案摘要

注意:

(1) 运用方案管理器做方案,首先应建立模型,包括可变变量、目标变量。

(2) 为更直观地显示方案摘要,应对单元格进行命名。

(3) 通过方案摘要,对不同方案的目标值进行比较。

第五章 证券价值评估
——债券与股票的定价问题

5.1 债券的基本特性

5.1.1 债券的主要类别

债券是关于借贷安排的协议,借款人为一定数量的现金向出借人发行债券,债券即是借款人的"借据"。这种约定使发行人有义务在既定日期向债券持有者支付指定数额款项。典型的附息债券的发行人在债券存续期内有义务每半年向债券持有者支付一次利息。在计算机出现之前,大多数的债券都有息票,投资者剪下息票并拿到发行人处索取利息收益,故被称为息票支付。当债券到期时,发行人会支付债券的面值来清偿债务。债券的票面利率决定了所需支付的利息;年支付额等于债券的票面利率乘以债券面值。票面利率、到期日以及债券面值均是债券契约的组成部分,债券契约则是发行人与债权人之间的合约。

一、债券按照发行主体划分

1. 政府债券

政府债券是政府为筹集资金而发行的债券。主要包括国债、地方政府债券等,其中最主要的是国债。国债因其信誉好、利率优、风险小而又被称为"金边债券"。它的利息享受免税待遇,其中由中央政府发行的债券也称公债或国库券,其发行债券的目的都是为了弥补财政赤字或投资于大型建设项目;而由各级地方政府机构如市、县、镇等发行的债券就称为地方政府债券,其发行目的主要是为地方建设筹集资金,因此都是一些期限较长的债券;在政府债券中还有一类称为政府保证债券的,它主要是为一些市政项目及公共设施的建设筹集资金而由一些与政府有直接关系的企业、公司或金融机构发行的债券,这些债券的发行均由政府担保,但不享受中央和地方政府债券的利息免税待遇。

2. 金融债券

金融债券是由银行和非银行金融机构发行的债券。在我国金融债券主要由国家开发银行、进出口银行等政策性银行发行。金融机构一般有雄厚的资金实力,信用度较高,因此金融债券往往有良好的信誉。金融债券发行的目的一般是为了筹集长期资金,其利率也一般要高于同期银行存款利率,而且持券者需要资金时可以随时转让。

3. 公司债券

公司债券是企业依照法定程序发行,约定在一定期限内还本付息的债券。公司债券的发行主体是股份公司,但也可以是非股份公司的企业发行债券,所以,一般归类时,公司债券和企业发行的债券合在一起,可直接称为公司债券。它是由非金融性质的企业发行的债券,其发行目的是为了筹集长期建设资金。一般都有特定用途。按有关规定,企业要发行债券必须先参加信用评级,级别达到一定标准才可发行。因为企业的资信水平比不上金融机构和政府,所以公司债券的风险相对较大,因而其利率一般也较高。

二、债券按照付息方式划分

1. 贴现债券

贴现债券指债券券面上不附有息票,发行时按规定的折扣率,以低于债券面值的价格发行,到期按面值支付本息的债券。贴现债券的发行价格与其面值的差额即为债券的利息。

2. 零息债券

零息债券指债券到期时和本金一起一次性付息、利随本清,也可称为到期付息债券。付息特点一是利息一次性支付。二是债券到期时支付。

3. 附息债券

附息债券指债券券面上附有息票的债券,是按照债券票面载明的利率及支付方式支付利息的债券。息票上标有利息额、支付利息的期限和债券号码等内容。持有人可从债券上剪下息票,并据此领取利息。附息国债的利息支付方式一般是在偿还期内按期付息,如每半年或一年付息一次。

4. 固定利率债券

固定利率债券就是在偿还期内利率固定的债券。

5. 浮动利率债券

浮动利率债券是指利率可以变动的债券。这种债券的利率确定与市场利率挂钩,一般高于市场利率的一定百分点。

债券发行的票面利率通常要设定在能够诱使投资者支付面值购买债券。然而有时候,无票息报酬的零息票债券也会发行。在这种情况下,投资者在到期日获得面值而不会在此之前获得任何利息收益,即债券的票面利率为零。这些债券以低于面值较多的价格发行,投资者的收益仅仅来源于发行价与到期日所支付的面值之间的价差。

5.1.2 债券契约与债券交易

债券是以契约形式发行的,联结债券发行人和持有人之间的协议。债券的部分内容是为保护债券持有人的权利而对发行人设置的一系列限制,包括与担保、偿债基金、股息政策和后续借贷相关的条款。发行人为了将债券卖给关心其安全性的投资者,需认可这些保护性条款。

债券到期时需按面值予以偿付,而该偿付将造成发行者庞大的现金支出。为确保该支付不会导致现金流危机,公司需要建立偿债基金将债务负担分散在若干年内。偿债基金可以按照以下两种方式中的一种运行。

(1) 公司可每年在公开市场上回购部分未偿付的债券。

(2) 公司可根据偿债基金的相关条款,以特定赎回价格购买部分未偿付的债券。无论哪种价格更低,公司都有权选择以市场价或者是偿债基金来购买债券。为了在债券持有者之间公平地分摊偿债基金赎回负担,采用随机产生序列号的方法来选择被赎回债券。

偿债基金和常规债券的赎回在两个方面存在差别。首先,公司仅能以偿债基金赎回价格回购有限的债券。最好的情况下,某些契约允许公司使用双倍期权,即允许公司以偿债基金赎回价格回购规定债券数量的两倍。其次,偿债基金赎回价格一般设定为面值,而可赎回债券的赎回价格通常高于面值。

不要求偿债基金的债券发行称为分期还本债券发行。在分期还本债券发行中,所出售的债券的到期日是交错的。由于债券依次到期,公司本金偿付负担类似于偿债基金在时间上被分散掉了。与偿债基金相比,分期还本债券的优势在于没有偿债基金赎回特定债券时的不确定性;分期还本债券的劣势是不同到期日的债券不能互换,降低了债券的流动性。

契约也限制了公司的股利支付。这些限制迫使公司留存资产而不是将其全部支付给股东,故能对债券持有人起保护作用。一个典型的限制内容是,如果公司有史以来的股利支付超过了累计净收益与股票销售利润之和,就不得再支付股利。

某些债券的发行以特定的抵押为基础。抵押品可以有很多形式,但都代表公司如果出现违约,债券持有者可以得到公司的某一特定资产。如果抵押品是公司财产,则该债券称为抵押债券。如果抵押品以公司其他有价证券的形式出现,该债券被称为抵押信托债券。如果是设备,则被称为设备合约债券,这种形式的抵押品,最常见于设备高度标准化的公司,如铁路公司等,如果公司违约,债券持有者追讨抵押品时,很容易将这些设备出售给其他公司。

抵押债券通常被认为比信用债券更安全,信用债券无需提供特定抵押品,其信用风险完全取决于公司的获利能力。如果公司违约,信用债券的持有者则成为普通债权人。由于抵押债券的安全性更高,所以其提供的收益率较一般信用债券低。

5.1.3 影响债券价值的主要因素

影响债券价值的因素有投资者要求的必要报酬率、债券的到期时间、债券的利息支付方式和支付频率等。

1. 必要报酬率

当投资者要求的必要报酬率等于债券的票面利率时,债券的面值就是债券的价值,此时的债券市场价格等于债券的面值。如果是新债券的发行,则成为平价发行。当投资者要求的必要报酬率大于债券的票面利率时,债券的面值就会大于债券的价值,此时的债券市场价格小于债券的面值。如果是新债券的发行,则成为折价发行。当投资者要求的必要报酬率小于债券的票面利率时,债券的面值就会小于债券的价值,此时的债券市场价格大于债券的面值。如果是新债券的发行,则成为溢价发行。所有类型的债券股价,都遵循这一原则。

可见,当投资者要求的必要报酬率上升时,债券的价格将下降;当投资者要求的必要报酬率下降时,债券的价格将上升。影响投资者要求的必要报酬率的最重要因素是市场利率,因此:

当市场利率上升时,债券的价格将下跌;

当市场利率下降时,债券的价格将上升。

2. 债券的到期时间

债券的到期时间是指当前日到债券的到期日之间的时间间隔。随着时间的推移,债券的到期时间逐渐缩短,最终为零。

而债券的必要报酬率不变的情况下,不管必要报酬率高于票面利率还是低于票面利率,债券的价值随着到期时间的缩短而逐渐接近债券面值,至到期日,债券的价值等于债券的面值。当必要报酬率高于票面利率时,债券需要折价发行,随着到期时间的缩短,债券的价值逐渐提高,最终等于债券的面值;当必要报酬率低于票面利率时,债券需要溢价发行,随着到期时间的缩短,债券的价值逐渐降低,最终等于债券的面值。

显然,利率降低以后债券的价值上升,而且到期时间越长,上升得越多。可见,当市场利率发生变化时,到期时间越长的债券价值变化越大。

因此,长期债券承担的利率风险比较大,要求的收益也相应地比较高。

5.1.4 信用风险与债券评级

尽管债券通常会对投资者承诺固定的收入流,但该收入流并非没有风险,除非投资者可确认发行者不会违约。尽管可将美国政府债券视为无违约风险债券,但对公司债券却不尽如此。由于支付一定程度上取决于公司的最终财务状况,因此此类债券的实际支付存在不确定性。

债券的违约风险,通常称为信用风险,由穆迪、标准普尔和惠誉进行测定。这些机构提供商业公司的财务信息,并对大型企业和市政债券进行质量评级。国际上主权国家的债券也存在违约风险,在新兴市场国家更是如此。所以,也会对这些债券的违约风险进行评级。评级机构使用字母来表示公司和市政债券的等级,以反映所发行债券安全性的评价。最高信用等级是 AAA 或 Aaa。穆迪公司为每种信用等级再设定 1、2 或者 3 的后缀以便做出更精确的等级划分。其他机构则使用＋或者－的符号来进行进一步划分。

信用等级为 BBB 或者更高的债券(标准普尔、惠誉),或者等级为 Baa 以及更高的债券(穆迪)都被认为是投资级债券。反之,信用等级较低的债券则被称为投机级债券或垃圾债券。低信用等级债券的违约很常见,而高信用等级的债券鲜有违约,但并不是没有风险。表 5-1 提供了各种债券信用等级的含义。

表 5-1 债券评级含义

S&P		Moody's	
AAA	最高级别	Aaa	最高质量
AA	高级别	Aa	高质量
A	上中级别	A	上中级
BBB	中级别	Baa	下中级
BB	下中级别	Ba	具有投机因素
B	投机级别	B	通常不值得正式投资
CCC	完全投机级别	Caa	可能违约
CC	最大投机级别	Ca	高度投机性,经常违约
C	规定盈利时付息但未能盈利付息	C	违约
D	违约,但尚有一些残余价值	D	最低级

5.2 债券的价值与收益

5.2.1 价值和收益率的计算

债券的当前收益仅度量债券所提供的现金收入,而不考虑任何资本损益。我们希望有一种指标,既可以解释当前收入,又可以说明债券在整个存续期内的价格涨跌。到期收益率是总收益率的标准度量。

现实中,考虑购买债券的投资者并不是根据承诺回报率来考虑是否购买债券。相反,是通过债券价格、到期日、票息来推断债券在其存续期内的收益。到期收益率被定义为债券的支付现值与其价格相等的利率。该利率通常被视为在购买日至到期日之间持有债券所获得的平均收益率的测量。

【例 5-1】 假设一个票面利率为 8%、期限为 30 年的债券的卖价为 1 276.76。在此价格上购买该债券的投资者获得的平均回报率是多少? 为回答这一问题,需找出使持有 60 期半年支付的现值与债券价格相等时的利率,是与被考察的债券价格相一致的利率。因此,在以下方程中求解利率 r:

$$1\,276.76 = \sum_{t=1}^{60} \frac{40}{(1+r)^t} + \frac{1\,000}{(1+r)^{60}}$$

或等价于

$$1\,276.76 = 40 \times 年金因子(r, 60) + 1\,000 \times 面值因子(r, 60)$$

上述方程中只有利率 r 一个未知变量,可以求得半年期利率为 3%,即该债券的到期收益率。对半年收益率加倍,得到年利率6%。然而债券的年化收益率要考虑复利。如果一种债券每6个月的收益率为3%。那么12个月后,1美元投资加利息的增长为$1\times 1.03\times 1.03=1.0609$美元。债券的实际年利率是6.09%。

债券的到期收益率为债券投资的内部收益率。如果假设所有债券都能以此收益率投资,则到期收益率可以视为整个债券存续期内的复合收益率。到期收益率被广泛认为是平均收益率的替代指标。

债券的到期收益率有别于当期收益率,当期收益率为债券的年利息支付除以债券价格。对溢价债券而言,票面利率高于当期收益率,当期收益率高于到期收益率;对折价债券而言,上述概念正好相反。

5.2.2 有效利率和有效收益率

名义利率和实际利率的区别是非常重要的。一项投资的名义利率就是你所拥有的金额的百分比变化。一项投资的实际利率就是你所拥有的金额能够购买的东西数量的百分比变化。换句话说,实际利率就是购买力的百分比变化。

我们可以将名义利率、实际利率与通货膨胀之间的关系归纳为以下等式:

$$1+R=(1+r)\times(1+h)$$

式中,R是名义利率;r是实际利率;h是通货膨胀率。

我们也可以将等式略加变换成为以下形式:

$$R=r+h+r\times h$$

这个式子清楚地表明了,名义利率实际由三个部分组成:第一部分是投资的实际利率r,第二部分是对初始投资额由于通货膨胀所造成的价值下跌的补偿,第三部分是投资所赚取的绝对数额由于通货膨胀而导致的价格下跌所得到的补偿。

第三部分的数值通常很小,所以其常被忽略。名义利率因而近似等于实际利率加上通货膨胀率:

$$R\approx r+h$$

这里的实际利率r就是有效利率。而使用有效利率计算的收益率就是有效收益率。

5.2.3 债券投资的风险

债券投资的风险是指债券预期收益变动的可能性及变动幅度,债券投资的风险是普遍存在的。与债券投资相关的所有风险称为总风险,总风险可分为可分散风险和不可分散风险。

债券的市场价格以及实际收益率受许多因素影响,这些因素的变化,都有可能使投资者的实际收益发生变化,从而使投资行为产生各种风险。

债券投资主要有以下六个方面的风险。

(1) 利率风险。利率风险是指利率的变动导致债券价格与收益率发生变动的风险。

(2) 价格变动风险。债券市场价格常常变化,若它的变化与投资者预测的不一致,那么,投资者的资本必将遭到损失。

(3) 通货膨胀风险。债券发行者在协议中承诺付给债券持有人的利息或本金的偿还,都是事先议定的固定金额。当通货膨胀发生,货币的实际购买能力下降,就会造成在市场上能购买的东西相对减少,甚至有可能低于原来投资金额的购买力。

(4) 信用风险。在企业债券的投资中,企业由于各种原因,存在着不能完全履行其责任的风险。

(5) 转让风险。当投资者急于将手中的债券转让出去,有时候不得不在价格上打点折扣,或是要支付一定的佣金。

(6) 回收性风险。有回收性条款的债券,因为它常常有强制收回的可能,而这种可能又常常是市场利率下降、投资者按券面上的名义利率收取实际增额利息的时候,投资者的预期收益就会遭受损失。

投资者可在预测某公司债券价格即将上涨时,抢先买入债券,也可在推测某公司债券价格即将下跌时,抢先卖出手中持有的债券。当然,如果预测失误,投资者将会出现亏损。

5.2.4 利率期限结构和收益率曲线

一般来说,在任何时点,短期和长期利率都是不同的。有时短期利率高一些,有时会低一些。短期利率和长期利率之间的关系被称为利率期限结构。更确切地说,利率期限结构告诉我们任一到期期限的无风险、纯折现债券的名义利率。从本质上说,这些利率是纯利率,因为它们不包含违约风险,而且其未来是单笔全额支付的。换句话说,期限结构告诉我们不同时间长度下金钱的纯时间价值。

当长期利率高于短期利率时,我们说期限结构向上倾斜;而当短期利率更高时,我们就称期限结构向下倾斜。期限结构也可以呈驼峰形状,当出现这种情况时,通常是由于在较长的到期期限内,利率先上升后下降。期限结构最常见的形状,特别是在现在,是向上倾斜的,但陡峭程度的差异相当大。

决定利率期限结构形状的因素有三个。前两个是我们前面讨论过的实际利率和通货膨胀率。实际利率是投资者对于放弃资金使用权所要求的补偿,在调整了通货膨胀的影响之后,你可以将其视作货币的纯时间价值。

实际利率是许多因素的综合函数。比如我们现在来想一想经济增长。高预期经济增长可能会使实际利率上升,而低预期增长则有可能使其下降。实际利率可能会因为期限的不同而不同,这是由于其他因素所导致的经济增长的预期不同所致。比如对于短期债券来说,实际利率可能较低,而对于长期债券来说则较高,这是因为与长期相比,市场在短期内对经济增长的预期较低。但是,实际利率对于期限结构的形状其实仅有微小影响。

相反,未来的通货膨胀因素则会非常强劲地影响期限结构的形状。投资者们借出不同期限长短的资金时,他们意识到未来发生的通货膨胀将会侵蚀所回报的货币价值。因此,投资者们通过要求更高的名义利率的方式对这部分损失求得补偿,而这额外的补偿就被称作通货膨胀溢价。

如果投资者认为通货膨胀率在未来将会更高,长期名义利率将会高于短期利率,那么向上倾斜的期限结构将会反映出在通货膨胀上的预期增长。同样,向下倾斜的期限结构在很大程度上会反映出在未来通货膨胀率将会下降的预期。

影响期限结构的第三因素就是利率风险。前面我们提到过利率风险,与短期债券相比,长期债券在利率上升时遭受损失的风险更大。投资者意识到这类风险,因此他们要求得到额外的补偿,这种补偿就通过要求更高的利率来体现。这份额外的补偿被称为利率风险溢价。距离到期日的时间越长,利率风险越大,因此利率风险溢价将会随着到期期限的增加而增加。当利率风险的增加速率呈现下降的趋势时,利率风险溢价也将呈现同样的变动趋势。

将所有的部分放在一起,我们看到期限结构反映出实际利率、通货膨胀溢价以及利率风险溢价三者的综合影响。图 5-1 展示了这些是如何相互影响以形成向上倾斜的期限结构(图 5-1a)或是向下倾斜的期限结构(图 5-1b)。

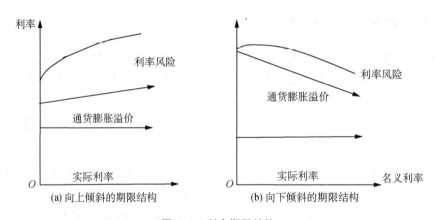

图 5-1　利率期限结构

如图 5-1(a)所示,要注意预期通货膨胀率是如何逐步增加的。同时,利率风险溢价上升的速率呈下降趋势,因此其综合而成的效果必然是一个向上倾斜的期限结构。如图 5-1(b)所示,通货膨胀率预期在未来会有所下跌,而这种下跌足以抵消利率风险溢价,同时产生向下倾斜的期限结构,注意到如果通货膨胀的预期下跌仅仅是很小的数值,那么在利率风险溢价的作用下,我们仍有可能得到向上倾斜的期限结构。

我们在绘制图 5-1 时假定实际利率会保持不变。但是正如之前所述的,预期未来的实际利率将会大于或小于当前的实际利率。同时,为了简化起见,我们运用直线表示预期未来通货膨胀率的上升或下降,但是它们并不一定得是这样的形状。举例来说,它们可能先上升后下降,从而形成一条双峰曲线。

现在可能你在很大程度上会猜想,收益率曲线的形状是利率期限结构的一种映射。

实际上,国债收益率曲线以及利率期限结构几乎可以说是同一种事物,唯一的区别就只是在于期限结构基于纯折现债券,而收益率曲线基于普通债券的收益率。因此,国债收益率同样依赖于期限结构的三个决定因素——实际利率、通货膨胀率和利率风险溢价。

5.3 Excel 中的债券计算

5.3.1 Excel 中的债券函数

债券的价值又称为债券的现值,它反映的是债券的内在价值或者理论价值。而债券的收益率是指投资者进行债券投资所获得的利益。利用 Excel 中的 PRICE、TBILLEQ 和 YIELD 等函数,可以在不同条件下(如不同的付息方式)计算债券的价格和收益率。

1. PRICE 函数

该函数用于返回面值为 100 元,且定期支付利息的有价证券的价格。

函数:PRICE(settlement, maturity, rate, yld, redemption, frequency, basis)

其中,各参数的意义如下所示。

settlement 为该参数为证券的结算日。结算日是指在发行日之后,证券卖给购买者的日期。

maturity 为该参数表示有价证券的到期日。到期日是指有价证券有效期截止时的日期。

rate 为该参数表示有价证券的年息票利率。

yld 为该参数为有价证券的年收益率。

redemption 为该参数为面值 100 元的有价证券的清偿价值。

frequency 为该参数表示年付息次数。如果按年支付,参数 Frequency 等于 1;按半年期支付,参数 Frequency 等于 2;如果按季支付,参数 Frequency 等于 4。

basis 为该参数为日计数基准类型。

2. PRICEDISC 函数

该函数用于返回面值为 100 元,折价发行的有价证券的价格。折价发行是指以低于票面价值的价格发行有价证券。

函数:PRICEDISC(settlement, maturity, discount, redemption, basis)

其中,参数 discount 表示有价证券的贴现率,其余参数的意义与 PRICE 函数的各参数意义相同。

3. PRICEMAT 函数

该函数用于返回面值为 100 元,且在到期日支付利息的债券的价格。

函数:PRICEMAT(settlement, maturity, issue, rate, yld, basis)

其中,参数 issue 表示有价证券的发行日期;参数 rate 表示有价证券在发行日期的利率；参数 yld 表示有价证券的年收益率，其余参数与 PRICE 函数相同。

4. TBILLEQ 函数

该函数可以返回国库券的等效债券收益率。

函数：TBILLEQ(settlement，maturity，discount)

其中，参数 settlement 为国库券的结算日；参数 maturity 表示国库券的到期日；参数 discount 表示国库券的贴现率。

5. TBILLPRICE 函数

该函数用于返回面值为 100 元的国库券的价格。

函数：TBILLPRICE(settlement，maturity，discount)

其中，各参数的功能意义与 TBILLEQ 函数各参数的意义相同。

5.3.2 定期付息债券的计算

（1）付息债券定价。设债券每年一次性支付利息 C，则债券的价值为

$$V = \sum_{t=1}^{T} \frac{C}{(1+r)^t} + \frac{P}{(1+r)^T}$$

（2）每年派息 m 次的债券定价。如果每年支付的利息 C 按 m 次支付，则此债券的价格为

$$V = \sum_{t=1}^{mT} \frac{C/m}{(1+r/m)^t} + \frac{P}{(1+r/m)^{mT}}$$

5.3.3 其他类型债券的计算

所谓零息债券即不支付利息，到期日一次性还本付息的债券，这种债券的定价公式最简单，债券的价值可用下式确定：

$$V = \frac{P}{(1+r)^T}$$

5.4 股票的基本特性

5.4.1 股票、股票市场

股票市场包括一级市场和二级市场。在一级市场，或是新发行市场，股票首先进入市场，而后销售给投资者。在一级市场，公司销售证券以筹集资金；在二级市场，已有的股票在投资者之间进行买卖。

1. 交易商和经纪人

由于大多数证券交易包括交易商和经纪人,因此理解这两个词的含义很重要,交易商持有一项存货,然后准备在任何时点进行买卖。相反,经纪人将买家和卖家撮合在一起,但并不持有存货。因此,当我们提到二手车交易商和房地产经纪人,我们就会意识到二手车交易商拥有存货,而房地产经纪人没有。

在证券市场,一名交易商时刻准备从那些愿意卖出的投资者手中购买证券,并向那些愿意买入的投资者卖出证券。交易商愿意支付的价格就称为买方报价,而交易商愿意卖出的价格就称为卖方报价。买价和卖价之间的差异就称为买卖价差,这也是交易商利润的基本来源。

相反,一名证券经纪人在投资者间撮合交易,将这些愿意买入证券和愿意卖出证券的人相互匹配。证券经纪人的与众不同之处就在于他们自己并不买卖证券,他们的工作只是促成他人交易。

2. 交易指令

投资者在股票市场上所使用的交易指令分为两种类型:市场委托指令和限价指令。

市场委托指令是按当前市场价格立即执行的买入或卖出指令。指令到达交易池之后,经纪人必须按照此时最好的价格执行交易的指令。市场委托指令是最常见的一种交易指令。这种指令只需要指出投资者想要买卖的金融期货合约的数量,而无须指明成交价格。因为这个指令本身就是要求场地经纪人按照接到指令时的市场价格成交。原则上经纪公司的场地经纪人在接到客户的市价指令后应按照当时所能得到的最好价位执行交易。但在实际操作中,尤其是对一些数量较小的期货交易,场地经纪人往往为了尽快将手头的市价指令完成而使用接到市价指令后最早可以成交的价格。但如果一笔期货交易金额很大并且场地经纪人又授权有一定的交易回旋余地,那么他就主动地为客户寻找最好的价位进行成交。一个金融期货投资者使用市价指令的主要目的基本上都是为了尽快进入交易市场或退出交易市场。特别是当速度成为一笔期货交易能否盈利的关键时,投资者都会采用市价指令。

限价指令是投资者用来明确规定他们希望买卖证券的价格。限价指令是指客户要求经纪人在特定的价格入市,但是要在客户指定的价格或者更有利的价格上达成交易。限价指令的下达,是由于客户不愿意承受比指定的价格更糟的价格,为此使用限价指令。限价指令上规定的价格是客户所愿意接受的价格底线。超出这个底线的价格,客户就认为不能接受。而经纪人在超出底线价格的水平上,也不能为客户达成交易。

限价指令分为买入和卖出两种。限价买入指令表明经纪人应该在限制的价格水平上或者在比这个价格更低的价格水平上买入合约。而限制价格卖出指令则表明经纪人应该在限制价格水平上或者在比这个价格更高的水平上卖出合约。如果市场价格没有达到客户要求的限制价格,经纪人不能执行该指令。但是限制价格的下达往往很难把握。如果限制价格与市价比较接近,限制价格就失去了其本来的意义,客户难以获得明显的收益;限制价格定得与市价相隔太远,又会由于市价达不到限制价格而无法成交。

3. 交易机制

从交易时间的连续特点划分,有定期交易和连续交易。在定期交易中,成交的时点是不连续的。在某一段时间到达的投资者的委托订单并不是马上成交,而是要先存储起来,然后在某一约定的时刻加以匹配。在连续交易中,并非意味着交易一定是连续的,而是指在营业时间里订单匹配可以连续不断地进行。因此,两个投资者下达的买卖指令,只要符合成交条件就可以立即成交,而不必再等待一段时间定期成交。

这两种交易机制有着不同的特点。定期交易的特点有:第一,批量指令可以提供价格的稳定性;第二,指令执行和结算的成本相对比较低。连续交易的特点有:第一,市场为投资者提供了交易的即时性;第二,交易过程中可以反映更多的市场价格信息。

从交易价格的决定特点划分,有指令驱动和报价驱动。指令驱动是一种竞价市场,也称为"订单驱动市场"。在竞价市场中,证券交易价格是由市场上的买方订单和卖方订单共同驱动的。如果采用经纪商制度,投资者在竞价市场中将自己的买卖指令报给自己的经纪商,然后经纪商持买卖订单进入市场,市场交易中心以买卖双向价格为基准进行撮合。报价驱动是一种连续交易商市场,或称"做市商市场"。在这一市场中,证券交易的买价和卖价都由做市商给出,做市商将根据市场的买卖力量和自身情况进行证券的双向报价。投资者之间并不直接成交,而是从做市商手中买进证券或向做市商卖出证券。做市商在其所报的价位上接受投资者的买卖要求,以其自有资金或证券与投资者交易。做市商的收入来源是买卖证券的差价。

5.4.2 有效市场假设

有效资本市场是指一个股票价格能够充分反映可用信息的资本市场。有效市场假说对投资者和公司来说有许多重要的意义。

第一,因为信息立刻反映在价格里,投资者应该只能预期获得正常的收益率。等到信息披露后才认识到信息的价值并不能给投资者带来任何好处。价格在投资者进行交易前已经调整到位。

第二,公司从它出售的证券中应该预期得到公允价值。"公允"表示公司发行证券所收到的价格是现值。因此,在有效的资本市场上,不存在通过愚弄投资者创造价值的融资机会。

有效市场假说假定市场及时反映所有的相关信息。在现实中,某种信息对股票价格的影响可能比其他信息快。为了分析股票价格对不同信息的反应速度,研究人员将信息划分为不同的种类。最常见的分类体系是三类:过去价格的信息、公开信息和所有信息。下面分析这三类信息对价格的作用。

1. 弱有效市场

设想某种建议在一种股票连涨三天后买入、在连跌三天后卖出的交易策略。这个交易策略使用的信息仅仅基于过去的价格。它没有使用任何其他信息,比如利润、预测、兼并公告或货币供应量等。如果资本市场完全包含了过去价格的信息,人们认为资本市场是弱有效的,或者说满足弱有效假说。因此,如果弱有效假说成立,前面说的交易策略将不能获取利润。

弱有效是我们期望市场表现的最弱形式的有效性,因为历史价格信息是股票信息中最容易获取的一种。如果仅仅从股票价格变动发现规律赚取超额利润,每个人都能做到,超额利润将会在竞争中消失,股票价格的技术分析也会失去作用。

2. 半强有效市场

半强有效市场假说认为价格已充分反映出所有已公开的有关公司营运前景的信息。这些信息有成交价、成交量、盈利资料、盈利预测值、公司管理状况及其他公开披露的财务信息等。假如投资者能迅速获得这些信息,股价应迅速作出反应。如果半强有效市场假说成立,在市场中利用基本面分析则失去作用,内幕消息可能获得超额利润。

3. 强有效市场

强有效市场假说认为价格已充分地反映了所有关于公司营运的信息,这些信息包括已公开的或内部未公开的信息。在强有效市场中,没有任何方法能帮助投资者获得超额利润,即使基金和有内幕消息者也一样。

预期市场是弱有效的一个原因是,找出股票价格变动规律很容易。任何懂得计算机编程和统计知识的人都可以探寻这些规律。这有效地说明了倘若存在这些规律,大家都将去探寻和利用它们,在这一过程中这些规律会消失。

半强有效意味着比弱有效更老练的投资者。投资者必须掌握经济学和统计学,并且对各种行业和公司的特征有深入了解。此外,掌握和使用这些技术需要天分、能力和时间。用经济学家的话来说,这种努力是昂贵的,有能力获得成功的少之又少。

至于强有效,这只是比半强有效更进一步。很难相信市场是如此有效率,以致某些拥有有价值的内幕信息的人都不能凭此获利。实证研究的证据基本不支持这种形式的市场有效性。

5.5 股票的价值评估

5.5.1 普通股的价值评估

我们前面学到,一份资产的价值取决于其未来现金流的现值。一只股票实际上会带来两类现金流:第一类,许多股票都会定期支付股利;第二类,股票持有者在售出股票时会得到售出价格代表的金额。我们对这些现金流进行折现,可以得到如下的式子。

$$P_0 = \frac{Div_1}{1+R} + \frac{Div_2}{(1+R)^2} + \frac{Div_3}{(1+R)^3} + \cdots = \sum_{t=1}^{\infty} \frac{Div_t}{(1+R)^t}$$

因此对于投资者来说,一般普通股的价格就等于所有预期未来股利的现值。

这个结论十分有用。将现值分析运用于分析股票价值最常受到的攻击是,投资者往往是非常短视的,以至于不关心长期的股利现金流。这些评论认为,投资者们通常不会更改他们的视野观念。因此,当市场是由短视的投资者主导的时候,市场价格只会反映近期的股利。但是我们的讨论表明长期股利折现模型即使在投资者短视时依然适用。尽管某一名投资者可能想早点变现,但他也必须找到另一个愿意买入的投资者才行。而这第二名投资者愿意支付的价格就取决于在他购买时点之后的全部股利。

当股利预期零增长时,普通股股票的价格为

$$P_0 = \frac{Div_1}{1+R} + \frac{Div_2}{(1+R)^2} \cdots = \frac{Div}{R}$$

当股利以恒定的速率 g 增长时,普通股股票的价格为

$$P_0 = \frac{Div_1}{1+R} + \frac{Div_2}{(1+R)^2} \cdots = \frac{Div}{R-g}$$

式中,g 是增长率,Div 是第一期期末的股利。这实际上就是增长年金的现值。

5.5.2 Gordon 股利增长模型

上一节我们提到股利增长速率不变的模型就是 Gordon 股利增长模型,是一个被广泛接受和运用的股票估价模型,该模型通过计算公司预期未来支付给股东的股利现值,来确定股票的内在价值,它相当于未来股利的永续流入。Gordon 股利增长模型是股息贴现模型的第二种特殊形式,分两种情况:一是不变的增长率;另一个是不变的增长值。

Gordon 股利增长模型有三个假定条件。
(1) 股息的支付在时间上是永久性的;
(2) 股息的增长速度是一个常数;
(3) 模型中的贴现率大于股息增长率。

在 Gordon 股利增长模型中,需要预测的是下一期股利及其年增长率,而不是预计每一期的股利。该模型认为,用投资者的必要收益率折现股票的必要现金红利,可以计算出股票的理论价格。Gordon 股利增长模型揭示了股票价格、预期基期股息、贴现率和股息固定增长率之间的关系,用公式表示为

$$V = \frac{D}{r-g}$$

其中:V 为债券价值,D 为预期基期每股股息,r 为贴现率,g 为股息年增长率。

零增长模型实际上是不变增长模型的一个特例。假定增长率 g 等于 0,股利将永远按固定数量支付,这时,不变增长模型就是零增长模型。从这两种模型来看,虽然不变增长的假设比零增长的假设有较小的应用限制,但是在许多情况下仍然被认为是不现实的。

5.5.3 优先股的价值评估

优先股与普通股的不同主要表现在相比于普通股,优先股在股利支付和公司破产清

偿时的财产索取方面都具有优先权。优先股是指依照公司法,在一般规定的普通种类股份之外,另行规定的其他种类股份,其股份持有人优先于普通股股东分配公司利润和剩余财产,但参与公司决策管理等权利受到限制。

优先股股东按照约定的票面股息率,优先于普通股股东分配公司利润。公司因解散、破产等原因进行清算时,公司财产在按照公司法和破产法有关规定进行清偿后的剩余财产,应当优先向优先股股东支付未派发的股息和公司章程约定的清算金额,不足以支付的按照优先股股东持股比例分配。

优先股股息率一般采用固定股息率和浮动股息率,所以优先股的价格可以通过股利贴现模型得出:

$$P_0 = \frac{Div_1}{1+R} + \frac{Div_2}{(1+R)^2} + \frac{Div_3}{(1+R)^3} + \cdots = \sum_{t=1}^{\infty} \frac{Div_t}{(1+R)^t}$$

可以看出这与普通股的股利贴现模型是同样的方法。

第六章 风险与收益
——统计学原理及其应用

6.1 概率与概率分布

6.1.1 概率与概率分布

一、随机事件的几个基本概念

随机事件是概率论中的一个基本概念,为了说明它,需要先区分什么叫试验和事件。在同一组条件下,对某事物或现象所进行的观察或实验叫作试验,把观察或试验的每一个可能结果叫作事件。例如,随意抛掷一枚骰子就是一次试验。骰子落地可能出现的点数为 1,2,…,6 或为奇数点、偶数点等都是一个事件,而且这些事件都是在一次试验中可能出现也可能不出现的。引入以下三个概念,通过互相比较,以便对随机事件的概念有一个更加清楚的了解。

(1)随机事件(random event)。用大写字母 A、B、C 等表示,指在同一组条件下,每次试验可能出现也可能不出现的事件,也叫偶然事件。比如,投掷一枚骰子可能出现的点数。

(2)必然事件(certain event)。用 Ω 表示,指在同一组条件下,每次试验一定出现的事件。比如,投掷一枚骰子出现的点数小于 7。

(3)不可能事件(impossible event)。用 Φ 表示,指在同一组条件下,每次试验一定不出现的事件。比如,投掷一枚骰子出现的点数大于 6。

一般而言,概率论研究的都是随机事件,并且把必然事件与不可能事件包括在随机事件内,视作随机事件的两个极端。

基本事件(elementary event),又称作简单事件,是指一个不可能再分的随机事件。例如,在投掷骰子观察点数的试验中,分别观察到点数为 1 点,点数为 2 点,点数为 3 点,点数为 4 点,点数为 5 点,点数为 6 点,这就是该试验中的 6 个基本事件。

一个试验中所有基本事件的集合称为样本空间或基本空间,记为 Ω。例如,在投掷硬币试验中,$\Omega=\{正,反\}$;在投掷骰子试验中,$\Omega=\{1,2,3,4,5,6\}$。

二、事件的概率

事件 A 的概率是对事件 A 在试验中出现的可能性大小的一种度量,记事件 A 出现可

能性大小的数值为 $P(A)$，$P(A)$ 称为事件 A 的概率(probability)。根据对概率的不同解释，概率的定义有所不同。主要有古典定义、统计定义和主观概率定义这三种，介绍如下。

1. 概率的古典定义

如果某一随机试验的结果有限，而且各个结果在每次试验中出现的可能性相同，则事件 A 发生的概率为该事件所包含的基本事件个数 m 与样本空间中所包含的基本事件个数 n 的比值，记为

$$P(A) = \frac{事件\ A\ 所包含的基本事件个数}{样本空间所包含的基本事件个数} = \frac{m}{n} \tag{6.1}$$

【例 6-1】 从 1，2，3，4，5，6，7，8，9 这九个数字中，随机地取出一个数字，求这个数字是奇数的概率。

解：设 $A = \{取出的是一个奇数\}$，则基本事件总数为 $n = 9$，事件 A 包含了 5 个基本事件(抽到 1，3，5，7，9)，即 $m = 5$，所以 $P(A) = \dfrac{m}{n} = \dfrac{5}{9}$。

由于古典概率存在随机试验只有有限个可能结果这一局限，应用范围较小。因此人们又提出了根据某一事件在重复试验中发生的频率来确定其概率的方法，即概率的统计定义。

2. 概率的统计定义

在相同条件下，进行 n 次随机试验，事件 A 出现 m 次 ($m \leqslant n$)，则此比值 m/n 称为事件 A 发生的频率。随着 n 的增大，该频率围绕某一常数 P 上下摆动，且波动的幅度逐渐减小，趋向于稳定，这个频率的稳定值即为事件 A 的概率，记为

$$P(A) = \frac{m}{n} = p \tag{6.2}$$

关于频率和概率之间的区别和联系，有以下三点：第一，频率是概率的近似值，随着试验次数的增加，频率会稳定在概率附近；第二，频率本身是随机的，在试验前不能确定；第三，概率是一个确定的数，是客观存在的，与每次试验无关。

【例 6-2】 为检查某种小麦的发芽情况，从一大批种子中抽取 10 批种子做发芽试验，其结果如表 6-1 所示。

表 6-1 小麦发芽情况

种子粒数	2	5	10	70	130	310	700	1 500	2 000	3 000
发芽粒数	2	4	9	60	116	282	639	1 339	1 806	2 715
发芽率	1	0.8	0.9	0.857	0.892	0.910	0.913	0.893	0.903	0.905

从上表可以看出，发芽率在 0.9 附近摆动，随着 n 的增大，将逐渐稳定在 0.9 这个数值上。

【例 6-3】 某工厂为节约用电，规定每天的用电量指标为 7 000 度。按照上个月的用

电记录,30 天中有 18 天的用电量超过规定指标,若第二个月仍没有具体的节电措施,试问该厂该月第一天用电量超过指标的概率。

解:本案例中每天工厂的用电量并不相等,超过用电指标的概率也不相等,因此不能采用古典概率定义。上个月 30 天的记录可以看作重复进行了 30 次试验,试验 A 表示用电量超过规定指标 18 次。根据概率的统计定义有

$$P(A) = \frac{电量超过规定指标天数}{试验的天数} = \frac{18}{30} = 0.6$$

3. 主观概率定义

概率的统计定义也存在一定的局限性,在实际应用中它要求在相同条件下进行大量的重复试验,而事实上很多现象并不能进行大量重复试验,尤其对于一些社会经济现象来讲,是无法重复的;即使有些现象能重复试验,也很难保证试验是在相同条件下进行的。因而人们提出主观概率的概念。

主观概率是指对一些无法重复的试验,只能根据以往的经验,确定这个事件的概率。例如,一个决策者根据本人掌握的信息对某个事件发生的可能性作出判断。在例 6-3 中,若该工厂在第二个月采取节电措施,预计超过规定用电指标的概率将会大大降低,因此上个月超过用电指标的概率就不适用了。若要计算下个月超过用电指标的概率,要请该厂管理用电的工程师根据采取节电措施后的情况进行预测。该工程师根据该厂过去的用电情况和采取节电措施后可以节电的程度进行判断,用电量超过指标的概率为 15%,这就属于主观概率。

三、概率的性质与运算法则

前面分别介绍了概率的古典定义、统计定义以及主观概率的定义,它们在解决各自适用的实际问题中,都起着很重要的作用,但它们各自都有一定的局限性。为了克服这些局限性,1933 年,苏联数学家柯尔莫哥洛夫在综合前人成果的基础上,抓住概率共有特性,提出了概率的公理化定义,为现代概率论的发展奠定了理论基础。

1. 概率的公理化定义

设 Ω 是试验 E 的样本空间,对于 E 的任意一个事件 A,规定一个实数 $P(A)$,若 $P(A)$ 满足:

公理 1(非负性) 对于任一随机事件 A,有 $0 \leqslant P(A) \leqslant 1$

公理 2(完备性) 必然事件的概率为 1,而不可能事件的概率为 0,即

$$P(\Omega) = 1$$
$$P(\Phi) = 0$$

公理 3(完全可加性) 如果 A 和 B 是两个互不相容的事件,则

$$P(A \cup B) = P(A) + P(B)$$

此性质可以推广到多个两两互不相容的随机事件 $A_1, A_2, \cdots, A_n$,则

$$P(A_1 \bigcup A_2 \bigcup \cdots \bigcup A_n) = P(A_1) + P(A_2) + \cdots P(A_n)$$

以上三个性质是概率的最基本性质,它们是概率运算的基础。

2. 概率的加法法则

法则 1 两个互斥事件之和的概率,等于两个事件概率之和。设 A 和 B 为两个互斥事件,则

$$P(A \bigcup B) = P(A) + P(B) \tag{6.3}$$

法则 2 对于任意两个随机事件,它们之和的概率为两个事件分别的概率之和减去两事件相交的概率,即

$$P(A \bigcup B) = P(A) + P(B) - P(A \bigcap B) \tag{6.4}$$

上面的两个法则统称为概率的加法法则,其中法则 1 可以看作法则 2 的特例。如果 A 和 B 互斥,则 $P(A \bigcap B) = 0$,此时式(6.4)就和式(6.3)相同。在两个法则的应用中,应当特别注意法则的条件,否则很容易出现错误。

【例 6-4】 已知某城市中有 50% 的用户订日报,65% 的用户订晚报,85% 的用户至少订其中一种,问同时订两种报纸的用户占百分之几?

解:设"用户订日报"为事件 A,"用户订晚报"为事件 B,则"至少订两种报纸中的其中一种"为 $A \bigcup B$,已知 $P(A) = 50\%$,$P(B) = 65\%$,$P(A \bigcup B) = 85\%$,则所求概率为

$$P(A \bigcap B) = P(A) + P(B) - P(A \bigcup B) = 50\% + 65\% - 85\% = 30\%$$

即同时订两种报纸的用户占 30%。

3. 条件概率、乘法公式与独立性

在现实世界中,任何随机试验都是在一定条件下进行的。这里我们要讨论的条件概率,则是当试验结果的部分信息已知(即在原随机试验的条件下,再加上一些附加信息)。例如当某一事件 B 已经发生时,求事件 A 发生的概率,称这种概率为事件 B 发生条件下事件 A 发生的条件概率(conditional probability),记为 $P(A \mid B)$,由于增加了新的条件(附加信息),一般来说 $P(A \mid B) \neq P(A)$。

条件概率 $P(A \mid B)$ 与概率 $P(AB)$,$P(B)$ 有以下关系:

$$P(A \mid B) = \frac{P(AB)}{P(B)}, \ P(B) > 0 \tag{6.5}$$

即条件概率可由两个无条件概率之商来计算。

将式(6.5)进行变形,即得

$$P(AB) = P(A \mid B)P(B) \tag{6.6}$$

此公式就是所谓的概率乘法公式。如果将 A、B 的位置对换,这时就有 $P(BA)=P(B\mid A)P(A)$,而 $P(AB)=P(BA)$,于是

$$P(AB)=P(B\mid A)P(A) \tag{6.7}$$

式(6.6)、式(6.7)两个公式统称为概率的乘法公式,在解题时,可根据题意选用合适的公式,便于求解。

【例 6-5】 设有 500 件产品,其中 450 件是正品,50 件是次品,从中依次抽取 2 件,2 件都是次品的概率是多少?

解:设 A_i 表示"第 i 次抽到的是次品"($i=1,2$),所求概率为 $P(A_1 A_2)$。

$$P(A_1)=\frac{50}{500}$$

$$P(A_2\mid A_1)=\frac{49}{499}$$

运用概率的乘法公式可得

$$P(A_1 A_2)=P(A_1)P(A_2\mid A_1)=\frac{50}{500}\times\frac{49}{499}=0.0098$$

即依次抽取两件都是次品的概率是 0.98%。

在使用概率的乘法公式时,一般都要计算条件概率,但是在事件 A 与 B 独立的情况下,乘法公式就会变得简单。一般认为,两个事件中不论哪一个事件发生与否并不影响另一事件发生的概率,则称这两个事件相互独立。与此相对应的是相依事件,即一个事件发生与否会影响另一个事件的发生。

当两个事件相互独立时,其条件概率等于无条件概率,即

$$P(B\mid A)=P(B)$$
$$P(A\mid B)=P(A)$$

所以当两个事件相互独立时,其乘法法则可以简化为

$$P(AB)=P(A)P(B) \tag{6.8}$$

因为式(6.8)中 A 和 B 是对称的,故若 A 独立于 B,则 B 独立于 A。于是我们可以用式(6.8)来判断两个事件 A 和 B 是否独立。即若 A、B 两事件满足式(6.8),则称 A、B 相互独立。

事件之间的独立性在统计分析中有着重要的意义。例如,在宏观经济研究中,要分析国内生产总值与居民储蓄存款之间是否独立;在企业的产品质量管理中,经常要了解各个班组与产品质量之间是否独立等。

同理,式(6.8)也可以推广到多个事件相互独立的情形,即如果 $A_1,A_2,\cdots,A_n$ 相互

独立,则

$$P(A_1 A_2 \cdots A_n) = P(A_1) P(A_2) \cdots P(A_n) \tag{6.9}$$

【例 6-6】 某种产品的生产流程由两道主要工序组成。第一道工序的生产合格率为 99%,第二道工序的生产合格率为 95%,若工序之间独立工作,那么整个生产过程的产品合格率是多少?

解:设 A_1,A_2 分别为第一道、第二道工序生产产品合格的事件,根据题意 $P(A_1) = 99\%$,$P(A_2) = 95\%$,那么整个生产过程的产品合格的概率可以写成:

$$P(A_1 A_2) = P(A_1) P(A_2) = 99\% \times 95\% = 94.05\%$$

需要注意的是,事件的独立性与事件的互斥不能混淆。互斥事件是指不能同时发生的事件,而事件的独立性是指两个事件其中一个发生并不影响另一个事件的发生。互斥事件一定是相互依赖(不独立)的,但相互依赖的事件不一定是互斥的。例如,事件 A 表示有雨,事件 B 表示晴天(无雨),事件 C 表示有风。显然事件 A 与 B 是互斥的,因而也是不独立的;事件 A 与 C 显然不互斥,但看来也是有依赖关系的。

不互斥事件可能是独立的,也可能是不独立的,然而独立事件不可能是互斥的。例如有一批产品,A 表示第一次抽到正品,B 表示第二次抽到的也是正品,在有放回抽样时这两个事件就是独立的,而在无放回抽样时,这两个事件并不独立。

4. 全概率公式与贝叶斯公式

定理 1(全概率公式) 若事件 A_1,A_2,$\cdots$ 构成一个完备事件组,并且都具有正概率,则对任何一个事件 B,有

$$P(B) = \sum_i P(A_i) P(B \mid A_i) \tag{6.10}$$

证:A_1,A_2,$\cdots$ 两两互斥,故 $A_1 B$,$A_2 B$,$\cdots$ 两两互斥,且 $B = B\Omega = B\left(\sum_i A_i B\right)$

由加法法则可知, $P(B) = \sum_i P(A_i B)$

再由乘法法则可得 $P(A_i B) = P(A_i) P(B \mid A_i)$

故 $P(B) = \sum_i P(A_i) P(B \mid A_i)$

定理 2(贝叶斯公式) 若事件 A_1,A_2,$\cdots$ 构成一个完备事件组,且具有正概率,则对任何一个概率不为零的事件 B,有

$$P(A_m \mid B) = \frac{P(A_m) P(B \mid A_m)}{\sum_i P(A_i) P(B \mid A_i)} \tag{6.11}$$

证:$P(A_m \mid B) = \dfrac{P(A_m B)}{P(B)} = \dfrac{P(A_m) P(B \mid A_m)}{\sum_i P(A_i) P(B \mid A_i)}$

所以，由定理 1 和定理 2 及证明推导可知，全概率公式就是表示达到某个目的，有多种方式（或者造成某种结果，有多种原因），问达到目的或造成这种结果的概率是多少。而贝叶斯公式是建立在已知条件概率和全概率的基础上，根据已知结果，问导致这个结果的第 i 个原因的可能性是多少。

【例 6-7】 有三个同样的箱子，A 箱中有 4 个黑球 1 个白球，B 箱中有 3 个黑球 3 个白球，C 箱中有 3 个黑球 5 个白球，现任取一箱，再从中任取一球，求 1) 此球是白球的概率；2) 若取出的是白球，求它取自 B 箱的概率。

解：用 A、B、C 事件分别表示从 A、B、C 这三个箱子中取球，用 D 表示取出的是白球。

则 A、B、C 是完备事件组，且 $P(A) = P(B) = P(C) = \dfrac{1}{3}$

$$P(D \mid A) = \dfrac{1}{5} \quad P(D \mid B) = \dfrac{1}{2} \quad P(D \mid C) = \dfrac{5}{8}$$

1) $P(D) = P(A)P(D \mid A) + P(B)P(D \mid B) + P(C)P(D \mid C)$

$$= \dfrac{1}{3} \times \dfrac{1}{5} + \dfrac{1}{3} \times \dfrac{1}{2} + \dfrac{1}{3} \times \dfrac{5}{8} = \dfrac{53}{120} \approx 0.442$$

2) $P(B \mid D) = \dfrac{P(B)P(D \mid B)}{P(A)P(D \mid A) + P(B)P(D \mid B) + P(C)P(D \mid C)}$

$$= \dfrac{\dfrac{1}{3} \times \dfrac{1}{2}}{\dfrac{1}{3} \times \dfrac{1}{5} + \dfrac{1}{3} \times \dfrac{1}{2} + \dfrac{1}{3} \times \dfrac{5}{8}} = \dfrac{20}{53} \approx 0.378$$

四、随机变量及其概率分布

1. 随机变量的概念

一般而言，随机事件都可以用一个数量标识表示。例如，把每检验一件产品可能出现合格的指定为 1，可能出现不合格的指定为 0；或把每次抛掷一枚硬币可能出现正面的指定为 1，可能出现反面的指定为 0。这样把指定的 1、0 与合格、不合格一一对应，或把 1、0 与正面、反面一一对应，就可以把随机事件完全数量化了。

根据某随机事件 A 出现的概率定义 $P(A)$，可以把 A 换成数量标识 X，于是 X 具有确定的概率 $P(X)$。由此引出随机变量的定义：在同一组条件下，如果每次试验可能出现这样或那样的结果，并且把所有的结果都能列举出来，而且 X 的可能值 $x_1, x_2, \cdots, x_n$ 都能列举出来，而且 X 的可能值 $x_1, x_2, \cdots, x_n$ 具有确定概率 $P(x_1), P(x_2), \cdots, P(x_n)$，其中 $P(x_i) = P(X = x_i)$，称为概率函数（probability function），则 X 称为 $P(X)$ 的随机变量，$P(X)$ 称为随机变量 X 的概率函数。

按照随机变量的特性，通常可以把随机变量分成两类，即离散型（discrete）随机变量和连续型（continuous）随机变量。

(1) 离散型随机变量。如果随机变量 X 取有限个值或其所有取值都可以逐个列举出来 $X_1, X_2, \cdots$，则称 X 为离散型随机变量。离散型随机变量的一些例子如表 6-2 所示。

表 6-2 离散型随机变量

试验	随机变量	可能的取值
抽查 100 个产品	取到次品的个数	0，1，2，$\cdots$，100
一家餐馆营业一天	顾客数	0，1，2，$\cdots$
电脑公司一个月的销售	销售量	0，1，2，$\cdots$
销售一辆汽车	顾客性别	男性为 0，女性为 1

(2) 连续型随机变量。如果随机变量 X 取无限个值或其所有取值无法逐个列举出来，而是取数轴上某一区间内的任一点，则称 X 为连续型随机变量。连续型随机变量的一些例子如表 6-3 所示。

表 6-3 连续型随机变量

试验	随机变量	可能的取值
抽查一批电子元件	使用寿命（小时）	$X \geqslant 0$
新建一座住宅楼	半年后工程完成的百分比	$0 \leqslant X \leqslant 100$
测量一个产品的长度	测量误差（cm）	$X \geqslant 0$

2. 随机变量的概率分布

随机变量可能的取值范围和取这些值相应的概率称为随机变量的概率分布，根据随机变量的类型可以分为离散型随机变量的概率分布和连续型随机变量的概率分布。

(1) 离散型随机变量的概率分布。设有一离散型随机变量 X，可能取值 $x_1, x_2, \cdots, x_n$，其相应的概率为 $p_1, p_2, \cdots, p_n$，即 $P(X=x_i)=p_i (i=1, 2, \cdots, n)$，通常用表 6-4 来表示。

表 6-4 离散型随机变量的概率分布

$X=x_i$	x_1	x_2	$\cdots$	x_n
$P(X=x_i)=p_i$	p_1	p_2	$\cdots$	p_n

则称该表格形式为离散型随机变量 X 的概率分布（probability distribution），其中，$P(X=x_i)=p_i$ 是 X 的概率函数。因为 $x_1, x_2, \cdots, x_n$ 构成一个完备组，所以 $p_i \geqslant 0$ 且 $\sum_{i=1}^{n} p_i = 1$。

(2) 连续型随机变量的概率分布。连续型随机变量可以取某一区间或整个实数轴上的任意一值，但是它不能列出每一个值及其相应的概率，即它取任何一个特定的值的概率都等于 0。通常用数学函数的形式和分布函数的形式来描述和研究它取某一区间值的概率。

① 概率密度函数(probability density function)。当用函数 $f(x)$ 来表示连续型随机变量时,我们将 $f(x)$ 称为概率密度函数,它满足两个条件:第一,$f(x) \geqslant 0$;第二,$\int_{-\infty}^{+\infty} f(x) \mathrm{d}x = 1$。

需要注意的是,$f(x)$ 并不是一个概率,在连续分布的情况下随机变量 X 在区间 a 和 b 之间的概率可以写成:

$$P(a < X < b) = \int_a^b f(x) \mathrm{d}x \tag{6.12}$$

② 分布函数(distribution function)。连续型随机变量的概率也可以用分布函数 $F(x)$ 来表示,分布函数定义为

$$F(x) = P(X \leqslant x) = \int_{-\infty}^x f(t) \mathrm{d}t, \; -\infty < x < +\infty \tag{6.13}$$

这也是建立在密度函数 $f(x)$ 的基础之上的,因此 $P(a < X < b)$ 也可以写成:

$$\int_a^b f(x) \mathrm{d}x = F(b) - F(a) \tag{6.14}$$

显然,连续型随机变量的概率密度是其分布函数的导数,即:

$$f(x) = F'(x) \tag{6.15}$$

6.1.2 数字特征

一、期望与方差

在前面的课程中,我们讨论了随机变量及其分布,如果知道了随机变量 X 的概率分布,那么 X 的全部概率特征也就知道了。然而,在实际问题中,概率分布一般是较难确定的。在一些实际应用中,人们并不需要知道随机变量的一切概率性质,只要知道它的某些数字特征就足够了。例如,在评定某地区粮食产量的水平中,最关心的是平均产量;在检查一批棉花的质量时,既需要注意纤维的平均长度,又需要注意纤维长度和平均长度的偏离程度;考察某城市居民的家庭收入情况,我们既需要知道家庭的年平均收入,又要研究贫富之间的差异程度。

因此,在对随机变量的研究中,确定某些数字特征是非常重要的。而所谓的数字特征就是用数字表示随机变量的分布特点。在这些数字特征中,最常用的是数学期望、方差、协方差和相关系数。本部分先对数学期望和方差进行描述,协方差和相关系数详见 6.2 节。

1. 数学期望

数学期望 $E(X)$ 也称为随机变量 X 的期望值(expected value),是试验中每次可能结

果的概率乘以其结果的总和,是最基本的数字特征之一。它反映随机变量本身的平均水平或集中程度。

2. 方差

随机变量的方差定义为每一个随机变量取值与期望值的离差平方之期望值。它是随机变量的另一个重要数字特征。设随机变量为 X,若 $E[X-E(X)]^2$ 存在,则称其为 X 的方差,记为 $Var(X)$ 或 $D(X)$,即

$$Var(X) = E[X-E(X)]^2 \tag{6.16}$$

将 $\sqrt{Var(X)}$ 记为 $\sigma(X)$,称为 X 的标准差或均方差,它与 X 有相同的量纲。利用方差可以测定随机变量的变异程度或离散程度,若 $Var(X)$ 较小,说明 X 的取值比较集中,反之则相反。

二、离散型随机变量的数学期望和方差

离散型随机变量 X 的数学期望定义为,在离散型随机变量 X 的一切可能值的完备组中,各可能值 x_i 与其对应概率 p_i 的乘积之和称为该随机变量 X 的数学期望,记作 $E(X)$ 或 μ。

若 X 取有限个数值 $x_1, x_2, \cdots, x_n$,其对应的概率为 $p_1, p_2, \cdots, p_n$,则数学期望为

$$E(X) = x_1 p_1 + x_2 p_2 + \cdots + x_n p_n = \sum_{i=1}^{n} x_i p_i \tag{6.17}$$

若 X 取无穷个数值 $x_1, x_2, \cdots, x_n, \cdots$,其对应的概率为 $p_1, p_2, \cdots, p_n, \cdots$,则数学期望为

$$E(X) = x_1 p_1 + x_2 p_2 + \cdots + x_n p_n + \cdots = \sum_{i=1}^{\infty} x_i p_i \tag{6.18}$$

根据方差的定义,离散型随机变量的方差公式表示为

$$\sigma^2 = D(X) = \sum_{i=1}^{\infty} [x_i - E(X)]^2 p_i \tag{6.19}$$

其中,$p_i = P\{X = x_i\}(i = 1, 2, \cdots)$。在计算时,可把(6.19)式简化为

$$\sigma^2 = D(X) \doteq E(X^2) - [E(X)]^2 \tag{6.20}$$

三、连续型随机变量的数学期望和方差

和离散型随机变量类似,连续型随机变量的数学期望为

$$E(X) = \int_{-\infty}^{+\infty} x f(x) \mathrm{d}x = \mu \tag{6.21}$$

方差为

$$D(X) = \int_{-\infty}^{+\infty} [X - E(X)]^2 f(x) \mathrm{d}x = \sigma^2 \tag{6.22}$$

6.1.3 常用概率分布

一、常用离散型随机变量概率分布

离散型随机变量有许多重要的概率分布,下面介绍两种最常见的离散型随机变量概率分布,即二项分布和泊松分布。

1. 二项分布

二项分布(binomial distribution)是建立在伯努利试验(Bernoulli experiment)基础之上的。那么什么是伯努利试验?伯努利试验包含了 n 个相同的试验,每次试验只有两个可能的结果,即"成功"和"失败";出现"成功"的概率 p 在每次试验中的结果是相同的,"失败"的概率 q 也相同;试验是相互独立的且"成功"和"失败"可以计数。

若进行 n 次具有上述特征的独立重复试验,那么出现"成功"的次数的概率分布称为二项分布。设 X 为 n 次重复实验中事件 A(成功)出现的次数,那么 X 取 x 的概率为

$$P\{X=x\} = C_n^x p^x q^{n-x} \quad (x=0,1,2,\cdots,n) \tag{6.23}$$

式中,

$$C_n^x = \frac{n!}{x!(n-x)!} \tag{6.24}$$

显然,对于 $P\{X=x\} \geqslant 0$, $x=0,1,2,\cdots,n$,有

$$\sum_{x=0}^{n} C_n^x p^x q^{n-x} = (p+q)^n = 1 \tag{6.25}$$

同样的,

$$P\{0 \leqslant X \leqslant m\} = \sum_{x=0}^{m} C_n^x p^x q^{n-x} \tag{6.26}$$

$$P\{m \leqslant X \leqslant n\} = \sum_{x=m}^{n} C_n^x p^x q^{n-x} \tag{6.27}$$

当 $n=1$ 时,二项分布简化为 0—1 分布,即

$$P\{X=x\} = p^x q^{1-x} = 1 \quad x=0,1 \tag{6.28}$$

二项分布的数学期望为

$$E(X) = np \tag{6.29}$$

方差为

$$D(X) = npq \tag{6.30}$$

2. 泊松分布

泊松分布(poisson distribution)是用来描述单位时间(或空间)内随机事件发生的次数。例如,某城市在一个月内发生的交通事故次数、消费者协会一个星期内收到的消费者投诉次数、显微镜下单位分区内的细菌分布数,等等。

泊松分布的概率函数为

$$P=\{X=x\}=\frac{\lambda e^{-\lambda}}{x!}, (x=0, 1, 2, \cdots, n) \tag{6.31}$$

式中,λ 为指定的时间间隔、长度、面积或体积内"成功"的平均数;e 为自然对数的底数;x 为指定的时间间隔、长度、面积或体积内"成功"的次数。

泊松分布的数学期望和方差分别为

$$E(X)=\lambda \tag{6.32}$$

$$D(X)=\lambda \tag{6.33}$$

当试验的次数 n 很大,成功的概率很小(接近 0)时,可以用泊松分布来近似地计算二项分布的概率,即

$$C_n^x p^x q^{n-x} \approx \frac{\lambda e^{-\lambda}}{x!} \tag{6.34}$$

一般而言,当 $P \leqslant 0.25$,$n \geqslant 20$,$np \leqslant 5$ 时,近似效果较好。

二、常用连续型随机变量概率分布

常见的连续性概率分布有均匀分布、指数分布和正态分布这三大类。

1. 均匀分布

若随机变量 X 概率密度函数为 $f(x)=\begin{cases} \dfrac{1}{b-a}, & a \leqslant x \leqslant b, \\ 0, & \text{其他}, \end{cases}$ 则称随机变量 X 在区间 $[a,b]$ 上服从均匀分布,且具有下述意义的等可能性,即它落在区间 $[a,b]$ 中任意等长度的子区间内的可能性是相同的,或者说它落在 $[a,b]$ 的子区间内的概率只依赖于区间的长度而与子区间的所在位置无关。

由分布函数的定义可得其分布函数,如下所示。

$$F(x)=\begin{cases} 0, & x \leqslant a, \\ \dfrac{x-a}{b-a}, & a<x<b, \\ 1, & b \leqslant x. \end{cases} \tag{6.35}$$

很容易地,我们也可以求出均匀分布相应的期望值和方差,分别为 $E(X)=\dfrac{a+b}{2}$;

$$D(X) = \frac{(b-a)^2}{12}。$$

2. 指数分布

设连续型随机变量 X 的密度函数为 $f(x) = \begin{cases} \lambda e^{-\lambda x}, & x \geq 0, \\ 0, & x < 0, \end{cases}$ 则称随机变量 X 服从参数为 λ 的指数分布($\lambda > 0$)。

其分布函数为

$$F(x) = \begin{cases} 1 - e^{-\lambda x}, & x \geq 0, \\ 0, & x < 0。 \end{cases} \tag{6.36}$$

指数分布具有一个非常重要的特征:如果随机变量 X 服从参数为 λ 的指数分布,则对任意 $s > 0, t > 0$,我们有 $P(X > s + t \mid X > t) = e^{-\lambda s} = P$。如果将随机变量 X 解释为寿命,那么前面式子就表明如果已知 X 的寿命大于 t 年,则它再活 s 年的概率与其自身年龄 t 无关。因此,指数分布常被称为"永远年轻"的分布。指数分布一般应用于产品质量管理以及可靠性研究中。

指数分布的数学期望和方差分别为:$E(X) = \frac{1}{\lambda}$;$D(X) = \frac{1}{\lambda^2}$。

3. 正态分布

正态分布(normal distribution)又称为高斯分布(gaussian distribution),它作为经典统计推断的基础,是描述连续性统计变量中最重要的分布,在实际生活中最为人们所熟知。比如男女身高,学习成绩等都服从正态分布。

关于正态分布的定义,如果随机变量 X 的概率密度为

$$f(x) = \frac{1}{\sigma\sqrt{2\pi}} e^{-\frac{1}{2\sigma^2}(x-\mu)^2}, \quad -\infty < x < +\infty \tag{6.37}$$

则称 X 服从正态分布,记作 $X \sim N(\mu, \sigma^2)$,其中 μ 为总体均值($-\infty < \mu < +\infty$),σ^2 为总体方差($\sigma > 0$),它们是正态分布的两个参数。

关于正态分布函数的性质,有以下几点。

(1) 整个概率密度函数曲线在 x 轴上方,即 $f(x) > 0$。

(2) 曲线 $f(x)$ 的最高点对应于总体均值 μ,它也是分布的中位数和众数。

(3) 正态分布是一个分布族,每一个特定正态分布都通过均值 μ 和标准差 σ 来区分。μ 决定曲线对称轴的位置,σ 决定曲线的平缓程度。

(4) 曲线 $f(x)$ 关于均值 μ 对称,尾端向两个方向无限延伸,且当 x 趋于无穷时,曲线以 x 轴作为其渐近线。

(5) 正态曲线下的总面积为 1,且随机变量 X 的概率由曲线下的面积给出。

综合以上几点性质,我们可以画出正态分布的概率密度曲线,它是一条对称的钟形曲

线,如图 6-1 所示。

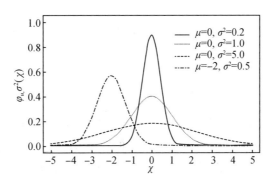

图 6-1 均值 μ 和标准差 σ 对曲线位置、形状的影响

当 $\mu=0$, $\sigma=1$ 时,有

$$f(x)=\frac{1}{\sqrt{2\pi}}e^{-\frac{x^2}{2}}, -\infty<x<+\infty \tag{6.38}$$

此时正态分布 $N(0,1)$ 称为标准正态分布(Standard Normal Distribution)。标准正态分布的概率密度函数和分布函数通常分别用 $\varphi(x)$ 和 $\Phi(x)$ 来表示,如下

$$\varphi(x)=\frac{1}{\sqrt{2\pi}}e^{-\frac{x^2}{2}} \tag{6.39}$$

$$\Phi(x)=\int_{-\infty}^{x}\varphi(t)\mathrm{d}t=\int_{-\infty}^{x}\frac{1}{\sqrt{2\pi}}e^{-\frac{t^2}{2}}\mathrm{d}t \tag{6.40}$$

任何一个一般的正态分布,可通过下面的线性变换转化为标准正态分布

$$Z=\frac{X-\mu}{\sigma}\sim N(0,1) \tag{6.41}$$

标准正态分布的重要性在于,一般的正态分布取决于均值 μ 和标准差 σ,所以在计算概率时,每一个正态分布都需要有自己的正态分布概率表,这种表格的数量是无穷多的。但是,如果能将一般的正态分布转化为标准正态分布,那么只需要通过查一张表,就可以解决正态分布的概率计算问题。

6.2 相关-回归和预测

6.2.1 协方差和相关系数

前面我们介绍了随机变量的数学期望和方差,那么如果对于一个二维随机变量 (X,Y),我们除了讨论 X 与 Y 各自的数学期望和方差之外,还需要讨论描述它们两者之间关系的数字特征,这就是本部分要介绍的协方差和相关系数。

一、协方差

若 $E[X-E(X)][Y-E(Y)]$ 存在,则称其为随机变量 X 和 Y 的协方差,记为 $Cov(X,Y)$,即

$$Cov(X,Y)=E[X-E(X)][Y-E(Y)] \tag{6.42}$$

协方差的大小在一定程度上反映了 X 和 Y 相互之间的关系。与指标是一个变量误差的方差不同,协方差表示的是两个随机变量的总体误差。如果两个变量的变化趋势一致,也就是说如果其中一个大于其自身的期望值,另外一个也大于自身的期望值,那么两个变量之间的协方差就是正值;如果两个变量的变化趋势相反,那么两个变量之间的协方差就是负值。

关于协方差的计算,其与期望值、方差还有独立都存在一定的关系,具体如下。

(1) 与期望值的计算关系:$Cov(X,Y)=E(XY)-E(X)E(Y)$

(2) 与方差的计算关系:$D(X\pm Y)=D(X)+D(Y)\pm 2Cov(X,Y)$

(3) 独立的计算关系:设随机变量 X 与 Y 相互独立,则 $Cov(X,Y)=0$

协方差还具备以下性质。

(1) 对称性:$Cov(X,Y)=Cov(Y,X)$ 且 $Cov(X,X)=Var(X)$,$Cov(X,c)=0$

(2) 变量系数可提:$Cov(aX,bY)=abCov(X,Y)$

(3) 分配律:$Cov(X+Y,Z)=Cov(X,Z)+Cov(Y,Z)$

二、相关系数

对于随机变量 X 和 Y,若 $D(X)\neq 0, D(Y)\neq 0$,则称

$$\rho_{XY}=\frac{Cov(X,Y)}{\sqrt{D(X)}\sqrt{D(Y)}} \tag{6.43}$$

为随机变量 X 和 Y 的相关系数。ρ_{XY} 刻画了两个随机变量之间线性关系的程度,即 $|\rho_{XY}|$ 越大,相关程度越大;当 $\rho_{XY}=0$ 时,称 X 和 Y 不相关;当 $|\rho_{XY}|=1$ 时,称 X 和 Y 完全相关。

相关系数具有以下性质:

(1) $|\rho_{XY}|\leqslant 1$;

(2) $|\rho_{XY}|=1$ 当且仅当 $P\{Y=aX+b\}=1$,其中 a,b 为常数。

6.2.2 回归和预测

回归是根据给定的两组一一对应的数据的数值,用统计学方法近似求出两者之间的数学关系。预测则是人们根据历史的资料和现实,利用已经掌握的知识和手段,对事物的未来值进行事前的推测和判断。

在确定变量之间相关关系的基础上,采用一定的计算方法,建立起变量间变动关系的

公式,并根据一个变量的变化来估计或预测另一个变量发展变化的研究方法,就是回归分析。回归分析的基本思想是最小二乘法,即使样本点到回归直线的纵向距离的平方和最小。按照变量的个数不同,可以分为一元回归分析和多元回归分析;按照变量之间形式的不同,可以分为线性回归分析和非线性回归分析。本书主要介绍一元线性回归分析与预测。

线性回归的步骤主要包括回归参数的估计,参数的检验以及方程拟合效果评价与预测这三步。

首先,模型的建立及参数估计。假设有对应存在相关关系的两个变量 X 和 Y,其中 X 为自变量,Y 为因变量,可以建立回归方程

$$Y_i = \alpha + \beta X_i + \varepsilon \tag{6.44}$$

其中,α 为回归方程常数项,β 为回归系数,ε 为随机误差项。根据最小二乘法(OLS),可以得到 α 和 β 的估计值 $\hat{\alpha}$ 和 $\hat{\beta}$。

$$\hat{\beta} = \frac{\sum_{i=1}^{n}(X_i - \bar{X})(Y_i - \bar{Y})}{\sum_{i=1}^{n}(X_i - \bar{X})^2}$$

$$\hat{\alpha} = \bar{Y} - \hat{\beta}\bar{X}$$

其中,$\bar{X}$ 和 $\bar{Y}$ 分别为变量 X 和 Y 的样本的均值,那么可以得到回归的参数方程为

$$\hat{Y}_i = \hat{\alpha} + \hat{\beta} X_i \tag{6.45}$$

其次,模型的检验。在回归模型估计出来以后,先要对其进行一系列的检验,只有通过了检验的模型才能用于对总体变量的估计或预测。模型的检验主要有拟合优度检验和显著性检验这两部分。

1. 拟合优度检验

拟合优度又称可决系数,可以用来检验回归方程对观测数据的拟合程度,即可以度量方程总体回归效果的优劣。对应的可决系数为

$$R^2 = \hat{\beta}^2 \frac{\sum_{i=1}^{n}(X_i - \bar{X})^2}{\sum_{i=1}^{n}(Y_i - \bar{Y})^2} \tag{6.46}$$

可决系数是无量纲的系数,并存在确定的范围(0~1),R^2 越接近于 1 说明拟合程度越好。

估计标准误差(SE)是回归模型(即估计值)与因变量观测值之间的平均平方误差。这个误差的值越小,说明估计值越接近真实值,回归模型的拟合度越好。估计标准误差的公式为:

$$SE = \sqrt{\frac{\sum_{i=1}^{n}(Y_i - \hat{Y}_i)^2}{n-2}} \tag{6.47}$$

2. 显著性检验

回归系数的显著性检验(t 检验),是指根据样本计算结果对总体回归系数有关假设的检验,其主要目的是了解总体变量与因变量之间是否存在样本回归模型所表述的相关关系。对应的 t 统计量为 $t = \frac{\hat{\beta}}{S_{\beta}}$。

最后,模型的预测。变量 X 和 Y 对应的一元线性回归方程为 $\hat{Y} = \hat{\alpha} + \hat{\beta}X$。

现在需要预测当 $X = X_0$ 时,对应的 Y。若为点预测,则 X_0 对应的预测值 $\hat{Y}_0$ 为

$$\hat{Y}_0 = \hat{\alpha} + \hat{\beta}X_0 \tag{6.48}$$

若为区间预测,则可分为对应的预测值 $\hat{Y}_0$ 为预测的均值还是个体值。如果预测的为均值,真实值为 $E(Y_0 \mid X_0) = \alpha + \beta X_0$,两者之间 δ 的标准差为 $S_{\delta} = s\sqrt{\frac{1}{n} + \frac{(X_0 - \overline{X})^2}{\sum_{i=1}^{n}(X_i - \overline{X})^2}}$,其中 $s = \sqrt{\frac{\sum_{i=1}^{n}(Y_i - \hat{Y}_i)^2}{n-2}}$,那么在给定的显著性水平 α 下,对应的 $E(Y_0 \mid X_0)$ 的置信区间为 $(\hat{Y}_0 - t_{\frac{\alpha}{2}}S_{\delta}, \hat{Y}_0 + t_{\frac{\alpha}{2}}S_{\delta})$;如果预测的是个体值,真实值为 $Y_0 = \alpha + \beta X_0 + \varepsilon$,两者之间 l 的标准差为 $S_l = s\sqrt{1 + \frac{1}{n} + \frac{(X_0 - \overline{X})^2}{\sum_{i=1}^{n}(X_i - \overline{X})^2}}$,那么在给定显著性水平 α 下,对应的 Y_0 的置信区间为 $(\hat{Y}_0 - t_{\frac{\alpha}{2}}S_l, \hat{Y}_0 + t_{\frac{\alpha}{2}}S_l)$。

6.3 Monte Carlo 分析法

蒙特卡罗方法(Monte Carlo method)又称统计模拟法、随机抽样技术,它是一种以概率和统计理论方法为基础,使用随机数(或更常见的伪随机数)来解决很多计算问题的方法。由于计算结果的精确度很大程度上取决于抽取样本的数量,一般需要大量的样本数据,因此这种方法在没有计算机的时代没有受到重视。

实际上早在 1777 年,法国 Buffon 提出用投针实验的方法求圆周率,这被认为是蒙特卡罗方法的起源。第二次世界大战时期,美国曼哈顿原子弹计划的主要科学家之一,匈牙利美籍数学家 J. 冯·诺伊曼(现代电子计算机创始人之一)在研究物质裂变时中子扩散的实验中采用了随机抽样统计的方法,因为当时随机数的想法大多来自投掷骰子及轮盘等赌博用具,因此他采用摩洛哥著名赌城 Monte Carlo 来命名这种计算方法,为这种算法

增加了一层神秘的色彩。

目前,蒙特卡罗方法在金融工程学、宏观经济学、生物医学、计算物理学等领域应用十分广泛。

6.3.1 Monte Carlo 分析法的基本原理

当所研究的问题可以抽象为某个确定的数学问题时,应当首先建立一个恰当的概率模型,即确定某个随机事件 A 或随机变量 X,使得待求的解等于随机事件出现的概率或随机变量的数学期望值;其次进行模拟实验,即重复多次地模拟随机事件 A 或随机变量 X;最后对随机实验结果进行统计平均,求出 A 出现的频数或 X 的平均值作为问题的近似解。

一、蒙特卡罗方法的核心——随机数

随机数是专门的随机试验的结果。在统计学的不同技术中需要使用随机数。比如在从统计总体中抽取有代表性的样本的时候,或者在进行蒙特卡罗模拟法计算的时候,等等。

蒙特卡罗方法的基本理论就是通过对大量的随机数样本进行统计分析,从而得到我们所需要的变量。因此蒙特卡罗方法的核心就是随机数,只有样本中的随机数具有随机性,所得到的变量值才具有可信性和科学性。在连续型随机变量的分布中,最基本的分布是[0,1]区间上的均匀分布。由该分布抽取的简单子样 $\xi_1, \xi_2, \xi_3, \cdots$ 称为随机数序列,其中每一个体称为随机数,有时称为标准随机数或真随机数,它具备独立性和均匀性这两大特点。

真随机数是数学上的抽象,是不可预计的。它只能用某些物理随机过程来产生,如放射性衰变、电子设备的热噪声,等等,因而也不可能重复产生两个相同的真随机数序列。实际使用的随机数通常都是采用某些数学公式产生的,称为伪随机数,若要把伪随机数当成真随机数来使用,必须要通过随机数的一系列的统计实验。

二、蒙特卡罗方法的步骤

(1) 为了计算某个变量 I,首先就是选择一个数学期望为 I 的随机变量 Y,从中抽出子样 $Y_1, Y_2, Y_3, \cdots, Y_n$。然后需要确定随机变量 Y 的概率模型 $Y = g(\xi_1, \xi_2, \xi_3, \cdots, \xi_m)$,其中 $\xi_1, \xi_2, \xi_3, \cdots, \xi_m$ 称为随机数,即上文所提及的真随机数;m 称为此次算法的结构性维数,也就是完成一次抽样所需要随机数的最大数目。根据随机产生的 m 个随机数得到随机变量 Y 的一个子样 Y_n,可以是一种对应关系,或者是函数关系,或者可以称为一种映射关系。

(2) 抽样方法的采用:当确定随机变量 Y 后,关键的一步就是从 Y 的分布中抽取子样 $Y_1, Y_2, Y_3, \cdots, Y_n$。因此,随机变量抽样是蒙特卡罗方法的关键步骤。对于任意非单位均匀分布随机变量的抽样,一般都是采用严格数学方法,借助随机数产生。步骤为先抽取若干个随机数 $\xi_1, \xi_2, \xi_3, \cdots, \xi_m$,然后经过概率模型运算 $g(\xi_1, \xi_2, \xi_3, \cdots, \xi_m)$ 得到随机变量 Y 的子样。

(3) 最后根据切比雪夫定理,求出子样算术平均值从而得到所要计算的变量 I。

总之,在解决实际问题的时候应用蒙特拉罗方法主要有两部分工作。第一,用蒙特卡罗方法模拟某一过程时,需要产生各种概率分布的随机变量。第二,用统计方法把模型的数字特征估计出来,从而得到实际问题的数值解。

6.3.2　Excel 环境下的风险分析工具——Crystal Ball

水晶球软件(crystal ball)是一个以基于电子表格的分析工具为特色的办公软件套件。该套件主要包括蒙特卡罗模拟(水晶球)、时间序列预测(水晶球预言家)和最优选择(优化查询),它可以帮助你分析与电子表格模型相关的风险和不确定性。下文主要通过对此软件的介绍以及一个媒体产业的实例来演示蒙特卡罗模拟和时间序列预测工具如何用于一个电子表格模型,为商业决策的内在风险提供更深入的了解和度量。

一、水晶球软件介绍

1. 水晶球

水晶球是一个易于使用的电子表格插件,被设计用来帮助不同水平的 Excel 电子表格用户来进行蒙特卡罗模拟。水晶球可以让用户在不确定性模型变量上定义概率分布,然后通过模拟,在定义的可能范围内产生随机的数值。电子表格用户能产生和分析成千上万种可选的方案,量化任意给定方案的风险水平。水晶球可用于各种现成的或新建的电子表格模型,同时其提供的增强功能不会改变原有电子表格模型中的公式或函数。水晶球还包括一些水晶球工具,它由七个向导驱动的插件组成,可以帮助我们建立和分析模型。这些工具包括靴带分析(bootstrap analysis)、旋风图分析(tornado analysis)、方案分析(scenario analysis)、二维模拟(2D simulation)和分批拟合(batch fit)。

2. 水晶球预言家

水晶球预言家是一个向导驱动的 Excel 插件,通过时间序列预测来指引你的工作。水晶球预言家分析数据序列,并使用数据的水平、趋势、季节和误差来预测数据序列的未来值。水晶球预言家对数据采用八种不同的季节性和非季节性的时间序列预测方法,并当主要数据序列依赖于其他一些独立数据序列时,能采用多重线性回归。产生的预测结果可以被定义为水晶球的假设单元,并用于蒙特卡罗模拟。

3. 优化查询

优化查询是一个专为水晶球设计的全局优化插件。它通过自动搜索并找到模拟模型的最优解决方法,从而增强了水晶球的功能。优化查询采用多种技术的混合,包括分散搜寻和先进的禁忌搜寻方法,来找到决策变量的合适组合,以取得最佳的可能结果。当程序运行时,自适应和人工神经网络技术帮助它从过去的优化运算中自我学习,从而使其在更短时间内达到更好的结果。一个安装向导可以帮助用户定义约束条件、目标函数和要求,甚至设定一个有效的边界选项。本教材涉及内容较为基础,应用案例不涉及优化查询的使用。

二、一个关于科罗拉多有线电视的应用实例

科罗拉多有线电视是一家本地有线电视供应商,正在考察一项被称作互动电视(ITV)的新技术。互动电视将根据需要提供电影、体育比赛和新闻等内容。科罗拉多有线电视相信本地观众会接受这项服务,但认为下滑的经济会导致一些无法预知的风险。

管理层已要求对互动电视做一个从 2004 年到 2009 年的预测模型。他们想在制定该项重大投资决策之前,能更好地了解这种新技术的销售和市场潜力。互动电视是否真的具有足够的发展潜力来推向市场？六年之后该项目的净现值（NPV）会是多少呢？

这里将展示模拟和预测是如何改进一个商业决策的。在这个实例中，我们将看到如何从一个历史数据序列进行预测、定义概率分布、运行蒙特卡罗模拟和进行模拟结果的分析和报告的。

1. 建立模型，指定不确定因素

首先，需要建立一个有效的、可检验的决策模型，这个模型能尽可能地表示互动电视的销售方案。模型的建立需要团队合作，同时需要仔细收集数据和建立模型。这样，才能针对互动电视的市场潜力，建立一个现实的、基本的模型。该模型（图 6-2）显示了科罗拉多有线电视的三个现有产品（有线电视、卫星电视和广播电视）的市场份额和规模，外加所期待的互动电视项目的市场份额和规模。

图 6-2　科罗拉多有线电视现有三个产品即互动电视项目的市场份额和规模

其次，需要估计互动电视项目的收入和成本，并且得出一个六年期的净现值。基于上述决策估计，净现值的期望是 5 100 万美元（其中年利率为 10%）。但上述结果的可能性有多大呢？能产生出比 5 100 万美元更大的净现值的概率是多少呢？等于、小于 5 100 万美元的概率又是多少呢？水晶球和水晶球预言家将会帮助回答这些问题。

2. 启用水晶球

模型设计和检验之后，可以通过视窗操作系统（Windows）的开始菜单打开水晶球和 Excel 软件。水晶球软件在 Excel 软件上加载了一行新的工具栏和三个新的菜单项。工具栏（图 6-3）上的按钮从左到右以建模过程（设置、模拟、结果的分析和表达）来排列。最后一个按钮用作在线帮助。

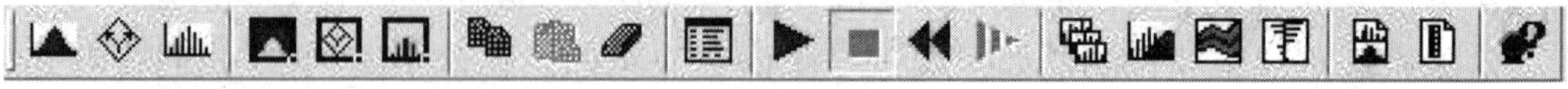

图 6-3 工具栏按钮

三个新增的菜单项包含了所有工具栏上的功能,另外还有一些其他功能。单元菜单包含了所有模型的设置功能。运行菜单包含了所有的模拟和分析功能。最后一个菜单是水晶球工具,用以打开专业版上的一些其他工具。

3. 用历史数据预测家庭数

2004 年后,该地区的潜在客户(即那些有可能需要科罗拉多有线电视服务的家庭数)是不确定的。尽管实际增长速度比较难估计,但根据这一地区 20 年的历史数据,可粗略估计出每年新增的拥有电视的家庭数为 50 000 户。因为该数据存在时间的成分,可以用水晶球预言家来进行更精确的时间序列预测,从而代替刚才粗略的估计值。

为了运行水晶球预言家,选中计划要进行预测的数据序列中的任何单元格,通过水晶球工具菜单打开水晶球预言家程序。该程序前面的四个步骤可以帮助定义、组织和观察数据。自相关性可用于判断数据是否具有某种季节性(显示出周期性变化)。本例中的历史数据是年度数据,不存在季节性,家庭数呈现增长的趋势。

方法画廊(method gallery)以图画方式提供了八种时间序列预测方法,可选择其中任何一种,或选择全部方法来对你的数据作比较。这些方法被分成季节性和非季节性两种。双击每个方法的图画,可深入了解该方法的作用。方法画廊对每种方法都自动给出误差统计方法或参数,供缺省使用。由于本例中的数据是单一、独立的,不需要进行多重线性回归。

输入预测的时期(本例为年)为 5,选择置信区间选项为 5% 和 95%。在准备过程的任何时候,水晶球预言家都可以让你预先浏览预测结果(图 6-4)。

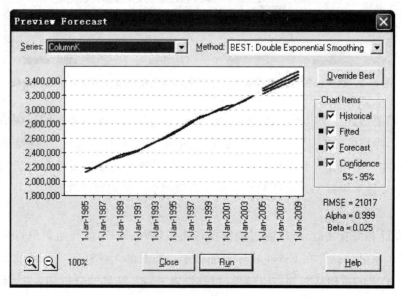

图 6-4 水晶球预言家预测结果

对于这组家庭数的数据,水晶球预言家自动选择二次指数平滑法作为最佳的预测方法。在这之前,水晶球预言家已经检查了这组历史数据,使用每一种非季节性方法来作拟合,挑出了拟合效果最佳、误差最小的方法,进而预测了未来五年的趋势,并计算了90%的置信区间。

在预览窗口中,你可以选择输出图表和数据的格式。水晶球预言家能将预测值生成为一个正态分布。当你运行了预测之后,你可以将这些分布复制并粘贴到电子表格中家庭数预测单元格上去。通过如上更精确的时间序列预测,净现值增加到了5 300万美元。

4. 定义水晶球假设单元

在水晶球中,概率分布被看作假设单元,是基本的输入量,被用来定义任何模型变量的不确定性。那么怎样识别那些需要从单个值变为概率分布的变量?最好的方法就是看看哪些变量是明确的,而哪些变量是不确定的。在这个模型中,市场占有率、首期投资额和每年的运行费用都是水晶球假设单元的主要候选对象。

为了定义一个假设单元,先选中一个电子表格变量,再单击工具栏中的定义假设按钮。在分布画廊(图6-5)中,水晶球提供了16种预先定义好的分布和一种可由用户定制的分布。四种最常用的假设单元分别是正态分布、三角形分布、均匀分布和对数正态分布。

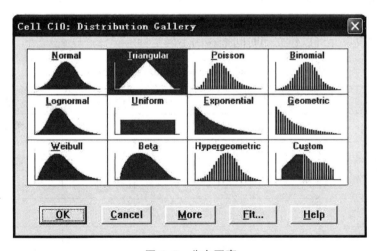

图6-5 分布画廊

水晶球软件还可以对已有数据作连续分布的拟合,并可以定义相关假设单元间的相关系数。在这个例子中,你可以根据掌握的知识和直觉来定义假设单元。当你对一个变量了解得越多,你定义的分布就越准确。下面,我们分别从市场占有率、首期投资额和年度运行成本这三大方面来对本案例进行分析。

首先,关于市场占有率。

2004年的市场占有率估计为2%,但这一数字也可能低到0%,或高到3%。单击定义假设按钮,选择三角形分布。对于最大值、最小值和最可能值已知的情况,用三角形分布来描述是非常好的。图6-6显示了如何对互动电视2004年市场占有率建立一个三角形分布的假设单元。如果获得的是百分位格式的数据,那么也可以用百分位法来定义该分布。

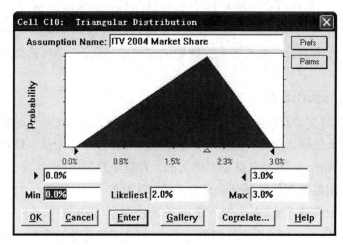

图6-6 建立一个三角形分布的假设单元

同样,利用表6-5的数据,可将互动电视2005—2009年的市场占有率分别用三角形分布来定义。虽然希望市场占有率每年都增长,但实际上不可能如基本模型预言的那样稳定增长。假设单元可以建立随时间推移的不确定性。

表6-5 2005—2009年互动电视市场份额的不确定性

年份	最小值	最可能值	最大值
2005	0%	7%	10%
2006	0%	10%	15%
2007	0%	15%	20%
2008	0%	20%	30%
2009	0%	25%	35%

其次,关于首期投资额。

正态分布,常用来表示那些自然生成的随机变量。正态分布随机变量存在一个最可能的值,左右对称,取值较集中在平均值附近。在基本模型中,首期投资额被估计为1亿美元。而真实的投资额会接近1亿美元这一平均值,但也有可能高达1.3亿美元,或低至7 000万美元。平均值为1亿美元、标准差为1 000万美元的正态分布能更准确地描述这一变量(图6-7)。

最后,关于年度运行成本。

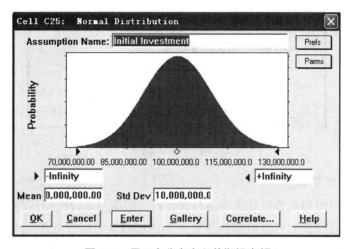

图 6-7　用正态分布定义首期投资额

年度运行成本主要包括六年中每年的运行成本。在基本模型中,预计每年成本以 100 万美元增加。利用水晶球软件,可以将这些变量定义为正态分布,它们的标准差为 100 万美元。而每个正态分布的平均值,可通过单元格引用的办法来直接包含电子表格中的相应数据(图 6-8)。

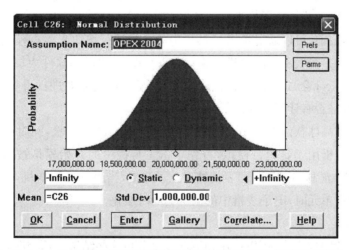

图 6-8　采用单元格引用方式的正态分布定义 2004 年的运行费用

5. 定义一个预测单元

在定义完所有的输入变量(假设单元)后,需要定义输出变量,输出变量在水晶球中称之为预测单元。预测单元是指派水晶球软件在模拟过程中跟踪的一个公式单元。像假设单元一样,可以定义的预测变量的个数是没有限制的,当然个数越多就会消耗越多的内存。本模型只有一个预测单元,即净现值(NPV)。选中该单元格,单击预测单元定义按钮,打开预测单元定义对话框(图 6-9),输入一个唯一的名字,然后点击 OK 按钮即可。

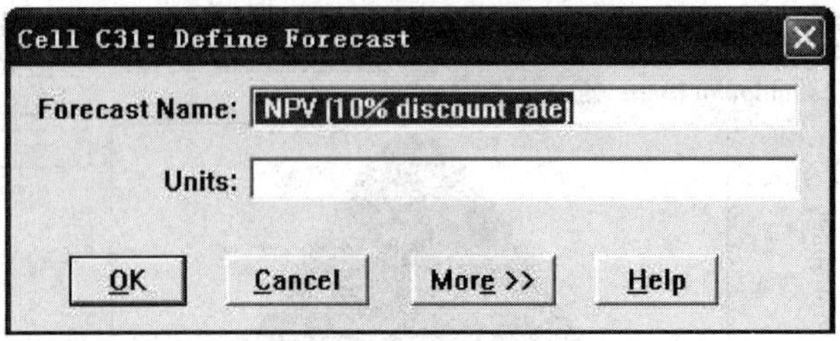

```
Cell C31: Define Forecast
Forecast Name: NPV (10% discount rate)
Units:
OK    Cancel    More >>    Help
```

图 6-9 定义一个预测单元

6. 运行蒙特卡罗模拟

运行蒙特卡罗模拟主要包括设置运行属性以及检验与运行模拟这两大方面。

水晶球软件可以让你对模拟属性进行全面的控制。可以设置的运行属性包括：运行的试验次数、使用什么样抽样方法、在模拟循环中的任何时刻和地点运行宏、选择提高模拟速度的方式以及精度控制。精度控制是一种置信度检验的方法，是在模拟统计的基础上让预测的准确性达到所需的水平。

抽样方法有两种：蒙特卡罗抽样和拉丁超立方抽样。使用蒙特卡罗抽样方法，产生的随机数相互之间是完全独立的。而使用拉丁超立方抽样方法，水晶球会把假设单元的概率分布分成等概率的几个区间，区间的个数由你自己定义，在模拟中为每一区间产生一系列的随机数。本例的蒙特卡罗模拟进行 2 000 次试验。

在开始模拟之前，可以通过单击工具栏中的单步运行按钮来检查模型是否正确。在水晶球软件中，每一步表示一次随机试验。在每一步中，水晶球软件为每一个假设单元产生一个随机数，Excel 会自动重新计算模型。当模型为可选方案进行重新计算后，你可以通过检验来发现是否有计算错误。

在模拟中，水晶球软件按照被要求的次数来进行大量的试验，同时将预测值保存起来，留作后面的分析用。要运行模拟，首先单击工具栏中的开始模拟按钮。当模拟开始时，净现值（NPV）预测（或频率）图表就被建立了起来，当水晶球把随机产生的值（来自概率分布）嵌入假设单元时，电子表格中的值也会同时变化。

7. 预测图表

2 000 次试验完成之后，可以使用预测图表来分析这些结果。预测图表是一个包含所有 2 000 次试验的统计数据的交互式直方图。原先预计的 5 100 万美元出现的可能性有多少呢？根据模拟结果（图 6-10），只有大约 8.8% 的把握达到或超过原先估计的净现值。达到 5 300 万美元（从家庭数历史数据作预测后计算出的净现值）的概率会更小。另外，在图表左范围框中输入 0，可以得到大约有 60% 机会能做到不亏。

统计数据视图（图 6-11）能帮助得到更多的信息。从峰度（skewness）和偏度（kurtosis）的数值可以看出，模拟结果比较接近正态分布。其标准差是 330 多万美元，极差是 2 亿 3 000 万美元。极差为什么有这么大呢？水晶球软件的敏感度分析能找出引起结果变化的关键因素。

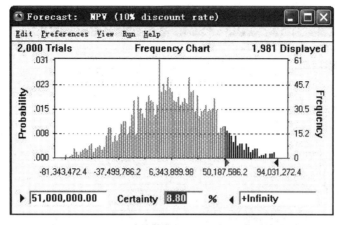

图 6-10　净现值(*NPV*)的预测图表

Statistic	Value
Trials	2,000
Mean	6,301,284.10
Median	6,303,469.11
Mode	---
Standard Deviation	33,718,162.95
Variance	1,136,914,512,682,863.2
Skewness	-0.22
Kurtosis	3.13
Coeff. of Variability	5.35
Range Minimum	-121,320,456.38
Range Maximum	107,969,826.99
Range Width	229,290,283.37
Mean Std. Error	753,961.04

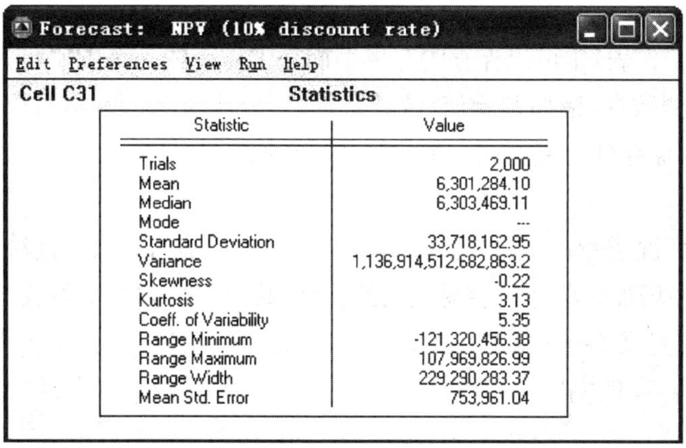

图 6-11　净现值预测单元的统计数据视图

8. 灵敏度分析

当模拟运行时，灵敏度分析使用等级系数法来动态计算 13 个假设单元对预测单元的影响。灵敏度图表将这些影响表示为相关系数或百分比值的形式。列在图表最上面的假设单元对净现值的影响最大，条形图的方向表明该影响是正影响还是负影响。

在本例中，2006—2009 年的市场份额对净现值的影响最大(图 6-12)。在这项研究中，最后几年的市场份额取得比较大(表 6-5)。这样的假设合理吗？如果缩小这些分布的范围，重新运行该模拟会发生怎样的情况呢？通过提出上述这些问题，你就会明白，模拟和灵敏度分析可以如何帮助关注模型中起最重要作用的那些因素。模拟建模是一个不断反复的过程，开始的结果可能显示互动电视项目不会达到预期的效果，但通过对模型中起关键作用的因素的了解，能帮助你改进该模型，并将内部风险转移出去。

9. 保存结果

当对模型和模拟的结果感到满意后，你有两种方式将其保存成文件。第一种方法是将模拟结果、图表和变量生成一个可打印的报告。这个包含 Excel 图表的报告文件可以

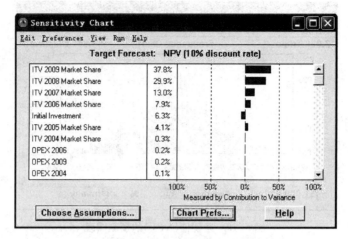

图 6-12 净现值的敏感度分析图表

保存为一个新的工作表，也可以保存为与模型同一工作簿的一个新工作表。另外，也可以摘录一些原始预测数据，诸如预测值、统计数据、百分比值、频数，将其保存到一个新的工作表中，或者将其保存到与模型同一工作簿的一个新工作表中。

10. 结论

对未来赢利状况进行模拟分析，可以帮助用户减少风险，大大提高决策的质量。水晶球软件在 Excel 中增加一些非常容易使用的工具，其中包括蒙特卡罗模拟、全局优化和时间序列预测，从而克服了电子表格的局限性。把概率论方法引入到电子表格预测中，分析者可以更好地量化模型的内在风险，并得到更多的灵感，而这正是传统定性方法所不能得到的。

6.4 项目风险与资本预算

6.4.1 项目的风险与收益

收益和风险是项目进行评价的重要内容，是项目进行投资决策的依据之一。

一、项目的收益

从财务的角度来看，可以运用静态法和动态法来对项目的收益进行分析。

1. 静态分析法——简单投资收益率

静态分析法又称为简单法，在项目评价时，未达到分析计算盈利能力目标和清偿能力目标而采取的一种简化分析方法。静态分析法下的项目收益一般以投资收益率作为评价的主要指标。

简单投资收益率是项目标准年度的净收益与投资费用的比率，其计算公式如下。

$$R = \frac{F}{I} \tag{6.49}$$

式中,R 为简单投资收益率;F 为有代表性年度的净收益;I 为投资费用(固定资本和净周转资金之和)。

2. 动态分析法——内部收益率

动态分析法又称现值法,其主要特点是考虑了整个项目寿命周期内现金流量的变化情况及经济效益。动态分析法下的项目收益一般以内部收益率作为主要评价指标。测算内部收益率可分为如下三个步骤:

(1) 正确估算项目的成本和收益,编制项目成本收益表;

(2) 多次选择适当的贴现率试算出接近于零的正、负两个净现值;

(3) 用试差法求得内部收益率。

内部收益率的计算公式为

$$O = \sum_{t=0}^{n}(CI-CO)_t(1+FIRR)^{-t} \quad (6.50)$$

式中,$FIRR$ 就是所求的内部收益率;CI 为现金流入量;CO 为现金流出量;$(CI-CO)_t$ 为第 t 年的净现金;n 为计算期。上式的意义为:内部收益率是使净现值为零时的贴现率。

二、项目的风险

任何投资项目都存在风险。在实际经济活动中,项目风险主要包括经济景气风险、市场风险、自然因素、技术因素、社会风险等这几种类型。

按照资本预算的三种不同层次,投资项目风险可以分为三类:第一,项目总风险;第二,项目的组合风险;第三,项目的系统风险。从单个项目等角度来看,风险可能很大;从企业的角度来看,多个高风险项目的组合可以分散相当的风险;从投资者的角度来看,他们很有可能只关心项目的系统风险。

1. 项目的组合风险

项目的组合风险是指项目对公司整体风险的贡献。其计算公式如下。

$$\beta_{P,F} = \left[\frac{\sigma_P}{\sigma_F}\right] r_{P,F} \quad (6.51)$$

式中,σ_P 为项目内部收益率的标准差;σ_F 为为包括该项目在内的公司总资产收益率的标准差;$r_{P,F}$ 为项目收益与公司其他资产或项目收益之间的相关系数。

2. 项目的系统风险

项目的系统风险是指对持有投资组合(组合中包括该项目的股票)的股东贡献的风险。其计算公式如下。

$$\beta_{P,M} = \left[\frac{\sigma_P}{\sigma_M}\right] r_{P,M} \quad (6.52)$$

式中,σ_P 为项目内部收益率的标准差;σ_M 为市场收益率的标准差;$r_{P,M}$ 是指项目收益与市场收益之间的相关系数。

总之,项目组合风险和系统风险分别概括了项目对公司风险和持有公司股票投资者风险的影响程度。在大多数时候,项目的独立风险、公司风险和市场风险是高度相关的,当项目总风险关系到项目的取舍,并且和公司整体现金流高度相关时,一般采用盈亏平衡分析、敏感性分析、情景分析、概率分析等方法来对项目的总风险进行调整。

6.4.2 用 Monte Carlo 法分析项目的预测风险

在项目风险的概率分析方法中,有一种应用在项目净现值分析上的方法,称为"蒙特卡罗模拟法"。其基本原理在 6.3 中已做介绍。由于一般概率法对不确定情况下项目的净现值进行分析时,得出的期望值实质上只是各种可能值的加权平均值,这必然也可能导致偏差。解决这个问题最好的办法就是算出各种实际可能的净现值的频率分布。出现频率最高的那个净现值,就是最可能实现的净现值。

运用蒙特卡罗法对项目的预测风险进行分析主要分为以下三大步:首先,以净现值为经济评价指标,提取影响净现值的因素;其次,建立目标函数的数学模型以及确定风险变量的概率分布,利用蒙特卡罗模拟法得到净现值频率直方图;最后,通过分析净现值大于等于零的概率,来评价项目的风险大小,为投资决策者提供理论依据。虽然这类模拟的操作更符合实际情况,但计算量很大,但是对于一般的投资项目来讲实际意义不是很大,只有对重大的工程建设项目才具备利用价值。

6.5 证券市场上的风险与收益

如果说政府在进行宏观经济决策时寻求的是经济增长速度与通货膨胀率事件的平衡,企业在进行生产决策时寻求的是边际成本等于边际收益,家庭在作消费决策时寻求的是在所有消费支出上有相同的边际效用,那么证券投资者在进行投资决策时寻求的就是收益与风险的平衡。

在证券市场上,投资者进行金融投资的收益有各种形式,投资于股票可以得到股息、以高于买入价出售还可以得到资本利得、投资于债券可以得到债息,等等,而投资风险主要来自投资收益的不确定性。在证券投资活动中,存在一系列的不可控因素,如宏观经济政策的变化、证券市场行情波动、市场利率变动、通货膨胀等,投资者在进行投资决策时无法充分把握这些因素。

6.5.1 股票收益的实证研究

股票收益是指投资者持有股票和买卖股票所获得的报酬,其形式主要有股息和资本利得这两种。股息是股票投资人定期从股份公司取得的一定收益,而资本利得则是投资者通过股票的买卖而获取的价差收入。衡量股票投资收益水平的指标包括鼓励收益率、持有期收益率和拆股后持有期收益率等。

整个股票市场的大盘收益率也称作涨跌幅。大盘一般是指沪市的"上证综合指数"和深市的"深证成份股指数"的股票。大盘指数是运用统计学中的指数方法编制而成的,它能科学地反映整个股票市场的行情或某类股价的变动和走势。

在这里,以我国上证综指的一阶差分的对数值作为股票收益率,并将其与股票市场运行相关的一些宏观因素构建多元回归方程,建立计量经济模型,运用 Eviews 软件进行实证分析。

一、数据选取与模型设定

1. 解释变量与被解释变量

关于被解释变量,将股价指数的一阶差分的对数值作为股票收益率(表示为 $\ln Y$),因为由此算得的股票收益率相对于股价变动更为稳定和平滑,能较好地反映股票市场的变动与走势情况。

关于解释变量,根据我国股市发展的实际情况,选取国内生产总值(a_1),广义货币供应量(a_2),美元兑人民币汇率(a_3),居民消费价格指数(a_4),社会固定资产投资总额(a_5),政府财政支出(a_6)这六个宏观经济因素作为模型的解释变量。相关数据来源于中国国家统计局统计年鉴 2007 年至 2015 年各宏观经济变量的统计数据。

2. 建立多元回归模型

在建立多元回归计量经济模型时,为了保证模型的平稳性,避免多重共线性对模型拟合结果的影响,需要对各解释变量进行对数化处理。因此,为了简化运算,建立以下模型:

$$\ln Y = b_0 + b_1 \ln a_1 + b_2 \ln a_2 + b_3 \ln a_3 + b_4 \ln a_4 + b_5 \ln a_5 + b_6 \ln a_6$$

通过最小二乘法(OLS)求得

$$\ln Y = -25.317 + 0.559\ln a_1 + 8.575\ln a_2 - 2.053\ln a_3 \\ + 3.203\ln a_4 - 5.644\ln a_5 - 3.591\ln a_6$$

其中,对应的 t 值分别为 $-1.602, 4.085, 3.794, -1.653, 1.861, -1.783, -3.059$;$R^2 = 0.861$, $\bar{R}^2 = 0.796$, $F = 13.320$, $P = 0.00007$, $n = 20$。

二、模型回归结果分析

由上述回归结果可知,R^2 与 $\bar{R}^2$ 值都接近1,所以模拟的拟合优度较高。在 $\alpha = 0.05$ 的显著性水平下,大部分 t 统计量都通过了显著性检验。F 值的统计量的临界值为 3.11 也大于该临界值,所以模型的线性关系在 95% 的置信水平下显著成立。

通过回归模型的函数表达式我们可以看出,国内生产总值与股票收益率呈正相关关系,即 GDP 每增加 1%,相应地股票收益率就上升 0.559%。这很可能是因为随着经济的增长或在经济繁荣时期,社会需求较为旺盛,这一环境有利于推动股价的上涨,从而增加收益率;广义货币供应量与股票收益率也呈现正相关关系,即广义货币供应量每增加 1%,相应地股票收益率就上升 8.575%,这是由于央行货币供应量增加,一方面用于购买股票的资金增加,从而需求增加推动股价上涨;另一方面是随着央行货币供应量的增加利率也会随之下降,企业融资成本降低利润增加,投资者对企业的信心会增强,股价也会上涨。

然而,由经济分析可知,股票收益率与社会固定资产投资总额、政府财政支出应呈正相关关系,但是在这个多元回归模型的拟合结果中,这两项的系数均为负值,与经济意义不符合,这也很有可能与我们进行实证研究的样本容量有限,理论基础不足等有关,因此模型需要作进一步的调整。模型调整可以运用逐步回归法检验并修正多重共线性,异方差检验和自相关性检验等方法,此处不作详细解释。

6.5.2 对资本市场历史的简要归纳

在20世纪以前,整个世界资本市场处于萌芽阶段,发展比较缓慢。虽然早在资本主义发展初期的原始积累阶段,西欧早已有证券的发行与交易,比如1602年荷兰出现了世界上最早买卖股票的市场,但是由于此时资本主义经济发展较为缓慢,股票发行与交易的需求并不旺盛,因此资本市场仅仅在萌芽。后来,由于受工业革命影响,资本主义大工业开始出现,社会化大生产需要巨大的资本投入,资本市场开始真正派上用场。运输公司股票、铁路股票、矿山股票纷纷出现在证券市场上,同时银行股票、保险公司股票及一些非金融机构的公司股票也开始露面,股票交易开始盛行。英国伦敦证券交易所、美国费城证券交易所以及纽约证券交易所从雏形到正式诞生,顺应了当时的时代需求,同时也为资本市场的未来发展奠定了基础。

20世纪初期,在资本主义从自由竞争阶段向垄断阶段过渡时,资本市场获得了初步发展。正是在这一过程中,为适应资本主义经济发展的需要,证券市场以其独特的形式有效地促进了资本的积聚和集中,同时,其自身也获得了高速的发展。首先,股份公司数量剧增。以英国为例,1911—1920年建立了64 000家,1921—1930年建立了86 000家。至此,英国90%的资本都处在股份公司控制之下。其次,在这一时期,有价证券发行总额剧增。1921—1930年全世界有价证券共发行6 000亿法国法郎,比1890—1900年增加了5倍。

1929年股灾爆发后,资本主义经济陷入大萧条之中,资本市场也处于停滞阶段。这次股灾导致世界各国证券市场的动荡,不仅证券市场的价格波动剧烈,而且证券经营机构的数量和业务锐减。到1932年7月8日,道·琼斯工业股票价格平均数只有41点,仅为1929年最高水平的11%。危机过后,证券市场仍一蹶不振。与此同时,加大证券市场管制力度的呼声越来越强烈,使证券市场的拓展陷入前所未有的停滞之中。

第二次世界大战后至20世纪60年代,因欧美与日本经济的恢复和发展以及各国的经济增长,资本市场进入了恢复阶段。这时,公司证券发行量增加,证券交易所开始复苏,证券市场规模不断扩大,买卖越来越活跃。但由于人们对经济危机和金融危机会不会卷土重来仍心存疑虑,加之在此阶段许多国家面临着资本稀缺和通货膨胀的双重压力,对资本的流动实行了严厉的管制,因而,资本市场的发展并不十分引人瞩目。

20世纪70年代开始,资本市场出现了高度繁荣的局面,资本市场进入加速发展阶段。70年代以来,不仅证券市场的规模更加扩大,而且证券交易日趋活跃。其重要标志是反映证券市场容量的重要指标——证券化率(证券市值/GDP)的提高。根据深圳证券交易所的一项研究,1995年末发达国家的平均证券化率为70.44%,其中美国为96.59%,英国为128.59%,日本为73.88%。而到了2003年,美、英、日三国证券化率分别提高至298.66%、296.54%和209.76%,韩国、泰国、马来西亚等新兴市场经济国家的该项比率也分别达到112.4%、119.83%和240.82%。

我国经济从20世纪70年代末开始实施改革开放政策以来,实现了从计划体制向市场体制的转型。在转型过程中,国有企业改革的逐步深化和中国经济的持续发展,需要与之相适应的金融制度,资本市场应运而生,成为推动所有制改革和改进资源配置方式的重要力量。随着市场经济体制在中国的逐步建立,对市场化资源配置的需求日益增加,中国资本市场逐步成长壮大。回顾改革开放以来中国资本市场的发展,大致可以分为四个阶段。

第一阶段(1978—1992年),中国经济体制改革全面启动后,伴随着股份制经济的发展,中国资本市场开始萌生;第二阶段(1993—1998年),以中国证券监督管理委员会的成立为标志,资本市场纳入统一监管,以区域性试点推向全国,全国性资本市场开始形成并逐步发展;第三阶段(1999—2007年),以《中华人民共和国证券法》的实施为标志,中国资本市场的法律地位得到确立,并随着各项改革措施的推进得到进一步的规范和发展;第四阶段(2008年至今),改革开放以来,中国经济取得了巨大的成就。但是,经济结构不尽合理,经济增长方式较为粗放,逐步成为制约我国经济持续健康发展的主要问题。因此中国经济急需调整产业结构,转变经济增长方式,提高经济附加值。同时,中国资本市场的改革和发展也应该从有效推动中国经济可持续发展和构建自主创新经济体系的战略高度去规划。

第七章 资本资产定价模型
——资本市场上的风险与收益

7.1 投资组合的风险与收益

7.1.1 简单投资组合的计算

一、投资组合的含义及理论假设

(1) 投资组合的含义。投资组合(portfolio)是指投资者在金融市场的投资活动中,根据自己的风险-收益偏好所选的适合自己的几种金融工具(股票、债券、金融衍生品等)的集合。其目的主要在于分散风险,即通过把鸡蛋放在许多篮子里,整个投资组合的风险要比组合中任何一个单独的证券所面临的风险要低。

(2) 投资组合的理论假设。投资组合理论和其他经济学理论一样,是建立在一系列的前提假设之下的,具体如下。

假设一:投资者仅从期望收益和风险两方面对投资组合进行综合评价。

假设二:投资者是理性的。主要体现在这两方面,第一,投资者总是不满足,在其他条件相同的情况下他总是希望能获取较高的收益;第二,投资者是风险厌恶型的,在预期收益率相同的情况下,投资者倾向于选择风险较小的那个投资组合。

假设三:投资者对资产的持有保持相应的一段时期。

假设四:投资者具有相同的评价信息方法,即对于同一个投资组合的同样信息,所有投资者给出的预期收益和风险是一致的。

假设五:市场无摩擦。主要体现在这三方面:第一,忽略市场交易成本(税收、手续费等);第二,所有证券无限可分,投资者可以根据需要买卖任何数量的证券;第三,信息是即时的且免费可得。

二、收益的度量和计算

1. 单项资产的收益

(1) 持有期收益率。持有期是指一项投资被投资者所持有的时间,持有期收益又是指在此期间内从现金收入和资产价格变通中所获得的收益。现在假设某项资产 i 的期末价格为 p_1,期初价格为 p_0,I 为投资者在投资期间所得到的收入(如股息、债券利息等),则该项资产的收益率为

$$r = \frac{p_1 - p_0 + I}{p_0} \tag{7.1}$$

利用这种方法计算出来的收益率称为持有期收益率(holding period yield)，是针对自身的历史收益进行计算的。该计算方法只涉及投资的期初和期末，与资产持有期的时间长短无关。

（2）期望收益率。由于金融市场在不断变化，各种证券的收益率在不同时期是不一致的，因此在作出投资决策之前，需要预测各种证券的未来收益，即计算各种证券的期望收益率。

某项资产的期望收益率是其各种可能的收益率与其对应的概率的乘积之和，计算公式如下。

$$E(r) = \sum_{i=1}^{n} r_i p_i \tag{7.2}$$

式中，n 表示资产可能产生的 n 种不同状态的收益率；r_i 表示资产在第 i 种状态下的收益率；p_i 表示收益率 r_i 发生时的概率。

2. 投资组合的收益

投资者在选择不同的金融资产时，可以按不同比例或权重(weight)将其财富分散投资。一般而言，投资比重之和等于1，即

$$w_1 + w_2 + \cdots + w_n = \sum_{i=1}^{n} w_i = 1 \tag{7.3}$$

式中，n 代表投资组合中所包含资产种类的数量，i 代表某种特定资产，w_i 代表第 i 种资产的比重。

投资组合的预期收益率等于组合中单项资产期望收益率的加权平均数，即

$$E(r_p) = \sum_{i=1}^{n} w_i E(r_i) \tag{7.4}$$

三、风险的度量和计算

1. 单项资产的风险

在确定了某项资产能带来多大的期望收益率的情况下，还需要考察这种收益率的不确定性。在统计上，风险的大小，即期望收益率的波动性可以用方差或标准差来表示。

方差(variance)，作为风险测度的一种方法，可以用来衡量资产的各种可能的实际收益率相对于预期收益率的分散化程度，常用 σ^2 表示，其计算公式如下。

$$\sigma^2 = \sum_{i=1}^{n} p_i [r_i - E(r)]^2 \tag{7.5}$$

式中，n 表示资产可能产生的 n 种不同状态的收益率；r_i 表示资产在第 i 种状态下的收益率；p_i 表示收益率 r_i 发生时的概率；$E(r)$ 表示资产的期望收益。

标准差(standard deviation)是方差的平方根,常用 σ 表示,其计算公式为

$$\sigma = \sum_{i=1}^{n} p_i [r_i - E(r)]^{1/2} \tag{7.6}$$

2. 投资组合的风险

与单项资产的风险类似,投资组合的风险用期望收益率的均方差来衡量,即

$$\sigma_p^2 = E(r_p - \bar{r}_p)^2 \tag{7.7}$$

如果一个投资组合由两项资产组成,设 r_{1j} 和 r_{2j} 分别是资产1和资产2的第 j 个收益结果,$\bar{r}_1$ 和 $\bar{r}_2$ 则是它们的期望收益率,w_1 和 w_2 分别表示资产1和资产2在投资组合总体中所占的比重,那么由两种资产构成的投资组合的风险计算公式为

$$\begin{aligned}\sigma_p^2 &= E(r_p - \bar{r}_p)^2 \\ &= E[(w_1 r_{1j} + w_2 r_{2j}) - (w_1 \bar{r}_1 + w_2 \bar{r}_2)]^2 \\ &= E[w_1(r_{1j} - \bar{r}_1) + w_2(r_{2j} - \bar{r}_2)]^2\end{aligned}$$

整理可得

$$\sigma_p^2 = w_1^2 \sigma_1^2 + 2 w_1 w_2 E[(r_{1j} - \bar{r}_1)(r_{2j} - \bar{r}_2)] + w_2^2 \sigma_2^2 \tag{7.8}$$

其中,$E[(r_{1j} - \bar{r}_1)(r_{2j} - \bar{r}_2)]$ 为资产1和资产2的收益协方差,记作 σ_{12},

$$\sigma_{12} = E[(r_{1j} - \bar{r}_1)(r_{2j} - \bar{r}_2)] \tag{7.9}$$

那么,两项资产的投资组合的风险就可以表示为

$$\sigma_p^2 = w_1^2 \sigma_1^2 + w_2^2 \sigma_2^2 + 2 w_1 w_2 \sigma_{12} \tag{7.10}$$

由上面这些式子我们可以看出,投资组合的风险并不等于组合中各个资产风险的加权平均,它还与单项资产之间的协方差有关。式(7.9)中的协方差是衡量两项资产之间收益互动性的一个测度。如果两种证券收益结果的变动方向一致,即 $(r_{1j} - \bar{r}_1)$、$(r_{2j} - \bar{r}_2)$ 分别大于零或分别小于零,则其协方差大于零;反之,如果变动方向不一致,则其协方差小于零。如果两个变动方向之间毫无关系,则其协方差为零。

反映在式(7.10)中,有以下结果:

若 $\sigma_{12} = 0$,则 $\sigma_p^2 = w_1^2 \sigma_1^2 + w_2^2 \sigma_2^2$。

若 $\sigma_{12} > 0$,则投资组合的风险将在此基础上加上一个正的 $2 w_1 w_2 \sigma_{12}$,显然加大了投资组合的风险。

若 $\sigma_{12} < 0$,则投资组合的风险将在此基础上加上一个负的 $2 w_1 w_2 \sigma_{12}$,减小了整个投资组合的风险。

类似地,三项资产的投资组合的方差计算公式为

$$\sigma_p^2 = w_1^2 \sigma_1^2 + w_2^2 \sigma_2^2 + w_3^2 \sigma_3^2 + 2 w_1 w_2 \sigma_{12} + 2 w_2 w_3 \sigma_{23} + 2 w_1 w_3 \sigma_{13}$$

7.1.2 组合中资产的相关性及比例

一、相关系数

在投资组合中,风险资产之间的关联性除了用上述协方差来表示之外,还有另一个与协方差密切相关的统计变量,即相关系数(correlation coefficient)。它是基于资产收益相关性的角度,对协方差进行重新标度,可以更方便地计算和比较投资组合的风险。

设 σ_i、σ_j 分别是第 i 种资产和第 j 种资产的标准差,σ_{ij} 为这两种资产的协方差,用 ρ_{ij} 表示两种资产之间的相关系数,则有

$$\rho_{ij} = \frac{\sigma_{ij}}{\sigma_i \sigma_j} \tag{7.11}$$

相关系数比较的是两个资产收益率之间相关性的大小,它总是处于 $+1$ 和 -1 之间,即 $|\rho_{ij}| \leqslant 1$。此时,由两种资产构成的投资组合的风险就可以表示为

$$\sigma_p^2 = w_1^2 \sigma_1^2 + w_2^2 \sigma_2^2 + 2w_1 w_2 \sigma_1 \sigma_2 \rho_{12} \tag{7.12}$$

二、投资组合中的投资比例及其调整

由上面的分析可知,投资组合中资产的比例会影响整个组合的收益及风险。如果各个资产的价格或者数量发生变化,那么它们的价值也会变化,从而在整个投资组合各自所占的比例也会发生相应的变动。

假设有两份股票资产 A 和 B。在初始时刻(t 时刻)股票 A 的价格为 20 美元,股份数为 2 500 份;股票 B 的价格为 10 美元,股份数为 5 000 份。因此,资产 A 和 B 初始价值均为 50 000 美元,投资组合的总价值为 100 000 美元,两项资产在投资组合中所占的比例均为 50%。

现在($t+1$ 时刻)股票 A 的价格上升至 50 美元,股票 B 的价格上升至 20 美元,投资者持有的股份数保持不变。那么资产 A 和 B 的的价值分别变为 125 000 美元和 100 000 美元,投资组合的总价值上升至 225 000 美元,两项资产在投资组合中所占的比例分别为 55.6% 和 44.4%。如果要使两项资产在投资组合中的比例仍然保持在初始状态(均为 50%),则需在现行价格水平下,对资产的数量进行调整。具体变化情况如表 7-1 所示。

表 7-1 投资组合中的比例及其调整

年份		t	$t+1$	
			调整前	调整后
资产 A	价格	20	50	50
	股份数	2 500	2 500	2 250
	价值	50 000	125 000	112 500
	比例	50%	55.60%	50%

(续表)

年份		t	$t+1$	
			调整前	调整后
资产 B	价格	10	20	20
	股份数	5 000	5 000	5 625
	价值	5 000	100 000	112 500
	比例	50%	44.40%	50%
投资组合总价值		100 000	225 000	22 500

所以,在价格变动之后,如果将股票资产 A 的股份数调整至 2 250 份,将股票资产 B 的股份数调整至 5 625 份,那么它们在投资组合中的所占比例仍旧维持在原来的水平。

7.1.3 特定风险与市场风险

将投资对象从单个资产扩展到多项资产上称为投资分散化。而实施分散化的理由在于它可以消除一部分投资风险。投资组合的风险可分为两种类型,即特定风险和市场风险。

1. 特定风险

特有风险又称非系统风险、可分散风险,是指由于经营失误、消费者偏好改变、劳资纠纷、工人罢工、新产品试制失败等因素影响个别公司而产生的风险。它是由单个的特殊因素导致的,只对投资组合中的单个资产或某几个特定的资产造成经济损失。这类风险可以通过多样化投资来达到分散的目的。

2. 市场风险

市场风险又称系统风险、不可分散风险,是指由于政治、经济及社会环境等企业外部某些因素的不确定性而产生的风险。它是由综合的因素导致的,对投资组合中所有资产都会产生影响。这些因素带来的风险是个别公司或投资者无法通过多样化投资予以分散的。

如图 7-1 所示,曲线下方与横虚线之间的部分为特定风险,可以通过分散化来消除;而横虚线下方部分代表整个资本市场所具有的风险,不能通过分散化来消除。在投资组合中,单项资产所具有的特定风险可以被组合而消除,真正起作用的就是单项资产对整个投资组合风险所贡献的那一部分,称为资产的相关风险。

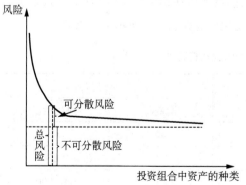

图 7-1 投资组合中的可分散风险与不可分散风险

7.2 优化投资组合的原理

7.2.1 有效前沿与最小方差组合

1. 投资组合的边界

现在,考虑由两种资产(资产 1 和资产 2)所构成的投资组合 p。那么根据权重之和为 1,即 $w_1+w_2=1$,组合的期望收益率和方差如下。

$$\bar{r}_p = w_1\bar{r}_1 + (1-w_1)\bar{r}_2 \tag{7.13}$$

$$\sigma_p^2 = w_1^2\sigma_1^2 + (1-w_1)^2\sigma_2^2 + 2w_1(1-w_1)\sigma_1\sigma_2\rho_{12} \tag{7.14}$$

这两个方程构成了这个投资组合的组合线,分别有以下三种情况。

(1) 资产 1 和资产 2 完全正相关 ($\rho_{12}=1$)。此时,式(7.13)和式(7.14)变为

$$\bar{r}_p = w_1\bar{r}_1 + (1-w_1)\bar{r}_2$$
$$\sigma_p^2 = [w_1\sigma_1 + (1-w_1)\sigma_2]^2$$

以上两个公式确定了一条连接点 $(\sigma_1, \bar{r}_1)$ 和点 $(\sigma_2, \bar{r}_2)$ 的直线,并且随着 w_1 从 0 到 1 的变化,期望收益率和方差都随着 w_1 同比例变化,即代表投资组合的各个点沿着 $w_1=0$ 及 $w_1=1$ 两点之间的一条直线运动,反映在图 7-2 中就是连接点 A 和点 B 的一条直线段,这条线段就是投资组合上界。

(2) 资产 1 和资产 2 完全负相关 ($\rho_{12}=-1$)。此时,式(7.13)和式(7.14)变为

$$\bar{r}_p = w_1\bar{r}_1 + (1-w_1)\bar{r}_2$$
$$\sigma_p^2 = [w_1\sigma_1 - (1-w_1)\sigma_2]^2$$

以上两个公式确定了两条分别通过点 $(\sigma_1, \bar{r}_1)$ 和点 $(\sigma_2, \bar{r}_2)$ 的直线,构成如图 7-2 所示投资组合的下界。

(3) 资产 1 和资产 2 不完全相关 ($-1<\rho_{12}<1$)。

此时,式(7.13)和式(7.14)不作任何变化,所表示的是通过点 $(\sigma_1, \bar{r}_1)$ 和点 $(\sigma_2, \bar{r}_2)$ 的双曲线,如图 7-2 所示。并且其凹度与相关系数有关:因为 $-1 \leqslant \rho_{12} \leqslant 1$,表明两种资产的一切组合形式构成的集合将一定程度地向左弯曲;当 ρ_{12} 小于 0 时,弯曲程度增强;当 ρ_{12} 大于 0 时,弯曲程度减弱。

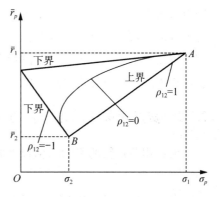

图 7-2 投资组合的边界

2. 均值-方差准则与最小方差集

假设投资者均为风险厌恶型,在具有相同的期望收益率的各种投资机会中,他们总是会选择风险最小的投资组合;或者在具有一定风险水平的各种投资机会中,他们总是会选择期望收益率最高的投资组合。

设投资者的收益率为随机变量R,那么期望收益率为$E(R)$,方差为$\sigma^2(R)$,如果现在有投资机会A和B,对于一个风险厌恶型的投资者来讲,存在着选择资产的均值-方差准则:当满足下列(a)和(b)两个条件中的任何一个时,投资者将选择投资机会A。

(a) $E(R_A) \geqslant E(R_B)$且$\sigma_A^2 < \sigma_B^2$;(b) $E(R_A) > E(R_B)$且$\sigma_A^2 \leqslant \sigma_B^2$

当我们已知可投资的所有资产的特征,就可以画出投资组合的可行集,它由图7-3中的各个点组成。在投资可行集上存在一条左边界,上面所有点都代表在给定的期望收益率水平下方差最小的组合,我们把这一边界称为最小方差集(minimum-variance set)。在最小方差集左侧顶端有一个特殊的点,这个点代表所有可行资产组合中的最小方差组合(minimum-variance portfolio,MVP)。由于在曲线上这一点的形状如同子弹的顶部,因此称最小方差组合为弹头(bullet)。

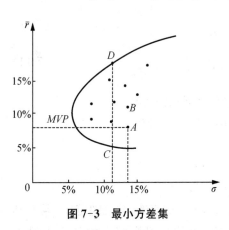

图 7-3 最小方差集

3. 有效前沿

根据投资者的风险厌恶和非满足行为的特征,在给定标准差(一定风险水平)时,他们会选择期望收益率最大的投资组合。所以在最小方差集上,投资者只对MVP及其所有的点感兴趣,即同时符合最大预期收益率或最小风险这两个条件的组合集,如图 7-4 所示,被称为有效前沿或有效边界(efficient frontier)。曲线的下半部分,相应地被称为无效前沿,在无效前沿上的每一个点都代表着固定期望收益率水平下风险最小的投资组合,但是其收益在风险固定时并不是最大的。

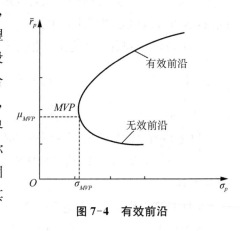

图 7-4 有效前沿

7.2.2 资产相关性的进一步讨论

根据相关系数的不同取值以及式(7.12),投资组合的风险也有不同的计算方式,分别如下。

当$\rho_{12} = +1$时,投资组合的风险为

$$\sigma_p^2 = (w_1\sigma_1 + w_2\sigma_2)^2$$

此时两种资产完全正相关,投资组合的风险等于这两种资产各自风险的线性组合,整个组合的风险不能被消除。

当 $\rho_{12}=-1$ 时,投资组合的风险为

$$\sigma_p^2=(w_1\sigma_1-w_2\sigma_2)^2$$

此时两种资产之间存在完全负相关,投资组合的风险是单个资产风险的加权差额,它比两个资产中最小风险者的风险还要小。而且当 $w_1=\dfrac{\sigma_2}{\sigma_1+\sigma_2}$,$w_2=\dfrac{\sigma_1}{\sigma_1+\sigma_2}$ 时,两种资产的风险可以相互抵消,组合风险为零,即可被消除。

当 $0<\rho_{12}<+1$ 时,投资组合的风险为

$$\sigma_p^2=w_1^2\sigma_1^2+w_2^2\sigma_2^2+2w_1w_2\sigma_1\sigma_2\rho_{12}$$

此时两种资产之间存在正相关,ρ_{12} 越接近 $+1$,说明两种资产正相关关系越强,也意味着投资组合的风险值越大;反之,ρ_{12} 越接近 0,说明两种资产正相关关系越弱,也意味着投资组合的风险值越小。

当 $-1<\rho_{12}<0$ 时,两种资产之间存在负相关关系,此时两种资产间的风险虽然不能彼此完全抵消,但可以抵消一部分,且 ρ_{12} 越接近 -1,抵消的比例越大,越接近 0,抵消的比例越小。

当 $\rho_{12}=0$ 时,投资组合的风险为

$$\sigma_p^2=w_1^2\sigma_1^2+w_2^2\sigma_2^2$$

此时称两种资产之间完全独立,不存在任何相关关系,且投资组合的风险小于两种资产单独风险的线性组合或加权平均。

7.3 资本资产定价模型

7.3.1 投资组合中的无风险资产

无风险资产是指投资者持有未来收益确定的资产。投资者在购买无风险资产时就已经知道该资产在持有期末的收益,而且最终能够获得的收益没有不确定性,因此无风险资产的方差为零,即 $\sigma_i^2=0$。由此可知,无风险资产与任何风险资产之间的协方差也等于 0,即 $cov_{ij}=\rho_{ij}\sigma_i\sigma_j=0$。无风险资产通常具备固定收益、没有违约风险、没有利率风险、没有再投资风险这四大特点。

在由期望收益率和标准差构成的二维坐标平面(如图 7-5)中,表示无风险资产的 r_f 点位于纵轴上。

假设现在将一项风险资产(资产 1)和一项无风险资产(资产 2)构成投资组合,那么该投资组合的期望收益率和标准差就可以表示为

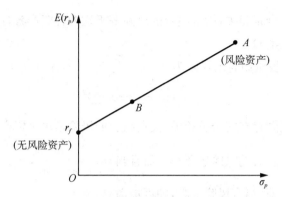

图 7-5　一项风险资产和一项无风险资产构成的投资组合

$$E(r_p)=\sum_{i=1}^{2}w_iE(r_i)=w_1E(r_1)+w_2r_f \quad E(r_f)=r_f \tag{7.15}$$

$$\sigma_p=\sqrt{w_1^2\sigma_1^2+w_2^2\sigma_2^2+2w_1w_2\sigma_{12}}=w_1\sigma_1 \quad (\sigma_2=0,\ \sigma_{12}=0) \tag{7.16}$$

反映在图 7-5 中，r_f 点表示收益为 r_f 的无风险资产，A 点表示期望收益为 $E(r_i)$，标准差为 σ_i 的风险资产。这两项资产构成的投资组合分布在直线 r_fA 上，例如 B 点的期望收益率就是两项资产期望收益率的加权平均，但是标准差却只是风险资产的标准差与其对应的权重的乘积。

7.3.2　Sharpe 比率与市场组合

夏普比率(Sharpe ratio)又称回报-波动性比率，通常用来表示投资组合中风险与收益的替代关系，其计算公式为

$$Sharp\ Ratio=\frac{E(r_p)-r_f}{\sigma_p} \tag{7.17}$$

其中，$E(r_p)$ 表示投资组合的期望收益率，r_f 表示无风险收益率，$E(r_p)-r_f$ 称作投资组合的"风险溢价"(risk premium)，σ_p 为投资组合的标准差。所以，夏普比率量化了投资组合标准差每增加 1% 所需要补偿的回报率(风险溢价的增加)。更高的夏普比率意味着每单位波动性可以获得更高的回报，即投资组合更有效率。

任何一项风险资产或风险资产组合与无风险资产进行再组合时，新组合都位于风险资产与纵轴上无风险资产的连线上，并根据各自的比重分别位于不同位置。由于无风险资产引入，原来在风险资产有效前沿上的有效投资组合都可以与无风险资产重新构建投资组合，因此，投资组合的选择区域也发生了变化(见图 7-6)，原来只包含风险

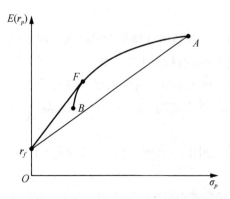

图 7-6　引入无风险资产后的投资组合有效边界

资产的有效前沿为曲线 AB，引入无风险资产后的投资组合有效前沿由直线 r_fF 和曲线 FA 构成的有效前沿。

其中点 F 为通过 r_f 点与曲线 AB 的切点，称为市场组合（market portfolio），又称为最优风险组合，它包含了市场上所有的风险资产。

7.3.3 资本资产定价模型

一、资本资产定价模型的理论假设

资本资产定价模型（capital asset pricing model，CAPM）是由夏普（W. Sharpe, 1964）、林特纳（J. Lintner, 1965）、莫森（J. Mossin, 1966）等人在马科维茨投资组合理论的基础上提出的一个用于资产定价的理论模型，它提供了一个关于风险度量以及期望收益与风险之间的较为直观的预测，该模型在投资领域中占有很重要的地位。

CAPM 模型的基本假设有以下几个方面。

（1）市场上存在着大量的投资者，每个投资者的财富相对于所有投资者的财富总和来说是微不足道的。

（2）所有投资者都在同一资产持有期计划自己的投资行为。

（3）所有投资者均是理性的，仅从期望收益和风险两个方面对资产做出评价，且追求投资组合期望收益率最大，方差最小。

（4）投资者投资范围仅限于在公开金融市场交易的资产，比如债券、股票、介入或带出无风险资产等。

（5）投资者可以在固定的无风险利率基础上借入或贷出任何额度的资产，且无风险利率对所有投资者都是相同的。

（6）对资产交易没有任何制度性限制，所有证券无限可分，投资者可以根据需要买卖任何数量的证券。

（7）不存在诸如税收、手续费等市场交易费用。

（8）所有投资者对资产的评价和经济局势的看法都一致，这说明对同一组合的同样信息，所有投资者给出的期望收益率和风险是一致的。

二、资本市场线

在借入无风险资产的环境下，投资组合的有效边界是一条从纵轴上截距为 r_f 的无风险资产出发，经过市场组合 F 点的射线，这条射线被称作资本市场线（capital market line，CML），如图 7-7 所示，它是允许无风险借贷情况下的所有有效投资组合的线性集合。任何不利用市场组合以及不进行无风险借贷的其他组合都将位于资本市场线的下方。

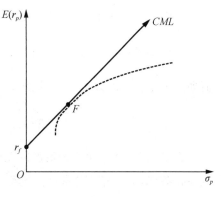

图 7-7 资本市场线

通过射线方程的推导,由点 r_f 和点 F 的坐标得到资本市场线的表达式:

$$E(r_p) = r_f + \frac{r_m - r_f}{\sigma_m} \sigma_p \tag{7.18}$$

其中,r_m 代表市场组合(市场上所有风险资产)的期望收益率,$\frac{r_m - r_f}{\sigma_m}$ 表示市场组合的期望收益率高于无风险利率的超额收益部分与市场组合的风险之比,通常被看成是市场平均的风险价格。

借助资本市场线方程可以对所有有效组合的期望收益率进行计算,即在无风险利率基础上加上组合的风险乘以市场风险价格得到的组合风险溢价。但是,资本市场线只说明了有效投资组合风险和回报率之间的关系及衡量风险的方法,并没有说明无效投资组合及单个证券的相应情况。为此,夏普提出了证券市场线。

三、证券市场线

证券市场线(security market line,SML)是描述任何一个投资组合期望收益率与风险之间关系的射线,适用于所有资产与证券,无论是有效的还是无效的。一条证券市场线上的每一个点都是投资者在某个投资组合(或单个证券)和无风险资产上进行资产配置得到的结果。与资本市场线相比,证券市场线作为资本资产的定价模型更具有一般的适用性(见图7-8)。

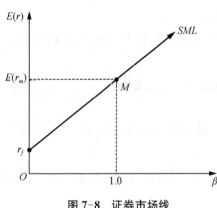

图 7-8 证券市场线

由于证券市场线是描述任何一个证券或者投资组合收益与风险的关系,因此在表示证券组合相对于市场的风险时,使用证券与市场组合的协方差来衡量,即

$$E(r_i) = r_f + \frac{\sigma_{im}}{\sigma_m^2}[E(r_m) - r_f] \tag{7.19}$$

式中,σ_{im} 表示衡量证券获得超额收益的依据是证券风险与市场风险的相对水平,而不只是单个证券的绝对风险 σ_i^2;系数 $\frac{\sigma_{im}}{\sigma_m^2}$ 度量的是资产 i 与整个市场的共同走势,将这一比值即为 β 系数。所以,证券市场线方程又可以写成

$$E(r_i) = r_f + \beta_i[E(r_m) - r_f] \tag{7.20}$$

式中,$E(r_i)$ 为第 i 种资产的期望收益率,$E(r_m)$ 为市场组合的期望收益率,r_f 为无风险收益率,β_i 为第 i 种资产的风险。

证券市场线认为,资产 i 的期望收益率等于无风险利率与风险报酬之和。风险报酬又可以分解成两部分：特定资产的风险 β 系数与市场组合的风险报酬。其中市场风险报酬 $[E(r_m)-r_f]$ 为证券市场线的斜率，由于 $[E(r_m)-r_f]$ 所有的资产而言都是相同的，因此，式(7.20)中决定证券期望收益率的唯一因素就是该证券相对于市场组合的 β 值，也即单因素资本资产定价模型。

β 系数具有一个重要的特征：线性可加性。若以投资组合中各项资产权重为 w_i，则组合的 β 系数为

$$\beta_p = \sum_i^n w_i \beta_i \tag{7.21}$$

那么，投资组合的期望收益率就可以表达为

$$E(r_p) = r_f + \beta_p [E(r_m) - r_f] \tag{7.22}$$

四、CML 与 SML 的比较

资本市场线和证券市场线都是 CAPM 模型所包含的内容，两者之间存在一定的联系和区别。

1. 两者的联系

两者都是均衡状态下衡量证券或投资组合期望收益率与风险之间相互关系的模型或方程；两者都有一个相同的无风险利率；两者都是一条由无风险利率出发连接市场组合点的直线；两者都有一个斜率和市场风险溢价。

2. 两者的区别

首先，度量风险的指标不同。资本市场线模型的横轴是以有效组合的标准差表示风险；证券市场线的横轴则是以 β 系数表示的风险。其次，模型成立的范围不同。资本市场线仅对有效投资组合成立，而证券市场线对单个证券或所有可能的证券组合（有效与无效）均成立。因此，全部有效组合都落在资本市场线上，单个证券和非有效组合则落在资本市场线的下方，而全部证券和有效组合都落在证券市场线上。

7.3.4 三项资产组合的 CAPM

如果一个投资组合由三项资产组成（资产 A，资产 B 和资产 C），无风险利率为 r_f，且已知各项资产的期望收益率为 $E(r_A)$、$E(r_B)$ 和 $E(r_C)$，标准差为 σ_A，σ_B 和 σ_C；各项资产之间的协方差分别为 cov_{AB}，cov_{BC} 和 cov_{AC}，相关系数分别为 ρ_{AB}、ρ_{BC} 和 ρ_{AC}。

首先，计算市场组合的期望收益率和标准差。我们可以根据三项资产的各种可能组合的比例以及已知信息，计算出多个可能组合的期望收益率和标准差，将其分布画在二维坐标体系中，可以得出有效前沿以及市场组合点，在市场组合点上三项资产的投资比例分别为 w_1，w_2 和 w_3，由此我们可以计算出市场组合的期望收益率和标准差如下。

$$E(r_m) = w_1 E(r_A) + w_2 E(r_B) + w_3 E(r_C)$$

$$\sigma_m = \sqrt{w_1^2 \sigma_A^2 + w_2^2 \sigma_B^2 + w_3^2 \sigma_C^2 + 2w_1 w_2 cov_{AB} + 2w_2 w_3 cov_{BC} + 2w_1 w_3 cov_{AC}}$$

其次，计算 β 系数。根据公式 $\beta_i = \dfrac{\sigma_{im}}{\sigma_m^2}$，可以算得各个资产的风险系数，然后根据 β 系数的可加性，即 $\beta_p = \sum\limits_{i}^{n} w_i \beta_i$，计算出投资组合的风险系数，注意这里的 w_i 为三项资产各种可能的投资比例。

最后，由公式 $E(r_p) = \sum\limits_{i=1}^{n} w_i E(r_i)$ 可以计算出各种可能的投资组合期望收益率，绘制证券市场线。通过证券市场线方程 $E(r_p) = r_f + \beta_p [E(r_m) - r_f]$ 可以验证 CAPM 模型。

7.4 CAPM 的意义与应用

7.4.1 关于市场组合和无风险资产

由上节可知，要确定一个 CAPM 模型的方程，需要有两个前提：第一，用市场上的全部资产来确定所谓的市场组合 M；第二，确定无风险资产的收益率。

对于第一项前提，在实际操作中通常用一些相对比较稳定而且具有代表性、能够充分反映整体市场情况的指数，比如标普 500 指数，道琼斯指数等。

对于第二项前提，在现实生活中，由于货币市场工具的期限短，因此几乎不受利率风险的影响，并且其违约风险（或信用风险）也十分小，大部分投资者都将货币市场上的众多投资工具看作无风险的。在美国，人们通常把主要期限为 30 天和 90 天的短期国库券称为"无风险工具"的代表。将其收益率称作无风险收益率。

7.4.2 证券与投资组合的风险系数

关于风险系数的计算，可以分为两步。

第一步，先计算某种证券或资产组合风险溢价相对于市场组合风险溢价的协方差，即 cov_{pm}，其中，

$$cov_{pm} = E[(r_p - \bar{r}_p)(r_m - \bar{r}_m)]$$

第二步，将第一步所算得的协方差除以市场组合风险溢价的方差 σ_m^2，即可得到该资产的风险系数。计算公式如下：

$$\beta_p = \frac{cov_{pm}}{\sigma_m^2} \tag{7.23}$$

7.4.3 β 系数和 SML 的讨论

1. β 系数与投资风格

由于 β 系数刻画的是资产与整个市场组合之间的趋势关系，且单个证券的风险系数

$\beta_i = \dfrac{\sigma_{im}}{\sigma_m^2}$。所以对于 β 值大于 1 的资产,表明 $\sigma_{im} > \sigma_m^2$,这类资产相对于市场指数的变化更为敏感,相对风险水平较大,称之为激进型资产,如科技类股票等就属于此类资产;对于 β 值小于 1 的资产,表明 $\sigma_{im} < \sigma_m^2$,这类资产变化的敏感性比市场指数低,相对风险水平较小,称之为防御型资产,如基础设施类、消费类股票等就属于此类资产。

若 $\beta_i = 0$,说明这是无风险资产,根据 CAPM 模型可得 $E(r_i) = r_f$;若 $\beta_i = 1$,说明这一资产与市场具有相同的风险,因而资产价格与市场同等变动,即 $E(r_i) = E(r_m)$。将以上关系画在期望收益率-风险系数二维坐标体系中,如图 7-9 所示。

由图 7-9 可知,β_i 值越大,风险越大,资产所要求的风险报酬也就越高,与之对应的期望收益 $E(r_i)$ 也相对较大。

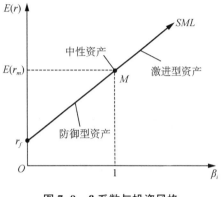

图 7-9 β 系数与投资风格

2. 特征线方程

如果将某时期内某一资产与市场指数的收益率之间相互联系,即如果市场走势上涨则该资产价格可能会上升,若市场走势跌落则该资产价格可能会下跌。根据这种关联性,构建一个回归方程来描述两者之间的这种线性关系,如下。

$$r_{it} = \alpha_i + \beta_i r_{mt} + \varepsilon_{it} \tag{7.24}$$

式中,r_{it} 为 t 时期证券 i 的实际收益率;α_i 为线性方程的截距项;β_i 为线性方程的斜率;r_{mt} 为 t 时期市场指数的收益率;ε_{it} 为误差项,代表证券 i 的实际收益率与回归线的偏离程度。由于 r_{it} 和 r_{mt} 可以直接被观测到,因此 α_i 和 β_i 可以被估计出来,误差项 ε_{it} 也可以通过公式计算出来。这种描述 r_i 和 r_m 之间关系的回归线称为特征线。

式(7.24)所表示的模型也称为市场模型,它与资本资产定价模型不同。CAPM 模型是一个均衡模型,而市场模型是建立在实际得到的市场数据基础之上以市场指数为因子的回归模型。资产的收益率与同一时期市场指数的收益率相联系。

3. 证券市场线的转动

由 SML 方程 $E(r_p) = r_f + \beta_p [E(r_m) - r_f]$ 可知,$[E(r_m) - r_f]$ 为证券市场线的斜率,而传统的资本资产定价模型具有单期静态性,这就要求市场的风险溢价是保持不变的。但是在现实经济中,投资者的预期经常会发生变化,那么 CAPM 所要求的市场风险补偿也可能发生复杂的变化。如果风险补偿变大,即斜率值变高,那么 SML 线就会发生逆时针旋转,这同时也意味着市场趋于保守;反之,如果风险补偿变小,即斜率值变低,那么 SML 线就会发生顺时针旋转,意味着市场趋于激进。

第八章 资本成本与企业价值
——企业的价值在于用资本创造财富

8.1 加权平均资本成本

8.1.1 资本成本的概念

企业总资产指企业拥有或控制的全部资产,包括流动资产、长期投资、固定资产、无形及递延资产、其他长期资产、递延税项等,即为企业资产负债表的资产总计项。

公司从外部获取资金的来源主要有两种:股本和债务。权益与债务,它们称为资本成分。股利和债务利息是这些资本成分的个别成本,也分别称为权益成本和债务成本。

加权平均资本成本考虑资本结构中每个成分的相对权重并体现出该公司的新资产的预期成本。在资本预算和企业价值评估中,要将一个企业作为整体进行分析,要计算它的综合资本成本。按照不同资本成分在全部资本中所占比例对其加权,计算平均的资本成本,即所谓加权平均资本成本(weighted average cost of capital,WACC)。

$$WACC = \omega_D r_D (1-T) + \omega_E r_E$$
$$\omega_E = E/(E+D), \omega_D = D/(E+D)$$

其中,r_E=股本成本,r_D=债务成本;E=公司股本的市场价值;D=公司债务的市场价值;ω_E=股本占融资总额的百分比;ω_D=债务占融资总额的百分比;T=企业边际税率。

上述公式描述了公司的两种融资来源:股本和债务,而股本又包括普通股和优先股,因此一个公司的资本结构主要包含三个成分:优先股、普通股和债务(常见的有债券和期票)。

关于不同成分的权重,企业不同融资来源的权重等于它的市值比上总投资额的市值,具体 WACC 的计算会放在本章第三节介绍。

根据加权平均资本成本也可对项目进行投资决策以决定项目整体的取舍。

下面举例一家公司的资本结构以及各类资本的收益率(成本),求此公司的加权平均资本成本。我们可以分别计算出不同融资种类的加权成本,最后各项相加得到全部资本的加权平均资本成本(见图 8-1)。

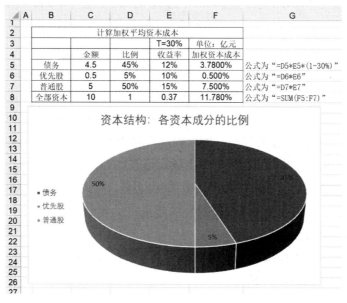

图 8-1 资本成本结构

8.1.2 债务和权益的个别资本成本

测算企业债务成本时需要注意的是：资本成本关注的是未来的，也就是计划期内的债务成本，这些债务是将要发生而尚未发生的，它们的成本是边际债务成本，而不是历史债务成本。如果企业曾经以发行债券的方式融资，并且其债券在二级市场上进行交易，则以用 YTM 或 YTC 作为估计未来新债务的成本或边际债务成本的依据。另外，银行的贷款利率也是一个合适的债务成本。因为通常企业的债务利息是在税前支付的，这实际上等于是由政府承担了债务成本中相当于所得税的那部分，也就是我们通常所说的税盾，在此条件下，公司的债务成本可以通过税率进一步降低。企业的债务成本 $=r_D(1-T)$。

权益成本就是股票的股利。普通股通常由资本资产定价模型(CAPM)决定；优先股等价于赋予优先股股东的一个永久权利，它的持有人将永远获得固定的收益，因此它的成本等于每期红利除以每股股价。

企业将存留的净收益再投资，对于投资者来讲存在着放弃以应得的股利进行其他投资的机会成本。

8.1.3 资本成本的修正

运用 WACC 方法对个别项目价值进行评估时值得注意的地方就是，要根据具体情况对个别项目的风险进行调整，因为资本加权平均成本是就企业总体而言的，一般用于公司整体资产价值的评估。而当企业面临一项完全不同于现有业务的全新投资项目时，或者当一个企业内部同时拥有多项不同业务时，由于这些不同的项目和业务具有完全不同的风险与收益水平，对于不同风险的项目，要用不同的加权平均资本成本去衡量。

不同的企业有不同的风险偏好，通常来说，投资风险较高的产品时会要求更高的投资回报率，投资无风险产品时仅要求达到无风险利率即可，因此还需要确定企业所投资不同风险产品的权重，从而对其进行修正。资本市场线是指表明有效组合的期望收益率和标准差之间的一种简单的线性关系的一条射线。它是沿着投资组合的有效边界，由风险资产和无风险资产构成的投资组合。资本市场线可表达为：总报酬率$=Q$*（风险组合的期望报酬率）$+(1-Q)$*（无风险利率）。其中：Q代表投资者自有资本总额中投资于风险组合M的比例，$1-Q$代表投资于无风险组合的比例。

针对发行费用的修正资本成本，包括对债券和股票的修正。

具体而言，债务成本应修正为未来每期利息的现值，注意，最后一期计算的是利息和面值之和的折现，计算公式如下。

$$P_0 = P_b(1-f) = \sum Int(1-T)/(1+r_D)^i + Par/(1+r_D)^N$$

其中，$\sum$中i取1到N，表示从第1期到第N期；Par表示债券的面值；Int表示利息费用；$T=$企业边际税率；$P_b=$企业筹资的金额；$f=$企业筹资的费率。

【例8-1】 某企业取得5年期长期借款100万元，年利率为11%，每年付息一次，到期一次还本。筹资费率0.5%，所得税率33%。求复利下的税后资本成本。

解：(1) 计算税前资本成本。

$$100(1-0.5\%) = \sum_{t=1}^{5} \frac{100 \times 11\%}{(1+K)^t} + \frac{100}{(1+K)^5}$$

$$K = 11.16\%$$

(2) 计算税后资金成本。

$$r_D = K(1-T) = 11.16\% * (1-33\%) = 7.48\%$$

对股票发行成本应修正为，计算公式如下。

$$r_E = D_1/P_0(1-f) + g$$

其中，$D_1=$普通股第一年股利；$P_0=$普通股价格；$g=$股利增长率；$f=$企业筹资的费率。

【例8-2】 3D公司股票的市场价格是100元，预计下期红利为8元/股，红利增长率7%，求该普通股的资本成本。

解：$K_s = \dfrac{D_1}{P_0} + g = \dfrac{8}{100} + 7\% = 15\%$

8.2 权益成本的计算方法

8.2.1 资本资产定价模型法

资本资产定价模型是在资产组合理论和资本市场理论的基础上发展起来的，主要研究证券市场中资产的预期收益率与风险资产之间的关系，以及均衡价格是如何形成的，是现代金融市场价格理论的支柱，广泛应用于投资决策和公司理财领域。

资本资产定价模型假设所有投资者都按马科维茨的资产选择理论进行投资，对期望收益、方差和协方差等的估计完全相同，投资人可以自由借贷。基于这样的假设，资本资产定价模型研究的重点在于探求风险资产收益与风险的数量关系，即为了补偿某一特定程度的风险，投资者应该获得多少的报酬率。

$$CAPM: E(r_i) = r_F + \beta_{i,m}[E(r_M) - r_F]$$

其中，$E(r_i)$ 是资产 i 的预期回报率；r_M 表示（预期）市场利率；r_F 是无风险利率；$\beta_{i,m}$ 是 [Beta 系数]，即资产 i 的系统性风险；$E(r_M)$ 是市场的预期市场回报率；$E(r_M) - r_F$ 是市场风险溢价(market risk premium)，即预期市场回报率与无风险回报率之差。

相应的，我们可以将 CPAM 应用于对股票定价上，即：

$$CAPM: r_E = r_F + \beta(r_M - r_F)$$

其中，r_E 是对企业股票的（预期）回报率；r_M 表示（预期）市场利率；r_F 表示无风险利率；β 在此表示股票的系统性风险。

β 系数是常数，称为资产 β(asset beta)。β 系数表示了资产的回报率对市场变动的敏感程度(sensitivity)，可以衡量该资产的不可分散风险。

查找某家企业股票的 β 系数，如图 8-2 所示。

确定无风险利率 r_F，通常将中长期国债利率看作无风险利率，如图 8-3 所示。

当我们计算市场风险溢价(MRP)时，一般有两种方法，第一种是用历史数据测算，另一种是用 Gordon 股利增长模型计算。

$$r_M = D_M * (1 + g_M) / P_M + g_M$$

针对第一种方法，这里首先取了 Trex Company, Inc.(TREX) 的 2014—2018 年的数据，我们可以得到 TREX 公司的股价、年收益率等信息（见图 8-4、图 8-5、图 8-6)。

当我们得到 TREX 公司市场风险溢价后，继续计算 TREX 公司权益成本。

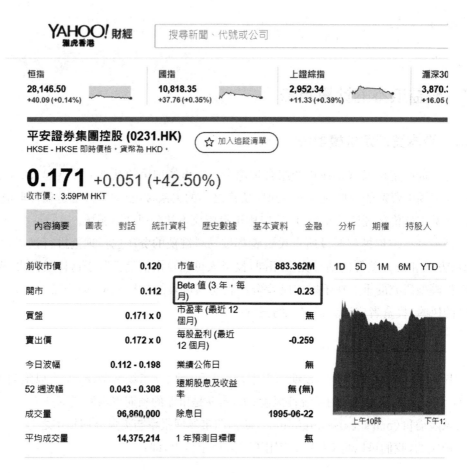

图 8-2　企业股票的 β 系数

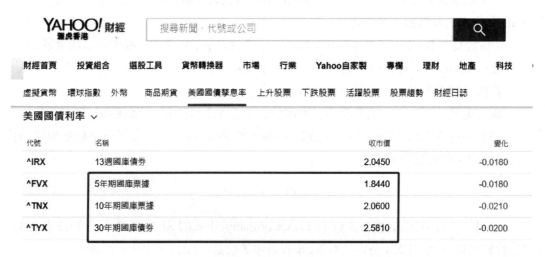

图 8-3　美国国债价格

第八章
资本成本与企业价值——企业的价值在于用资本创造财富

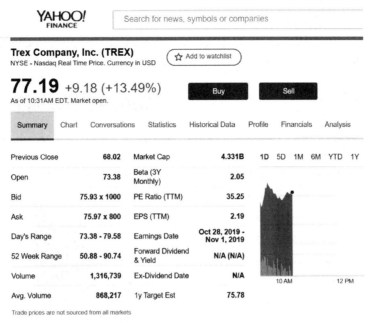

图 8-4　TREX 股票信息

	A	B	C	D	E	F	G
1				用历史数据测算市场风险溢价			
2							
3			Trex Company, Inc. (TREX)	TREX收益率	S&P500	S&P500资本利得	10年期国债
4		2014	21.290001	7.20%	2058.9	11.54%	2.48%
5		2015	19.02	-11.53%	2043.94	-0.73%	2.10%
6		2016	32.200001	73.35%	2238.83	9.84%	1.83%
7		2017	54.195	66.86%	2673.61	18.74%	2.33%
8		2018	59.360001	8.46%	2506.85	-6.59%	2.89%
9		平均		28.87%		6.56%	2.32%
10		MRP	26.54%	公式为"=D9-G9"			
11							

图 8-5　用历史数据测算 TREX 市场风险溢价

	A	B	C	D	E
13					
14		CAPM计算TREX公司权益成本			
15		无风险利率	2.33%	来自Yahoo-Finance	
16		市场风险溢价	26.54%		
17		TREX公司风险系数	2.05	来自Yahoo-Finance	
18		权益成本	56.74%	公式为"=C16+C18*C17"	
19					

图 8-6　计算 TREX 权益成本

可以看出，TREX 公司权益成本非常高，仔细分析数据后，发现 TREX 公司的 β 和市场风险溢价都处于较高值水平，简单推测是可能 TREX 是成长型公司。接下来我们再看一下另一家 AUY 公司的情况，跟 TREX 公司一样计算其市场风险溢价及权益成本（见图 8-7和图 8-8）。

当我们得到 AUY 公司市场风险溢价后，计算 AUY 公司权益成本，如图 8-9 所示。

图 8-7 AUY 股票信息

	A	B	C	D	E	F	G
1							
2			用历史数据测算市场风险溢价				
3			Yamana Gold Inc. (AUY)	AUY收益率	S&P500	S&P500资本利得	10年期国债
4		2014	4.02	54.42%	2058.9	11.54%	2.48%
5		2015	1.86	-52.79%	2043.94	-0.73%	2.10%
6		2016	2.81	46.35%	2238.83	9.84%	1.83%
7		2017	3.12	9.86%	2673.61	18.74%	2.33%
8		2018	2.36	-25.55%	2506.85	-6.59%	2.89%
9		平均		6.46%		6.56%	2.32%
10		MRP	4.13%	公式为"=D9-G9"			
11							

图 8-8 用历史数据测算 AUY 市场风险溢价

	A	B	C	D	E
13					
14		CAPM计算TREX公司权益成本			
15		无风险利率	2.32%	来自Yahoo-Finance	
16		市场风险溢价	4.13%		
17		AUY公司风险系数	0.85	来自Yahoo-Finance	
18		权益成本	5.84%	公式为"=C16+C18*C17"	

图 8-9 计算 AUY 权益成本

可以看出，AUY 公司的市场风险溢价为 4.14%，权益成本为 5.84%。同时通过进一步分析，当无风险利率和风险系数不变时，改变 AUY 公司的市场风险溢价的大小，可以得到不同的权益成本，由此我们可以看到 AUY 公司权益成本的敏感性数据(见表 8-1 和图 8-10)。

表 8-1　AUY 权益成本的敏感性分析

权益成本的敏感性分析	
风险溢价	权益成本
3%	4.87%
3.50%	5.30%
4%	5.72%
4.50%	6.15%
5%	6.57%
5.50%	7.00%
6%	7.42%

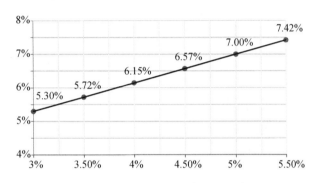

图 8-10　AUY 公司权益成本的敏感性分析

8.2.2　Gordon 股利增长模型

Gordon 股利增长模型又称为"股利贴息不变增长模型",在大多数理财学和投资学方面的教材中,Gordon 模型是一个被广泛接受和运用的股票估价模型。该模型通过计算公司预期未来支付给股东的股利现值,来确定股票的内在价值,它相当于未来股利的永续流入。

Gordon 股利增长模型:

$$P_0 = D_1/r_E - g = D_0(1+g)/r_E - g,即 r_E = D_0 * (1+g)/P_0 + g$$

其中,r_E 表示(预期)市场利率;D_0 表示第 0 期股利;P_0 表示此刻股价;g 表示股利增长率。

该模型认为,用投资者的必要收益率折现股票的必要现金红利,可以计算出股票的理论价格。Gordon 股利增长模型揭示了股票价格、预期基期股息、贴现率和股息固定增长率之间的关系,因此若已知公司股价 P_0,股利增长率 g 以及基期股利,则可以求出 r_E。

有三种方法确定股利增长率。

(1) 根据 Web 上专家对特定股票未来股利增长率的预测。

(2) 用公司派发股利的历史增长率作为未来预期的股利增长率。

从 Yahoo Finance 查找某企业的股利增长率。表 8-2 是 AUY 公司的交易信息和股利及划分情况,并可以得到 AUY 公司 2006—2018 年的历年股利派发情况,由此可以计算 AUY 公司 2007—2018 年的股利增长率(见表 8-3)。

表 8-2　AUY 公司财务信息

Trading Information	
Stock Price History	
Beta(3Y Monthly)	0.85
52-Week Change[3]	−5.16%
S&P500 52-Week Change[3]	7.79%
52 Week High[3]	3.2300
52 Week Low[3]	1.7800
50-Day Moving Average[3]	2.5123
200-Day Moving Average[3]	2.4345
Dividends & Splits	
Forward Annual Dividend Rate[4]	0.03
Forward Annual Dividend Yield[4]	1.03%
Trailing Annual Dividend Rate[3]	0.02
Trailing Annual Dividend Yield[3]	0.68%
5 Year Average Dividend Yield[4]	1.61
Payout Ratio[4]	N/A
Dividend Date[3]	Oct 15, 2019
Ex-Dividend Date[4]	Sep 27, 2019
Last Split Factor(new per old)[2]	27/1
Last Split Date[3]	Aug 21, 2003

表 8-3　AUY 公司股利增长率

根据历史数据计算股利增长率		
年份	股利	股利增长率
2006	$0.02	
2007	$0.04	100.00%
2008	$0.10	150.00%
2009	$0.04	−60.00%
2010	$0.09	112.50%
2011	$0.16	82.35%
2012	$0.24	54.84%
2013	$0.26	8.33%
2014	$0.13	−50.96%
2015	$0.06	−52.94%
2016	$0.02	−66.67%

(续表)

根据历史数据计算股利增长率		
年份	股利	股利增长率
2017	$0.02	0.00%
2018	$0.02	0.00%
	平均增长率	23.12%

可以看出,当以年为一个时间段划分时,AUY公司每年的股利都在波动,不太稳定,直至最近三年股利才稳定在$0.02不变。因此计算出来的股利增长率也在一直变化,期间还出现过负增长的时候(见图8-11和图8-12)。

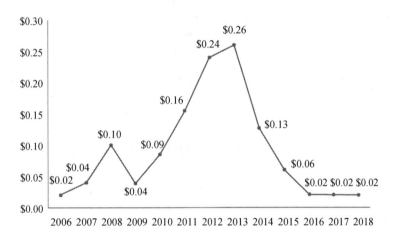

图8-11 AUY公司股利变化

图8-12 AUY公司股利增长率变化

(3)留存增长模型。

$$g = ROE \times b = ROE \times (1 - payout\ ratio)$$

其中,b表示股利留存比例;$payout\ ratio$表示股利派发比例。

8.2.3 权益成本计算的总结

通过本章的介绍,我们学会了使用不同方法来测算权益成本,同时由于方法的差异,所得到的结果也不尽相同(见图 8-13)。

	A	B	C	D	E	F
1						
2	资本资产定价模型CAPM					
3		无风险利率	4.43%	风险系数	0.493	
4		用历史数据计算MRP	5.67%	R_E	7.22%	公式为"=C3+E3*C4"
5		用Gordon模型计算MRP	4.23%	R_E	6.52%	公式为"=C3+C5*E3"
6	Gordon股利增长模型					
7		股利率	1.67%			
8		专家预测股利增长率	3.19%	R_E	4.91%	公式为"=C7*(1+C8)+C8"
9		用历史数据计算股利增长率	4.60%	R_E	6.35%	公式为"=C7*(1+C9)+C9"
10		ROE	26.72%	留存比例	55.72%	
11		用留存增长模型计算股利增长率	14.89%	R_E	16.81%	公式为"=C7*(1+C11)+C11"
12	债券收益率加市场风险溢酬					
13		MRP	4.95%			
14		5年期AAA级公司债券YTM	3.53%	R_E	8.48%	公式为"=C13+C14"
15		10年期AAA级公司债券YTM	4.85%	R_E	9.80%	公式为"=C13+C15"
16		20年期AAA级公司债券YTM	5.63%	R_E	10.58%	公式为"=C13+C16"
17						
18				平均	7.69%	公式为"=AVERAGE(E4,E5,E8,E9,E14,E15,E16)"
19						

图 8-13 不同方法测算的股利增长率

8.3 WACC 的计算

8.3.1 参数的测算

根据本章第一节的内容,我们得到加权平均资本成本(weighted average cost of capital,WACC)的公式为

$$WACC = \omega_D r_D (1-T) + \omega_E r_E$$
$$\omega_E = E/(E+D), \omega_D = D/(E+D)$$

其中,r_E=股本成本,r_D=债务成本;E=公司股本的市场价值;D=公司债务的市场价值;ω_E=股本占融资总额的百分比;ω_D=债务占融资总额的百分比;T=企业边际税率。

可以看到,WACC 的组成部分由各成分的权重、各成分的成本以及边际税率组成。

企业不同融资来源的权重等于它的市值比上总投资额的市值。一般企业的权益和债务的权重可以根据各大网站(如同花顺、Yahoo-Finance 等)上提供的公开资料来确定。企业的权益资本就是它的市值,一个上市公司的市值就是每股股价乘以股票发行量,这也是最容易确定的一个成分。优先股市值也较容易得出,它等于每股成本乘以发行量。关于企业的债务资本,如果公司公开发行债券,那么债务的市值也较容易得到。常见的是,很

多公司也有较大数额的银行贷款,这部分的市值并不容易计算。但是,因为债务的市值和它的面值比较接近(至少对企业来讲,贷款利率没有较大变化),所以在 WACC 公式中常用面值代替。债务的账面价值可以从企业财务报告中获得。债务成本和税率都应该是边际值,但往往很难确定。

本章第二节讲述了如何计算企业的权益成本。而在实践中确定债务成本的方法有两种,第一种是按企业发行在外的债券的到期收益率 YTM 计算,第二种是根据企业当前的财务报告,用其近期内利息支出与债务之比估算利率。

关于税率,可以通过企业发布的财务报告上获得其最近的所得税支出和税前净收益(一般可参照最近连续几个季度的数字),用两者相比得到的结果作为其边际税率。

现举例计算某上市公司的 WACC,根据 WACC 公式,我们可以分别得到每一个部分的数值,例如权益资本我们可以通过当前股票价格和发行在外的股份数的乘积获得,债务资本可以通过该上市公司最近一期的季报(或年报)中资产负债表上的数据获得,当我们得到权益资本和债务资本后,两者的权重也便可以通过计算得到。最终当我们得到所有数值后即可套用公式计算(见图 8-14)。

	A	B	C	D
1				
2		计算加权平均资本成本WACC		
3		当前股票价格	$79.04	可在各大证券平台上获取该公司数据
4		发行在外的股份(百万股)	783.01	可在各大证券平台上获取该公司数据
5		权益资本(市值,百万美元)	$61,889.11	公式为"=C3*C4"
6		权益资本账面价值(百万美元)	$7,508.00	可在上市公司财务报表中找到
7				
8		债务资本(百万美元)	$2,993.00	可在上市公司财务报表中找到
9				
10		权益资本权重(%)	95.39%	公式为"=C5/(C5+C8)"
11		债务资本权重(%)	4.61%	公式为"=C8/(C8+C5)"
12				
13		边际税率	32.77%	可在上市公司财务报表中找到
14				
15		权益资本成本	7.69%	本章第二节内容
16		债务资本成本	2.86%	可在上市公司财务报表中找到
17				
18		WACC	7.42%	公式为"=C15*C10+C16*C11*(1-C13)"

图 8-14 计算 WACC

8.3.2 测算资本成本应注意的问题

从本质上讲资本成本取决于如何使用,而非如何获得资本。

资本结构的计算是基于不同资本成分的市场价值而不是账面价值,只不过通常债务的市值和它的面值比较接近,所以在 WACC 公式中常用面值代替。

资本成本是一个计划和预期的概念,公司出于为经营和投资提供资金的目的会募集各类资本,WACC 就是这些资本的加权平均成本率。因此,WACC 一体两面:既是投资者的预期回报率;同时,公司需要创造满足投资者预期回报率的价值,又是公司的资本成本率。通常,我们用公司当前资本结构来估计它在未来的资本结构。

另外还要理解三个收益率,即历史收益率、预期收益率和要求收益率。历史收益率是根据收益率的历史数据计算得出的;预期收益率的概念是与投资风险联系在一起的,是一个具有统计学意义的概念;按照资产的市场价格根据 Gordon 模型计算出的收益率可以理解为要求收益率。这三个收益率概念的区分是相对的。

8.3.3 影响资本成本的主要因素

影响资本成本的因素有很多,根据影响因素来源,可以分为内、外部两类。

以下一些因素来自企业内部。

(1) 资本结构。增加债务的比重,会使平均资本成本趋于降低,同时会加大公司的财务风险,财务风险的提高,又会引起债务成本和权益成本上升。因此,公司应适度负债,寻求资本成本最小化的资本结构。

(2) 股利政策。根据股利折现模型,它是决定权益资本成本的因素之一。公司改变股利政策,就会引起权益成本的变化。

(3) 投资策略。公司的资本成本反映现有资产的平均风险。如果公司向高于现有资产风险的项目投资,公司资产的平均风险就会提高,并使得资本成本上升。因此,公司投资政策发生变化,资本成本就会发生变化。

资本成本还受到来自市场等外部因素的制约。

(1) 利率水平。市场利率上升,资本成本上升。利率下降,公司资本成本也会下降。

(2) 市场风险溢价 MRP。根据资本资产定价模型可以看出,市场风险溢价会影响股权成本。股权成本上升时,各公司会增加债务筹资,并推动债务成本上升。注意,市场风险溢价既影响股权成本,又影响债务成本,并且是同方向变化。

(3) 税率。税率变化能影响税后债务成本以及公司加权平均资本成本。

8.4 财务模型和预测

8.4.1 预测销售增长

评估企业价值的一个基本前提就是预测其未来的自由现金流量 FCF(free cash flows),所谓自由现金流量是指真正剩余的、可自由支配的现金流量。

自由现金流量预测是在财务预测的基础上实现的。财务规划和财务预测是整个企业规划和管理体系中的重要组成部分。财务预测是根据财务活动的历史资料,考虑现实的要求和条件,对企业未来的财务活动和财务成果作出科学预计和测算。财务预测的内容包括投资预测、销售收入预测、成本预测、利润预测和筹资预测几个方面。

在预测企业的经济增长指标时,通常使用线性或指数的方法对历史数据进行回归分析。如果认为指标将以固定的幅度增长,则使用线性回归的方法;如果指标保持固定的增长率,则使用指数模型。

下例为 3M 公司未来 5 年的销售收入预测,其中 1998—2002 年的数据是已知的,我们可以根据不同的预期得到不同的预测结果(见图 8-15)。

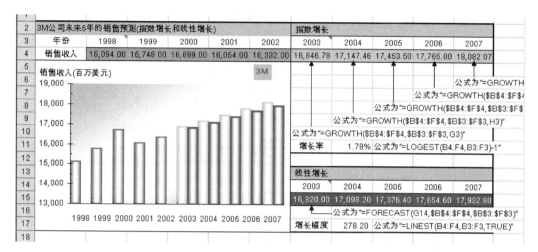

图 8-15　3M 公司销售收入预测

8.4.2　构建财务模型

预计财务报表与实际的财务报表不同,其主要是为企业财务管理服务,是控制企业资金、成本和利润总量的重要手段。它从总体上反映了预算期间企业经营的全局措施。

编制预测财务报表的具体流程如下。

首先根据对历史数据的分析,研究那些直接随销售收入按比例增长的指标,计算出它们对销售收入的比例,求出这些比例的历史平均值,作为预测的基准。对于那些由财务政策和预测方案决定的指标,给出设定值或设定比例。

从预测销售收入开始,按照预测基准和假定条件,逐项计算损益表中各项。需要从预测的资产负债表取得数据的项目暂时搁置;在初步完成损益表之后,逐项测算资产负债表中各项,然后再完成损益表中的遗留项目。

当初步预测完成后,由于资产负债表中的资产和负债两方通常不能平衡,用特定项目进行调节,称为栓塞。

预计利润表与实际利润表的内容、格式相同,但目的不同,它是反映企业预算期内生产经营活动最终成果的一个预算表,它是根据销售预算、制造费用预算、产品单位成本预算、销售及管理费用预算以及现金预算等有关资料编制的。预计利润表揭示了公司预算期内的盈利情况。如果预算利润与最初确定的目标利润有较大的差距,公司就应调整各部门预算,以设法达到目标,或者经领导同意后修改目标利润。

预计资产负债表,是在年初资产负债表的基础上,根据销售、生产、现金等相关预算的数据加以调整编制的。预计资产负债表揭示了预算期末的财务状况,如果通过对它的分析,发现财务比率不佳,可以及时进行修改,以改善财务状况。

下例为预测 3M 公司未来五年的财务报表,其中 1998—2002 年的数据是已知的,我们可以根据不同的假定得到不同的预测结果。

第一步,设定损益表各项预测基准(见图 8-16)。

	A	B	C	D	E	F	G	H	I	J	K	L	M
1				历史数据			预测方法			历史比例或假定数值			设定
2	(百万美元)	1998	1999	2000	2001	2002		1998	1999	2000	2001	2002	
3	销售收入总值	15,094.00	15,748.00	16,699.00	16,054.00	16,332.00	预测	用指数回归模型根据6年数字计算(GROWTH函数)。					47.24%
4	销售成本	7,222.00	7,304.00	7,872.00	7,833.00	7,521.00	比例	47.85%	46.38%	47.14%	48.79%	46.05%	47.24%
5	一般销售管理费用总值	3,553.00	3,712.00	3,938.00	4,036.00	3,643.00	比例	23.54%	23.57%	23.58%	25.14%	22.31%	23.63%
6	研发支出	1,028.00	1,056.00	1,101.00	1,084.00	1,066.00	假定	假定未来将保持为过去5年的平均值:					1,067.00
7	折旧摊销	798.00	822.00	915.00	916.00	854.00	比例		6.08%	6.58%	6.42%	5.80%	6.22%
8	其他和非常规经营性支出	454.00	-102.00	-185.00	-88.00	202.00	假定	假定未来将保持为过去5年的平均值:					56.20
9	经营性支出总值	13,055.00	12,792.00	13,641.00	13,781.00	13,286.00	计算						
11	经营收益(EBIT)	2,039.00	2,956.00	3,058.00	2,273.00	3,046.00							
13	利息支出	-139.00	-109.00	-111.00	-124.00	-80.00	比例		3.81%	4.08%	4.33%	2.55%	2.55%
14	其他	52.00	33.00	27.00	37.00	39.00	假定	假定未来将保持为过去5年的平均值:					37.60
15	税前净收益	1,952.00	2,880.00	2,974.00	2,186.00	3,005.00	计算						
17	所得税准备金	685.00	1,032.00	1,025.00	702.00	966.00	比例	35.09%	35.83%	34.47%	32.11%	32.15%	32.13%
18	税后净收益	1,267.00	1,848.00	1,949.00	1,484.00	2,039.00	计算						
20	少数股权	-54.00	-85.00	-92.00	-54.00	-65.00	假定	假定未来将保持为过去5年的平均值:					-70.00
21	非常规项目之前的净收益	1,213.00	1,763.00	1,857.00	1,430.00	1,974.00	计算						
23	会计方法的改变和非常规项目	-38.00	0.00	-75.00	0.00	0.00	假定	假定为0。					0.00
24	净收益	1,175.00	1,763.00	1,782.00	1,430.00	1,974.00	计算						
26	加权平均股份(百万股)	403.3	402.0	395.7	394.3	390.0	假定	假定普通股股权保持为390。					390.00
27	每股净收益(美元)	3.008	4.386	4.693	3.627	5.062	计算						
29	每股股利(美元)	2.20	2.24	2.32	2.40	2.48	预测	用指数回归模型根据6年数字计算(GROWTH函数)。					
30	股利总值	887.00	901.00	918.00	948.00	968.00	计算						
31	留存收益						计算						

图 8-16 损益表各项预测基准

第二步,设定资产负债表各项的预测基准(见图 8-17)。

	A	B	C	D	E	F	G	H	I	J	K	L	M
1				历史数据			预测方法			历史比例或假定数值			设定
2	(百万美元)	12/31/98	12/31/99	12/31/00	12/31/01	12/31/02		1998	1999	2000	2001	2002	
3	现金和短期投资	448.00	387.00	302.00	616.00	618.00	PLUG	初始值设为2002年底数据,最后根据资产负债平衡调整。					618.00
4	应收账款	2,666.00	2,776.00	2,891.00	2,482.00	2,527.00	比例	17.66%	17.64%	17.31%	15.46%	15.47%	16.71%
5	库存总值	2,219.00	2,030.00	2,312.00	2,091.00	1,931.00	比例	14.70%	12.89%	13.85%	13.02%	11.82%	13.26%
6	其他流动资产总值	886.00	871.00	874.00	1,107.00	983.00	比例	5.87%	5.53%	5.23%	6.90%	6.02%	5.91%
7	流动资产总值	6,219.00	6,066.00	6,379.00	6,296.00	6,059.00	计算						
9	厂房/设备总值	13,397.00	13,652.00	14,170.00	14,365.00	15,058.00	计算						
10	累计折旧	-7,831.00	-7,876.00	-8,347.00	-8,750.00	-9,437.00	计算						
11	厂房/设备净值	5,566.00	5,776.00	5,823.00	5,615.00	5,621.00	比例	36.88%	36.68%	34.87%	34.98%	34.42%	35.56%
12	商誉和无形资产净值				1,250.00	2,167.00	假定	假定商誉和无形资产保持为2002年底数据:				2,167.00	2,167.00
13	长期投资	623.00	487.00	310.00	275.00	238.00	假定	假定长期投资保持为2002年底数据:					238.00
14	其他长期资产总值	1,745.00	1,567.00	2,010.00	1,170.00	1,244.00	假定	假定长期投资保持为2002年底数据:					1,244.00
15	资产总值	14,153.00	13,896.00	14,522.00	14,606.00	15,329.00	计算						
17	应付账款	868.00	1,008.00	932.00	753.00	945.00	比例	5.75%	6.40%	5.58%	4.69%	5.79%	5.64%
18	到期证券/短期债务	1,492.00	1,130.00	1,866.00	1,373.00	1,237.00	PLUG	初始值设为2002年底数据,最后根据资产负债平衡调整。					1,237.00
19	其他流动负债总值	1,862.00	1,681.00	1,956.00	2,383.00	2,275.00	比例	12.34%	10.67%	11.71%	14.84%	13.93%	12.70%
20	流动负债总值	4,222.00	3,819.00	4,754.00	4,509.00	4,457.00	计算						
21	长期债务总值	1,614.00	1,480.00	971.00	1,520.00	2,140.00	假定	假定长期债务保持为2002年底数据:					2,140.00
23	债务总值	3,106.00	2,610.00	2,837.00	2,893.00	3,377.00	计算						
25	其他负债总值	2,381.00	2,308.00	2,266.00	2,491.00	2,739.00	假定	假定其他负债保持为2002年底数据:					2,739.00
26	负债总值	8,217.00	7,607.00	7,991.00	8,520.00	9,336.00	计算						
28	普通股总值	296.00	296.00	296.00	296.00	296.00	假定	假定其他负债保持为2002年底数据:					296.00
29	留存收益累计	9,980.00	10,741.00	11,517.00	11,914.00	12,748.00	计算						
30	其他权益总值	-4,340.00	-4,748.00	-5,282.00	-6,124.00	-7,051.00	假定	假定其他权益保持为2002年底数据:					-7,051.00
31	权益总值	5,936.00	6,289.00	6,531.00	6,086.00	5,993.00	计算						
33	负债和股东权益总值	14,153.00	13,896.00	14,522.00	14,606.00	15,329.00	计算						

图 8-17 资产负债表各项预测基准

第三步,根据设定,可以得到 3M 公司 2003—2007 年预测财务报表(见图 8-18 和图 8-19)。

(百万美元)	2003	2004	2005	2006	2007
销售收入总值	16,846.78	17,147.46	17,453.50	17,765.00	18,082.07
经营性支出总值	14,041.05	14,332.28	14,623.94	14,924.39	15,234.02
经营收益(EBIT)	2,805.73	2,815.17	2,829.56	2,840.61	2,848.05
税后净收益	1,868.69	1,875.10	1,885.73	1,893.66	1,898.96
净收益	1,798.69	1,805.10	1,815.73	1,823.66	1,828.96
每股净收益(美元)	4.61	4.63	4.66	4.68	4.69
留存收益	803.66	778.88	757.35	732.12	703.21

图 8-18　预测损益表

(百万美元)	2003	2004	2005	2006	2007
流动资产总值	6,662.03	7,089.40	7,794.04	8,472.51	9,121.11
资产总值	16,302.30	16,836.60	17,650.08	18,439.33	19,200.69
流动负债总值	4,626.64	4,382.06	4,438.19	4,495.32	4,553.48
长期债务总值	2,140.00	2,140.00	2,140.00	2,140.00	2,140.00
债务总值	3,676.73	3,377.00	3,377.00	3,377.00	3,377.00
负债总值	9,505.64	9,261.06	9,317.19	9,374.32	9,432.48
权益总值	6,796.66	7,575.54	8,332.89	9,065.01	9,768.22
负债和股末权益总值	16,302.30	16,836.60	17,650.08	18,439.33	19,200.69

图 8-19　预测资产负债表

8.5　企业价值与治理结构

8.5.1　企业的价值

企业评估模型:通过预测财务报表,测算出企业未来产生的自由现金流量,将这些现金流量用加权平均资本成本贴现,得到的现值就是企业经营活动的价值。

$$V_{Corp} = \sum FCF_t / (1+WACC)^t$$

其中,$\sum$ 中 t 取 1 到 ∞,表示从第一期到第 N 期。

自由现金流量是在保证维持企业持续经营的前提下,从企业经营活动收益中扣除了除资本成本以外的一切开支以后的部分,这部分是真正可供投资者支配的。

自由现金流量 FCF:在净收益的基础上加回折旧和利息支出,减去会计期内营运资本的变化和固定资产支出。

自由现金流量＝净收益＋折旧＋利息支出－营运资本的变化－固定资产支出

自由现金流量的测算和企业价值如图 8-20 所示。

	A	B	C	D	E	F	G
1							
2	自由现金流量预测和企业价值						
3	年份	2003	2004	2005	2006	2007	
4	净收益	1,798.69	1,805.10	1,815.73	1,823.66	1,828.96	公式为"='8.模型IC'!R24"
5	折旧	978.58	1,056.72	1,131.48	1,211.17	1,296.10	公式为"='8.模型IC'!R7"
6	利息	61.08	61.08	60.22	59.79	59.53	公式为"=-'8.模型IC'!R13*(1-'8.模型IC'!$M$17)"
7	营运资本变化	733.12	52.72	53.67	54.62	55.60	公式为"=('9.模型BL'!R7-'9.模型BL'!R3-'9.模型BL'!R20+
8	资本扩展	370.27	106.93	108.84	110.78	112.76	公式为"='9.模型BL'!R11-'9.模型BL'!Q11"
9	自由现金流量	1,734.96	2,763.24	2,844.92	2,929.21	3,016.24	公式为"=F4+F5+F6-F7-F8"
11	FCF的现值	10,611.19	公式为"=NPV(B13,B9:F9)"				
13	WACC=	7.43%		5年后FCF增长率=	2.50%		
15	2007终端价值	62,731.59	公式为"=F9*(1+E13)/(B13-E13)"				
16	终端价值的现值	43,842.11	公式为"=PV(B13,F3-B3+1,,-B15)"				
18	企业价值	54,453.31	公式为"=B11+B16"				

图 8-20　自由现金流量预测和企业价值

企业价值超出债务和权益账面价值的部分就称为市场增加值(MVA)。

税后收益减去资本成本的绝对值定义为经济增加值(EVA),它从概念和含义上都区别于会计收益。

EVA 关注特定会计期内投资者投资的增值,MVA 考察整个企业此前的整个生存期;EVA 的概念可以应用在企业内部的分支机构,MVA 只能应用于独立完整的企业(见图 8-21)。

	A	B	C
31			
32	账面价值、市场价值与市场增加值		
33	企业价值	54,453.31	公式为"=B18"
34	非经营性资产	618.00	公式为"='9.模型BL'!F3"
35	债务	3,377.00	公式为"='9.模型BL'!F23"
36	权益市场价值	51,694.31	公式为"=B33+B34-B35"
37	权益账面价值	5,993.00	公式为"='9.模型BL'!F31"
38	MAV	45,701.31	公式为"=B36-B37"
39	每股价值	132.55	公式为"=B36/8.模型IC'!F26"
40	股价(2002.12.31)	123.30	来自股票市场历史数据。

图 8-21　各项企业价值

表 8-4 展示了企业资产、负债、权益和企业价值之间的关系。

表 8-4 企业价值构成

账面价值		市场价值			
现金和短期投资	经营性流动负债	账面价值	营运资本＝经营性流动资产-经营性流动负债	未来全部 FCF 按 WACC 贴现	债务-现金和短期投资
经营性流动资产	债务				
固定资产	权益		固定资产		
无形资产			无形资产		权益
			MVA		
资产总计	负债与权益总计	企业价值			

8.5.2 企业治理结构

企业内部需要有一整套规则和模式,来保证企业的管理者在经营活动中始终贯彻企业价值原则,从而使企业的价值最大化,这就是所谓的企业治理结构。

要统一管理者和所有者的利益,将管理者与所有者的收入挂钩。

(1) 股票期权。股权结构是公司治理结构的基础,它对于公司治理结构的控制方式、运作方式乃至效率等都有着重要的影响。要注意避免股权的过度集中,若股权大部分都集中在大股东手上,中小股东权益很难得到保障。

(2) 员工持股计划(employee stock ownership plans, ESOPs),是员工所有权的一种实现形式,是企业所有者与员工分享企业所有权和未来收益权的一种制度安排。员工持股计划是一种新型股权形式。企业内部员工出资认购本公司部分或全部股权,委托员工持股会(或委托第三者,一般为金融机构)作为社团法人托管运作,集中管理,员工持股管理委员会(或理事会)作为社团法人进入董事会参与表决和分红。

防范管理屏障的措施。如果企业的董事会相对于管理层比较弱,或企业的章程中具有很强的反收购条款,这样即使业绩很差,企业的管理者被撤换的威胁也很小,这时就构成了管理屏障。

(1) 限制反收购条款:绿票讹诈(green mail)和毒丸计划(poison pills)。绿票讹诈是目标公司同意以高于市价或袭击者当初买入价的一定价格买回袭击者手持的目标公司股票,袭击者因此而获得价差收益。同时,袭击者签署承诺,保证它或它的关联公司在一定期间内不再收购目标公司,即所谓的"停止协议";毒丸计划是指敌意收购的目标公司通过发行证券以降低公司在收购方眼中的价值的措施,它在对付敌意收购时往往很有效。毒丸计划最初的形式很简单,就是目标公司向普通股股东发行优先股,一旦公司被收购,股东持有的优先股就可以转换为一定数额的收购方股票。

（2）董事会、监事会对管理层实行有效监督。目前，我国很多企业的监事会的任免制度不够完善，监事会招入的监事职员的素质没有达到要求，大多数的员工对技术、法律、管理方面的知识不了解，监事能力有待提高，一定程度上影响监事会职能的发挥。

第九章 资本结构与股利政策
——财务杠杆和股利发放的理论与实证

9.1 财务杠杆

9.1.1 经营风险与经营杠杆

一、经营风险

企业的经营风险与商品经济的产生与发展是分不开的。在自然经济条件下,生产者不与外界分工协作,不会发生由于经济联系而引起的不确定因素,因而也就没有经营风险可言。随着商品经济的发展,由于私人产品的社会性,只有通过市场交换才能被社会承认。可是市场的状况是很难确定的,这就产生了经营风险的可能。

经营风险(operating risk)又称营业风险,是指在企业的生产经营过程中,供、产、销各个环节不确定性因素的影响所导致企业资金运动的迟滞,产生企业价值变动。另有一种说法:企业由于战略选择、产品价格、销售手段等经营决策引起的未来收益不确定性,特别是企业利用经营杠杆而导致息前税前利润变动形成的风险叫作经营风险。经营风险时刻影响着企业的经营活动和财务活动,企业必须防患于未然,对企业经营风险进行较为准确的计算和衡量,是企业财务管理的一项重要工作。

随着改革开放政策的贯彻,企业经营呈现出多元化趋向,因而企业的经营风险也具有多样性,主要有以下几方面。

一是市场运作风险。市场是企业生产经营活动的起点和终点。企业生产所需的原料、动力以及各种协作件等都来自市场,其质量是否合格、品种是否齐全、供应是否及时、价格是否合理等都潜藏着风险。企业生产的产品都需要投放于市场,其产品是否适销对路、产品价格有无优势、产品库存是否合理等也都蕴藏着风险。以上可见,市场状况给企业带来各种风险,直接影响其经营目标的实现。

二是资金运营风险。企业的资金运动效率和资金运营质量,直接关系到生产经营的状况和经济效益的高低。在资金运营方面,企业生产经营所需的资金能否按时按量到位,出售产品的销售款能否及时入账,企业的还债和履行合同的能力,资本经营效益,发行股票企业的股市状况等都蕴藏着风险。

三是投资经营风险。企业对银行负有按期还贷的责任,对投资者负有资本保值增值的责任。企业在投资经营中成功与否,能否带来理想的经济效益,都蕴藏着很大风险。这主要是投资方向是否正确、投资规模是否恰当、新开发的产品是否有广阔的市场等都关系到企业的投资回报率。

四是对外经营风险。在对外开放政策下,企业的生产经营活动便与国际经济运行的状况紧密联系,并受其影响,因此产生与此联系的不确定因素,蕴藏着相应的风险。例如,产品出口受进口国市场容量和进口政策的影响,引进外资受国际金融市场的影响等。

与经营风险相对的,企业抗拒风险的方法也有很多。从会计学的角度出发,一般有以下几种。

一是转嫁风险。说到风险,人们的第一反应是找保险公司。然而保险公司一般受理的是可统计且无投机因素的纯粹风险与静态风险,如企业财产险、职工人身安全险、车船险等。企业以营利为目的的经营风险如长期投资风险、营销风险、财务风险等为不可保风险(特例除外),就需寻找其他对策。

二是回避。即对于风险较大的人、物、业务予以回避。如在融资业务中,对资信可靠度低的对象不予受理,在营销活动中,对缺乏市场调查、产品设计存在明显缺陷的营销计划予以拒绝等。

三是加强防范。对无法投保又无法回避的经营风险,企业会计可采用积极的预防性措施,降低损失发生的可能性。如为降低赊销中坏账风险,可加强对赊账客户的管理、对客户的信用进行调查和甄别、对应收账的账龄进行分析、建立赊销责任制度等。

四是资产组合。运用大数法则,增加承担风险个体的数量,降低损失发生的比例。如为降低长期投资项目的投资风险,可采用合资、合伙或股份化的组织形式来筹资组建;为降低证券投资的风险,可搞多元化的投资组合等。

五是自留。对以上四个对策难以适用的经营风险,企业只能进行损失的承担。在财务会计的实务中,主要表现如下。

(1) 应收账款的坏账损失;

(2) 应收票据贴现后遭出票方拒付时,被银行索兑与罚款的损失;

(3) 因产品质量问题,遭客户索赔的损失;

(4) 因产品瑕疵遭客户退货的损失;

(5) 为附属或联营企业提供担保而承受的风险;

(6) 有败诉可能诉讼案件中的经济责任;

(7) 全资子公司的债务纠纷损失;

(8) 已采用组合、加强防范的对策后仍可能发生损失的投资风险、营销风险等。

二、经营杠杆

在其他条件不变的情况下,产销量的增加虽然一般不会改变固定成本总额,但是会减低单位固定成本,从而提高单位利润,使息税前利润的增长率大于产销量的增长率。反之,产销量的减少会提高单位固定成本,降低单位利润,使息税前利润下降率大于产销量的下降率。

这种在企业生产经营中由于固定成本而导致息税前利润变动率大于产销量变动率的现象叫作经营杠杆(operating leverage)，可以用企业经营活动中的固定成本在全部成本中所占的比例来粗略地表示。

【例 9-1】 某公司现有两种经营方案 A 与 B，每种方案的销售价格、单位变动成本、固定成本以及市场需求情况见图 9-1。

	A	B	C	D	E	F	G	H	I
1									
2	经营风险与经营杠杆								
3				价格		10		10	
4				单位变动成本	方案A:	6	方案B:	4	
5				固定成本		160		240	
6									
7	市场需求	概率	销售量	销售收入	成本	收益	成本	收益	
8	很差	0.05	20	200	280	-80	320	-120	
9	较差	0.25	40	400	400	-	400	-	
10	一般	0.40	60	600	520	80	480	120	
11	较好	0.25	80	800	640	160	560	240	
12	很好	0.05	100	1,000	760	240	640	360	
13									
14	单位：固定成本、成本、销售收入、收			期望值		80		120	公式为"=SUMPRODUCT($B$8:$B$12,H8:H12)"
15	益为百万元，销售量为万，价格、单位			标准差	方案A:	126	方案B:	190	公式为"=STDEV(H8:H12)"
16	变动成本为元。			差异系数		1.58		1.58	公式为"=H15/H14"

图 9-1 经营风险与经营杠杆

输入公式"=SUMPRODUCT($B$8:$B$12,F8:F12)"和"=SUMPRODUCT($B$8:$B$12,H8:H12)"分别求得两种方案的收益期望。输入公式"=STDEV(F8:F12)"与"=STDEV(H8:H12)"求得两方案的收益标准差，并计算差异系数，即标准差/期望。此时会发现，两方案的差异系数均为 1.58，不能判断哪一种方案更优。

因此，我们需要计算经营杠杆，首先计算销售量的盈亏平衡点，在有固定成本的情况下，盈亏平衡点计算如下。

$$平衡点 = \frac{固定成本}{价格 - 单位变动成本}$$

如图 9-2 所示，可以得出，两方案的销售量平衡点均为 40，但是此时两方案成本均为 400，但是 A 方案的固定成本为 160，B 方案的固定成本为 240。B 方案的固定成本占总成本的比重更高，退出越难，经营风险越高，要求的风险补偿也就越高，资本成本越高。因此，A 方案更优。

为了对经营杠杆进行量化，企业财务管理和管理会计中把利润变动率相当于产销量（或销售收入）变动率的倍数称之为"经营杠杆系数"（degree of operating leverage，DOL），并用下列公式加以表示。

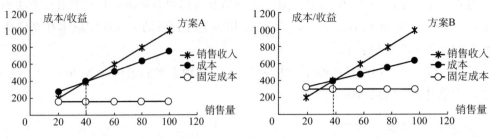

图 9-2 收入、成本与盈亏平衡

$$经营杠杆系数 DOL = \frac{\Delta EBIT/EBIT}{\Delta Q/Q}$$

$EBIT$ 表示息税前利润；$\Delta EBIT$ 是息税前利润变动额；Q 是销售量；ΔQ 为营业额的变动额。

有时也会采用简化公式，即可将上列公式进行如下变换：

因为 $EBIT = Q(P-V) - F$，$\Delta EBIT = \Delta Q(P-V)$

所以 $DOL_Q = \dfrac{Q(P-V)}{Q(P-V) - F} = \dfrac{MC}{EBIT}$

或者 $DOL_S = \dfrac{S - VC}{S - VC - F} = \dfrac{MC}{EBIT}$

式中，DOL_Q 为按销售数量确定的营业杠杆系数，Q 为销售数量；P 是销售单价；S 是销售收入，为销售数量和销售单价的乘积；V 是单位变动成本；F 为固定性经营成本。

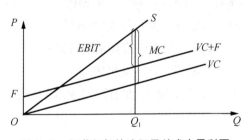

图 9-3 经营杠杆的边际贡献式本量利图

DOL_S 为按销售金额确定的营业杠杆系数；VC 为变动成本总额，可按变动成本率乘以销售总额来确定；MC 为边际贡献总额，为销售收入减变动成本总额。

我们可以用图示形象地显示经营杠杆效应，如图 9-3。

从图 9-3 中可以看出：

(1) 当固定成本不变时，销售量越大，$EBIT$ 越大，MC 越大；销售量越小，$EBIT$ 越小，MC 越小，但由于固定成本 F 存在，$EBIT$ 变动比 MC 快。因此，得出销售量越大，DOL 越小；销售量越小，DOL 越大。

(2) 销售量不变时，固定成本越大，MC 不变，$EBIT$ 越小；固定成本越小，MC 不变，$EBIT$ 越大。因此，得出固定成本越大，DOL 越大；固定成本越小，DOL 越小。

(3) 在销售量处于盈亏临界点前的阶段，DOL 随销售量的增加而递增；在销售量处于盈亏临界点后的阶段，DOL 随销售量的增加而递减；当销售量达到盈亏临界点时，DOL 趋近于无穷大，此时经营风险趋近于无穷大。

(4) 在销售收入一定的情况下，影响经营杠杆的因素主要是固定成本和变动成本的金额。固定成本加大或变动成本变小都会引起 DOL 增加。这些研究结果说明,在固定成本一定的情况下,公司应采取多种方式增加销售额,这样利润就会以 DOL 的倍数增加,从而赢得"正杠杆利益"。否则,一旦销售额减少时,利润会下降更快,形成"负杠杆利益"。

【例 9-2】 某公司的产品销量 40 000 件,单位产品售价 1 000 元,销售总额 4 000 万元,固定成本总额为 800 万元,单位产品变动成本为 600 元,变动成本率为 60%,变动成本总额为 2 400 万元。其营业杠杆系数测算如下。

$$MC = 40\ 000 \times (1\ 000 - 600) = 16\ 000\ 000(元)$$
$$EBIT = 40\ 000 \times (1\ 000 - 600) - 8\ 000\ 000 = 8\ 000\ 000(元)$$
$$DOL = \frac{MC}{EBIT} = \frac{16\ 000\ 000}{8\ 000\ 000} = 2$$

在此例中营业杠杆系数为 2 的意义在于:当公司销售增长 1 倍时,息税前利润将增长 2 倍;反之亦然。前一种情形表现为营业杠杆利益,后一种情形则表现为营业风险。一般而言,公司的营业杠杆系数越大,营业杠杆利益和营业风险就越高;公司的营业杠杆系数越小,营业杠杆利益和营业风险就越低。

经营杠杆系数反映着企业经营风险的大小,经营杠杆系数的作用如下。
(1) 它体现了利润变动和销量变动之间的变化关系;
(2) 经营杠杆系数越大,经营杠杆作用和经营风险越大;
(3) 固定成本不变,销售额越大,经营杠杆系数越小,经营风险越小,反之,则相反;
(4) 当销售额达到盈亏临界点时,经营杠杆系数趋近于无穷大。

企业一般可以通过增加销售金额、降低产品单位变动成本、降低固定成本比重等措施使经营杠杆率下降,降低经营风险。在市场繁荣,业务增长很快时,公司可通过增加固定成本投入或减少变动成本支出来提高经营杠杆系数,以充分发挥正杠杆利益用途。在市场衰退,业务不振时,公司应尽量压缩开发费用、广告费用、市场营销费、职工培训费等酌量性固定成本的开支,以减少固定成本的比重,降低经营杠杆系数,降低经营风险,避免负杠杆利益。

9.1.2 财务风险与财务杠杆

一、财务风险

财务风险(financial risk)是指企业在各项财务活动中由于各种难以预料和无法控制的因素,使企业在一定时期、一定范围内所获取的最终财务成果与预期的经营目标发生偏差,从而形成的使企业蒙受经济损失或更大收益的可能性。企业的财务活动贯穿于生产经营的整个过程中,筹措资金、长短期投资、分配利润等都可能产生风险。

根据风险的来源可以将财务风险划分如下。

1. 筹资风险

筹资风险指的是由于资金供需市场、宏观经济环境的变化,企业筹集资金给财务成果带来的不确定性。筹资风险主要包括利率风险、再融资风险、财务杠杆效应、汇率风险、购买力风险等。利率风险是指由于金融市场金融资产的波动而导致筹资成本的变动;再融资风险是指由于金融市场上金融工具品种、融资方式的变动,导致企业再次融资产生不确定性,或企业本身筹资结构的不合理导致再融资产生困难;财务杠杆效应是指由于企业使用杠杆融资给利益相关者的利益带来不确定性;汇率风险是指由于汇率变动引起的企业外汇业务成果的不确定性;购买力风险是指由于币值的变动给筹资带来的影响。

2. 投资风险

投资风险指企业投入一定资金后,因市场需求变化而影响最终收益与预期收益偏离的风险。企业对外投资主要有直接投资和证券投资两种形式。在我国,根据公司法的规定,股东拥有企业股权的25%以上应该视为直接投资。证券投资主要有股票投资和债券投资两种形式。股票投资是风险共担、利益共享的投资形式;债券投资与被投资企业的财务活动没有直接关系,只是定期收取固定的利息,所面临的是被投资者无力偿还债务的风险。投资风险主要包括利率风险、再投资风险、汇率风险、通货膨胀风险、金融衍生工具风险、道德风险、违约风险等。

3. 经营风险

经营风险又称营业风险,是指在企业的生产经营过程中,供、产、销各个环节不确定性因素的影响所导致企业资金运动的迟滞,产生企业价值的变动。经营风险主要包括采购风险、生产风险、存货变现风险、应收账款变现风险等。采购风险是指由于原材料市场供应商的变动而产生的供应不足的可能,以及由于信用条件与付款方式的变动而导致实际付款期限与平均付款期的偏离;生产风险是指由于信息、能源、技术及人员的变动而导致生产工艺流程的变化,以及由于库存不足所导致的停工待料或销售迟滞的可能;存货变现风险是指由于产品市场变动而导致产品销售受阻的可能;应收账款变现风险是指由于赊销业务过多导致应收账款管理成本增大的可能性,以及由于赊销政策的改变导致实际回收期与预期回收的偏离等。

4. 存货管理风险

企业保持一定量的存货对其进行正常生产来说是至关重要的,但如何确定最优库存量是一个比较棘手的问题,存货太多会导致产品积压,占用企业资金,风险较高;存货太少又可能导致原料供应不及时,影响企业的正常生产,严重时可能造成对客户的违约,影响企业的信誉。

5. 流动性风险

流动性风险是指企业资产不能正常和确定性地转移现金或企业债务和付现责任不能正常履行的可能性。从这个意义上来说,可以把企业的流动性风险从企业的变现力和偿付能力两方面分析与评价。由于企业支付能力和偿债能力发生的问题,称为现金不足及现金不能清偿风险。由于企业资产不能确定性地转移为现金而发生的问题则称为变现力风险。

企业财务风险产生的原因很多,既有企业外部的原因,也有企业自身的原因,而且不同的财务风险形成的具体原因也不尽相同。企业产生财务风险的一般原因有以下几点。

(1) 企业财务管理宏观环境的复杂性是企业产生财务风险的外部原因。企业财务管理的宏观环境复杂多变,而企业管理系统不能适应复杂多变的宏观环境。财务管理的宏观环境包括经济环境、法律环境、市场环境、社会文化环境、资源环境等因素,这些因素存在于企业之外,但对企业财务管理产生重大的影响。

(2) 企业财务管理人员对财务风险的客观性认识不足。财务风险是客观存在的,只要有财务活动,就必然存在着财务风险。然而在现实工作中,许多企业的财务管理人员缺乏风险意识。风险意识的淡薄是财务风险产生的重要原因之一。

(3) 财务决策缺乏科学性导致决策失误。财务决策失误是产生财务风险的又一主要原因。避免财务决策失误的前提是财务决策的科学化。

(4) 企业内部财务关系不明。这是企业产生财务风险的又一重要原因,企业与内部各部门之间及企业与上级企业之间,在资金管理及使用、利益分配等方面存在权责不明、管理不力的现象,造成资金使用效率低下,资金流失严重,资金的安全性、完整性无法得到保证。这主要存在于一些上市公司的财务关系中,很多集团公司母公司与子公司的财务关系十分混乱,资金使用没有有效的监督与控制。

企业财务风险是客观存在的,因此,完全消除财务风险是不可能的,也是不现实的。对于企业财务风险,只能采取尽可能的措施,将其影响降低到最低的程度。

1. 化解筹资风险的主要措施

当企业的经营业务发生资金不足的困难时,可以采取发行股票、发行债券或银行借款等方式来筹集所需资本。

2. 化解投资风险的主要措施

从风险防范的角度来看,投资风险主要应该通过控制投资期限、投资品种来降低。一般来说,投资期越长,风险就大,因此企业应该尽量选择短期投资。而在进行证券投资的时候,应该采取分散投资的策略,选择若干种股票组成投资组合,通过组合中风险的相互抵消来降低风险。在对股票投资进行风险分析中,可以采用 β 系数的分析方法或资本资产定价模型来确定不同证券组合的风险。β 系数小于1,说明它的风险小于整个市场的平均风险,因而是风险较小的投资对象。

3. 化解汇率风险的主要措施

(1) 选择恰当合同货币。在有关对外贸易和借贷等经济交易中,选择何种货币作为计价货币直接关系到交易主体是否将承担汇率风险。为了避免汇率风险,企业应该争取使用本国货币作为合同货币,在出口、资本输出时使用硬通货,而在进口、资本输入时使用软通货。同时在合同中加列保值条款等措施。

(2) 通过在金融市场进行保值操作。主要方法有现汇交易、期货交易、期汇交易、期权交易、借款与投资、利率—货币互换、外币票据贴现等。

(3) 财务多样化。即在多个金融市场以多种货币寻求资金的来源和资金去向,实行筹资多样化和投资多样化,这样在有的外币贬值,有的外币升值的情况下,公司就可以使绝大部分的外汇风险相互抵消,从而达到防范风险的目的。

4. 化解流动性风险的主要措施

企业的流动性较强的资产主要包括现金、存货、应收账款等项目。防范流动性风险的目的是在保持资产流动性的前提下,实现利益的最大化。因此应该确定最优的现金持有量、最佳的库存量以及加快应收账款的回收等。我们都很清楚持有现金有一个时间成本的问题,手中持有现金过多,显然会由于较高的资金占用而失去其他的获利机会,而持有现金太少,又会面临资金不能满足流动性需要的风险。因此企业应该确定一个最优的现金持有量,从而在防范流动性风险的前提下实现利益的最大化。

5. 化解经营风险的主要措施

在其他因素不变的情况下,市场对企业产品的需求越稳定,企业未来的经营收益就越确定,经营风险也就越小。因此企业在确定生产何种产品时,应先对产品市场做好调研,要生产适销对路的产品,销售价格是产品销售收入的决定因素之一,销售价格越稳定,销售收入就越稳定,企业未来的经营收益就越稳定,经营风险也就越小。

二、财务杠杆

财务杠杆(financial leverage)是用来测量来自固定财务成本的财务风险的一种方法,来衡量在某一债务资本比率下,公司息税前利润变动对于每股净收益所产生的作用。如果其他因素保持不变,较强的财务杠杆作用意味着息税前利润相对微小的变动就可能导致普通股每股净收益的大幅度变化。

财务杠杆强弱取决于企业资本结构,在资本构成中,负债资本所占比重越大,财务杠杆作用越强,财务风险也就越大。

【例 9-3】 在 33% 的税率和 10% 的利率水平下,现有两种资本结构方案 A 与 B,市场需求状况如图 9-4 所示。

	A	B	C	D	E	F	G	H	I	J	K	L	M
1													
2	财务风险与财务杠杆												单位:百万元
3	税率	33.0%		方案A:	债务		-		方案B:	债务		100.00	
4	利率	10.0%			权益		200.00			权益		100.00	
5													
6	市场需求	概率	EBIT		利息	EBT	所得税	净收益	ROE	利息	EBT	所得税	净收益	ROE
7	很差	0.05	0.00		-	0.00	0.00	0.00	0.0%	10.00	-10.00	-6.70	-3.30	-3.3%
8	较差	0.25	20.00		-	20.00	13.40	6.60	3.3%	10.00	10.00	6.70	3.30	3.3%
9	一般	0.40	50.00		-	50.00	33.50	16.50	8.3%	10.00	40.00	26.80	13.20	13.2%
10	较好	0.25	80.00		-	80.00	53.60	26.40	13.2%	10.00	70.00	46.90	23.10	23.1%
11	很好	0.05	100.00		-	100.00	67.00	33.00	16.5%	10.00	90.00	60.30	29.70	29.7%
12													
13		期望值					16.50		8.3%				13.20	13.2%
14		标准差		方案A:		13.61		6.8%	方案B:		13.61		13.6%
15		差异系数				0.82		0.82			1.03		1.03

图 9-4 财务风险与财务杠杆

已知方案 A 为无财务杠杆的方案,B 为有财务杠杆的方案。从差异系数可以看出,有财务杠杆的方案 B 的差异系数更大,说明了其财务风险也就越大,即财务杠杆放大了财务风险。从图9-5可以看出,有财务杠杆的方案B与无财务杠杆的方案A在 $EBIT$ 为20%时的 ROE 相等,EBIT 一旦超过20%,则具有财务杠杆的方案B的净资产收益率会更大,但是 EBIT 小于20%时,有财务杠杆的方案B的损失也会更大。

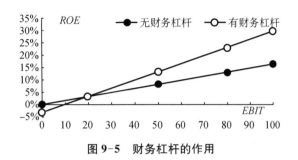

图 9-5　财务杠杆的作用

财务杠杆系数(degree of financial leverage,DFL)是指普通股每股收益 EPS 变动率与息税前利润 EBIT 变动率的比率。财务杠杆系数定义公式为

$$\text{财务杠杆系数 } DFL = \frac{\Delta EPS/EPS}{\Delta EBIT/EBIT} = \frac{EBIT}{EBIT - I - PD/(1-T_C)}$$

$$= \frac{Q(P-V) - F}{Q(P-V) - F - I - PD/(1-T_C)}$$

其中,DFL 为财务杠杆系数;EPS 表示每股盈利;ΔEPS 为每股收益变动额;EBIT 表示息税前利润;$\Delta EBIT$ 是息税前利润变动额。

为了便于计算,可将上列公式变化如下。

因为　　$EPS = \dfrac{(EBIT - I)(1-T)}{N}$

所以　　$DFL = \dfrac{EBIT}{EBIT - I}$

其中,I 表示债务利润。

用图示可以形象地显示财务杠杆效应,如图9-6所示。

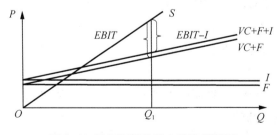

图 9-6　财务杠杆的基本的本量利图

从图9-6中可以看出:

(1) 当利息额不变时,销售量越大,$EBIT$ 越大,$EBIT - I$ 越大;销售量越小,EBIT

越小,$EBIT-I$ 越小,但由于利息存在,$EBIT$ 变动得比 $EBIT-I$ 快。因此,得出销售量越大,DFL 越小;销售量越小,DFL 越大。

(2) 在资本总额、$EBIT$ 不变时,负债比率越高即利息越多,$EBIT-I$ 越小;负债比率越低利息越小,$EBIT-I$ 越大。因此,得出负债比率越高即利息越大,DFL 越大;负债比率越低即利息越少,DFL 越小。

财务杠杆反映着企业负债的多少也即财务风险的大小。财务风险是指企业为取得财务杠杆利益而利用负债资金时,增加了破产机会或普通股每股利润大幅度变动的机会所带来的风险。财务杠杆会加大财务风险,企业举债比重越大,财务杠杆效应越强,财务风险越大。财务杠杆与财务风险的关系可通过计算分析不同资金结构下普通股每股利润及其标准离差和标准离差率来进行测试。

9.2 资本结构理论

资本结构是指企业各种长期资本来源的构成和比例关系。通常情况下,企业的资本由长期债务资本和权益资本构成,资本结构指的就是长期债务资本和权益资本各占多大比例。一般来说,在资本结构概念中不包含短期负债。短期资本的需要量和筹集是经常变化的,且在整个资本总量中所占的比重不稳定,因此不列入资本结构管理范围,而是作为营运资本管理。

9.2.1 M&M 理论和 Miller 模型

现代资本结构理论是由莫迪利安尼和米勒基于完善资本市场假设条件提出的,这一资本结构理论所依据的直接及隐含的假设条件如下。

(1) 经营风险可以利用息税前利润的方差来衡量,具有相同经营风险的公司称为风险同类。

(2) 投资者等市场参与者对公司的未来收益与风险的预期是相同的。

(3) 完善的资本市场,即在股票与债券进行交易的市场中没有交易成本,且个人与机构投资者的借款利率与公司相同。

(4) 借债无风险,即公司或个人投资者的所有债务利率均为无风险利率,与债务数量无关。

(5) 全部现金流是永续的,即所有公司预计是零增长率,因此具有"预期不变"的息税前利润,所有债券也是永续的。

在上述假设的基础上,莫迪利安尼和米勒首先研究"没有企业所得税"情况下的资本结构,其后研究了"有企业所得税"情况下的资本结构。因此,M&M 理论可以分为"无税 M&M 理论"和"有税 M&M 理论"。

一、无税 M&M 理论

在不考虑企业所得税的情况下,M&M 理论研究了两个命题。

(1) 命题 Ⅰ:在没有企业所得税的情况下,企业的资本结构与企业价值无关,有负债企业的价值与无负债企业的价值相等。其表达式如下。

$$V_L = \frac{EBIT}{r_{WACC}^0} = V_U = \frac{EBIT}{r_s^u}$$

其中,V_L 表示有负债企业的价值;V_U 表示无负债企业的价值;$EBIT$ 表示企业全部资产的预期收益(永续);r_{WACC}^0 表示有负债企业的加权资本成本;r_s^u 表示既定风险等级的无负债企业的权益资本成本。

命题 Ⅰ 表达式说明了无论企业是否有负债,加权平均资本成本将保持不变,企业价值仅由预期收益决定,即全部预期收益(永续)按照与企业风险等级相同的必要报酬率所计算的现值;如果有负债企业的价值等于无负债企业的价值,就说明了有负债企业的加权平均资本成本,无论债务多少,都与风险等级相同的无负债企业的权益资本成本相等;企业加权资本成本与资本结构无关,只取决于企业的经营风险。

(2) 命题 Ⅱ:有负债企业的权益资本成本随着财务杠杆的提高而增加。有负债企业权益资本成本等与无负债企业的权益资本成本加上风险溢价,而风险溢价与以市值计算的财务杠杆(债务/股东权益)成正比。其表达式如下。

$$r_s^L = r_s^u + 风险溢价 = r_s^u + \frac{D}{E}(r_s^u - r_d)$$

式中,r_s^L 表示有负债企业权益资本成本;r_s^u 表示无负债企业的权益资本成本;D 表示有负债企业的债务市场价值;E 表示有负债企业的权益的市场价值;r_d 表示税前债务资本成本。风险报酬是对有负债企业财务风险的补偿,其大小由无负债企业的股权资本成本与债务资本成本之差以及债务权益价值比决定。

在不考虑所得税的情况下,命题 Ⅰ 的一个推论是有负债企业的加权平均资本成本与无负债企业的资本成本相同,即 $r_{WACC}^0 = r_s^u$。企业加权平均资本成本的表达式为

$$\frac{E}{E+D}r_s^L + \frac{D}{E+D}r_d = r_{WACC}^L = r_s^u$$

上式变形后可以得出

$$r_s^L = r_s^u + \frac{D}{E}(r_s^u - r_d)$$

亦即 M&M 命题 Ⅱ。

命题 Ⅱ 的表达式说明:有负债企业的股权成本随着负债程度增大而增加。

无企业所得税情况下的 M&M 理论可以用图 9-7 来表示。

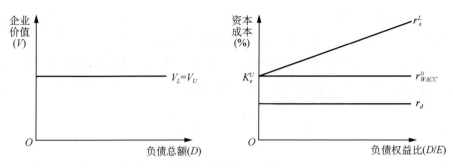

图 9-7 无税条件下的 M&M 命题 I 和命题 II

二、存在公司税情况下的 M&M 理论

有税 M&M 理论也研究两个基本命题。

(1) 命题 I：有负债企业的价值等于具有相同风险等级的无负债企业的价值加上债务利息抵税收益的现值。其表达式如下。

$$V_L = V_U + T \times D$$

式中，V_L 表示有负债企业的价值；V_U 表示具有相同风险等级的无负债企业的价值；T 表示企业所得税税率；D 表示企业的债务数量。债务利息的抵税价值 $T*D$ 又称为杠杆收益，是企业为支付债务利息从实现的所得税抵扣中所获得的所得税支出节省，等于抵税收益的永续年金现金流的现值，即债务金额与所得税税率的乘积（将债务利息率视为贴现率）。

命题 I 的表达式说明了由于债务利息可以在税前扣除，形成了债务利息的抵税收益，相当于增加了企业的现金流量，增加了企业的价值。随着企业负债比例的提高，企业价值也随之提高，在理论上全部融资来源于负债时，企业价值达到最大。

(2) 命题 II：有负债企业的权益资本成本等于相同风险等级的无负债企业的权益资本成本加上与以市值计算的债务与权益比例成比例的风险报酬，且风险报酬取决于企业的债务比率以及所得税税率。其表达式如下。

$$r_s^L = r_s^u + 风险溢价 = r_s^u + (r_s^u - r_d)(1-T)\frac{D}{E}$$

式中，r_s^L 表示有负债企业权益资本成本；r_s^u 表示无负债企业的权益资本成本；D 表示有负债企业的债务市场价值；E 表示有负债企业的权益市场价值；r_d 表示税前债务资本成本；T 表示企业所得税税率。风险报酬等于无负债企业股权成本与税前债务成本之差、负债权益比率以及所得税税后因子 $(1-T)$ 相乘。

有税条件下 M&M 命题 II 与无税条件下的命题 II 所表述的有负债企业权益资本成本的基本含义是一致的，迄今有的差异是由 $(1-T)$ 引起的。由于 $(1-T)<1$，使有税时有负债企业的权益资本成本比无税时的要小。

有税条件下的 M&M 理论的两个命题如图 9-8 所示。

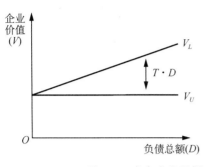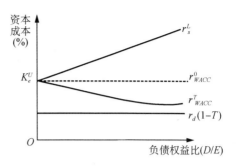

图 9-8　考虑企业所得税条件下的 M&M 命题 Ⅰ 和命题 Ⅱ

基于考虑企业所得税条件下的 M&M 理论，最显著的特征是债务利息抵税对企业价值的影响。

企业使用债务时，给投资者（股东与债权人）的现金流要比无债时的多，多的部分就是利息抵税。企业每年因利息抵税形成的所得税支出节省，等于抵税收益年金现金流的现值，即用债务数量、债务利息率以及所得税税率的积作为抵税收益的永续年金现金流，再以债务利息率为贴现率计算的现值。有负债企业的现金流量等于（除资本结构不同外其他方面完全相同）无负债企业的现金流量与利息抵税现金流之和，根据无套利原理，这些现金流的现值也必定相同。据此，考虑所得税条件下的有负债企业的价值，即有税的 M&M 命题 Ⅰ 也用下式表示。

$$V_L = V_U + PV(\text{利息抵税})$$

为了计算债务利息抵税引起的企业总价值的增加，需要预测企业各期的债务利息现金流以及是否受风险因素的影响，再用与其风险相适应的折现率将各期债务利息的抵税收益现金流进行贴现，其现值即为利息抵税对企业价值的影响。

在考虑所得税的情况下，有负债企业的利息抵税收益也可以用加权平均资本成本来表示。在企业使用债务筹资时所支付的利息成本中，有一部分是被利息抵税所抵消，使实际债务利息成本为 $r_d(1-T)$。考虑所得税时的负债企业加权平均资本成本为

$$r_{WACC}^T = \frac{E}{E+D}r_s^L + \frac{D}{E+D}r_d(1-T) = \frac{E}{E+D}r_s^L + \frac{D}{E+D}r_d - \frac{D}{E+D}r_d T$$

上式表明，在考虑所得税的情况下，有负债企业加权平均资本成本 r_{WACC}^T 随债务筹资比例的增加而降低。

如果企业想通过调整债务结构来维持目标债务与股权比率，并计算债务利息抵税对企业价值的影响，可以利用公式 $V_L = V_U + PV$ 计算有负债与无负债企业的价值之差 $V_L - V_U$ 求得。由无税条件下的 M&M 理论可知，资本结构与企业价值无关，有负债企业的加权平均资本成本与无负债企业的资本成本相同。显然，可以根据在预期的目标债务与权益结构下，通过计算税前加权平均资本成本折现企业的自由现金流，得出有负债企业的价值，并计算价值之差。

上述修正的 M&M 理论考虑了企业所得税,但没有考虑个人所得税对债务比例与企业价值之间关系的影响。米勒在 1977 年进一步提出了同时考虑个人所得税和企业所得税的资本结构理论模型(Miller 模型)。他认为:在其他条件不变的情况下,个人所得税会降低无负债公司的价值,并且当普通股投资收益的有效税率通常低于债券投资的有效税率时,有负债企业的价值会低于 M&M 考虑所得税时有负债企业的价值。

【例 9-4】 根据 M&M 理论以及 Miller 模型,来考察不同资本结构对于流向投资者的现金流的影响,在无税收、有公司所得税、有公司和个人所得税三种情况下,公司债务为 5 000(万元)时,流向投资者的现金流如图 9-9 所示。

	A	B	C	D	E	F	G	H	I	J
1										
2	资本结构与现金流								单位:万元	
3	总资产				10000					
4	自由现金流量				1000					
5		无公司和个人所得税			有公司所得税,无个人所得税			有公司和个人所得税		
6	利率	8%			8%			8%		
7	公司所得税	0%			30%			30%		
8	个人所得税-权益	0%			0%			10%		
9	个人所得税-利息	0%			0%			20%		
10		公司债务	股东投资	股东借贷	公司债务	股东投资	股东借贷	公司债务	股东投资	股东借贷
11	权益	5000	10000	10000	5000	10000	10000	5000	10000	10000
12	债务	5000			5000			5000		
13	利息	400			400			400		
14	税后利息	400			280			280		
15										
16	股东收益	600	1000	1000	720	1000	1000	720	1000	1000
17	税后权益收益	600	1000	1000	720	1000	1000	648	900	900
18	股东净收益	600	1000	600	720	1000	600	648	900	580
19										
20	股东债务			5000			5000			5000
21	股东债务利息			400			400			400
22	股东税后利息支出			400			400			320
23										
24	债权人利息收益	400		400	400		400	400		400
25	债权人税后净收益	400		400	400		400	320		320
26										
27	流向投资者的现金流	1000	1000	1000	1120	1000	1000	968	900	900

图 9-9 公司债务为 5 000 万元时流向投资者的现金流

根据图 9-9,分别计算公司债务为 3 000 万元、4 000 万元、6 000 万元、7 000 万元时流向投资者的现金流,可以看出现金流对于资本结构的敏感性如图 9-10 所示。当只有公司所得税时,随着债务的增加,流向投资者的现金流量是大于无税收情况的;而同时考虑个

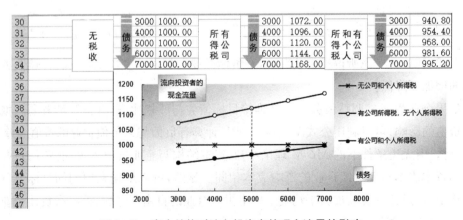

图 9-10 资本结构对流向投资者的现金流量的影响

人和公司所得税时,流向投资者的现金流量亦会随债务的增加而增加,但是会小于无税收情况,只有当债务足够大时,才会大于无税收情况。除此之外,只有公司所得税时,随着债务的增加,流向投资者的现金流量是始终大于考虑公司和个人所得税情况的。

【例 9-5】 在无税收、有公司所得税、有公司和个人所得税三种情况下,计算公司债务为 5 000 万元时的企业价值与 WACC,如图 9-11 所示。

	A	B	C	D	E
1					
2	资本结构与企业价值和资本成本			单位:万元	
3	FCF	1,000.00	1,000.00	1,000.00	
4	非杠杆调节资本成本,r_U	10%	10%	10%	
5	债务	5,000.00	5,000.00	5,000.00	
6	债务成本(利率)	8%	8%	8%	
7	公司所得税,T_C	0%	30%	30%	
8	个人所得税-权益,T_{PS}	0%	0%	10%	
9	个人所得税-利息,T_{PD}	0%	0%	20%	
10					
11	税收因子,T	0%	30%	17%	公式为 "=(1-D9)-(1-D7)*(1-D8)"
12					
13	企业价值				
14	无杠杆的企业价值,V_U	10,000.00	10,000.00	10,000.00	公式为 "=D3/D4"
15	税盾价值	-	1,500.00	1,062.50	公式为 "=D11*D6*D5/((1-D9)*D6)"
16	有杠杆的企业价值,V_L	10,000.00	11,500.00	11,062.50	公式为 "=D15+D14"
17	权益价值	5,000.00	6,500.00	6,062.50	公式为 "=D16-D5"
18	流向股东的现金流量	600.00	720.00	720.00	公式为 "=D3-(1-D7)*D6*D5"
19	权益成本,r_E	12.00%	11.08%	11.88%	公式为 "=D18/D17"
20	WACC	10.00%	8.70%	9.04%	公式为 "=D19*D17/D16+(1-D7)*D6*D5/D16"
21					
22	验证				
23	权益成本,r_E	12.00%	11.08%	11.88%	公式为 "=D4+(D4*(1-D11/(1-D9))-D6*(1-D7))*D5/D17"
24	有杠杆的企业价值,V_L	10,000.00	11,500.00	11,062.50	公式为 "=D3/D20"

图 9-11 公司债务为 5 000 万元时的企业价值与 WACC

根据图 9-11 的计算方法,分别计算公司债务为 3 000 万元、4 000 万元、6 000 万元、7 000 万元时公司的企业价值,可以得出企业价值对于资本结构的敏感性。如图 9-12 所示,只考虑公司所得税和考虑公司和个人所得税情况下,企业价值均会随债务增加而增加,只考虑公司所得税的企业价值会大于考虑公司和个人所得税的企业价值,且两者均大于无税情况下的企业价值。

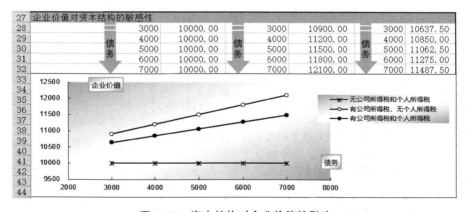

图 9-12 资本结构对企业价值的影响

根据图 9-11 的计算方法,分别计算公司债务为 3 000 万元、4 000 万元、6 000 万元、7 000 万元时公司的资本成本(WACC),可以得出资本成本对于资本结构的敏感性。如图 9-13 所示,只考虑公司所得税和考虑公司和个人所得税情况下,公司的资本成本均会随债务增加而下降;只考虑公司所得税的资本成本会小于考虑公司和个人所得税的企业价值,且两者均小于无税情况下的资本成本。

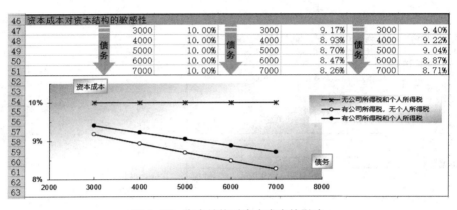

图 9-13 资本结构对资本成本的影响

9.2.2 资本结构理论综述

一、M&M 理论和 Miller 模型总结

在无税收、有公司所得税、有公司和个人所得税三种情况下,对于流向投资者的现金流、企业价值、资本成本、权益成本的变动情况如表 9-1 所示。

表 9-1 M&M 理论和 Miller 模型总结

	无税收	有公司所得税		有公司和个人所得税
流向投资者的现金流	无影响	增加		不定,取决于三种税率
企业价值	无影响	无杠杆价值加税盾价值 $V_L = V_U + T_C * D$	取决于 T。如果 $T>0$ 则杠杆作用为正;如果 $T=0$,则杠杆作用抵消;如果 $T<0$,则杠杆作用为负	不定,取决于 T $V_L = V_U + \dfrac{T*D}{1-T_{PD}}$
资本成本	无影响	降低。 $r_L = \dfrac{E+D(1-T_C)}{E+D} r_U$		不定,取决于 T $r_L = \dfrac{E+D\left(1-\dfrac{T}{1-T_{PD}}\right)}{E+D} r_U$
权益成本	无影响	无杠杆资本成本相当于经营风险,增加部分相当于税收调节后的财务风险 $r_E = r_U + (r_U - r_D)(1-T_C)\dfrac{D}{E}$		不定,取决于 T $r_E = r_U + [r_U\left(1-\dfrac{T}{1-T_{PD}}\right) - r_D(1-T_C)]\dfrac{D}{E}$

其中，$T=(1-T_{PD})-(1-T_C)(1-T_{PE})$。

最初 M&M 理论推导出的结论并不完全符合现实情况，但已成为资本结构研究的基础。此后，在 M&M 理论的基础上不断放宽假设，从不同的视角对资本结构进行了大量研究，推动了资本结构理论的发展。这其中具有代表性的理论有权衡理论、代理理论与优序融资理论。

二、权衡理论

未来现金流的不稳定以及对经济冲击高度敏感的企业，如果使用过多的债务，会导致其陷入财务困境（financial distress），出现财务危机甚至破产。企业陷入财务困境后所引发的成本分为直接成本与间接成本。直接成本是指企业破产、进行清算或者重组所发生的法律费用和管理费用等；间接成本是指企业资信状况恶化以及持续经营能力下降而导致的企业价值损失。因此，负债在为企业带来抵税收益的同时也为企业带来了陷入财务困境的成本。

所谓权衡理论，就是强调在平衡债务利息的抵税收益与财务困境成本的基础上，实现企业价值最大化时的最佳资本结构。此时最优的债务比率应该令债务抵税收益的边际价值等于增加的财务困境成本的现值。

基于 M&M 理论，有负债企业的价值是无负债企业价值加上抵税收益的现值，再减去财务困境成本的现值。其表达式为

$$V_L = V_U + PV(利息抵税) - PV(财务困境成本)$$

权衡理论的表述如图 9-14 所示。

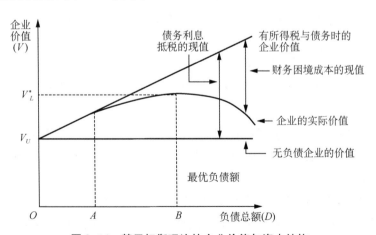

图 9-14 基于权衡理论的企业价值与资本结构

由于债务利息的抵税收益，负债增加会增加企业的价值。随着债务比率的增加，财务困境成本的现值也会增加。在图 9-14 中负债总额达到 A 点前，债务利息抵税收益的增量大于财务困境成本的增量，债务抵税收益起主导作用；达到 A 点后，财务困境成本的作用在逐渐加强，直到 B 点，债务利息抵税收益的现值的增量与财务困境成本的现值的增量相平衡，债务利息抵税收益的现值与财务困境成本的现值之间的差额最大，企业价值达

到最大 V_L^*，因此，B 点的债务与权益比率为最佳资本结构；超过 B 点，财务困境的不利影响的增量超过抵税收益的增量，企业价值甚至可能加速下降。

权衡理论有助于解释有关企业债务的难解之谜。财务困境成本的存在有助于解释为什么有的企业负债水平很低而没有充分利用债务抵税收益。财务困境成本的大小和现金流的波动性有助于解释不同行业间的企业杠杆水平的差异。

三、代理理论

在资本结构的决策中，不完全契约、信息不对称以及经理、股东与债权人之间的利益冲突将影响投资项目的选择，特别是在企业陷入财务困境时，更容易引起过度投资问题与投资不足问题，导致发生债务代理成本。债务代理成本损害了债权人的利益，降低了企业价值，最终将由股东承担这种损失。

1. 过度投资问题

过度投资问题，是指因企业采用不盈利项目或高风险项目而产生的损害股东以及债权人的利益并降低企业价值的现象。发生过度投资问题的两种情形：一是当企业经理与股东之间存在利益冲突时，经理的自利行为产生的过度投资问题；二是当企业股东与债权人之间存在利益冲突时，经理代表股东利益采纳成功率低甚至净现值为负的高风险项目产生的过度投资问题。

2. 投资不足问题

投资不足问题，是指因企业放弃净现值为正的投资项目而使债权人利益受损并进而降低企业价值的现象。投资不足问题发生在企业陷入财务困境且有比例较高的债务时，如果用股东的资金去投资一个净现值为正的项目，可以在增加股东权益价值的同时，也增加债权人的债务价值。但是，当债务价值的增加超过权益价值的增加时，即从企业整体角度而言是净现值为正的新项目，而对股东而言则成为净现值为负的项目，投资新项目后会发生财富从股东转移至债权人。因此，如股东事先预见到投资新项目后的大部分收益将由债权人获得并导致自身价值下降时，就会拒绝为净现值为正的新项目投资。

陷入财务困境的企业股东如果遇见采纳新投资项目会以牺牲自身利益为代价补偿债权人，因股东与债权人之间存在利益冲突，股东就缺乏积极性选择该项目进行投资。

3. 债务的代理收益

债务的代理成本既可以表现为因过度投资问题使经理和股东收益而发生债权人价值向股东转移，也可以表现为因投资不足问题而发生股东为避免价值损失而放弃给债权人带来的价值增值。然而，债务在产生代理成本的同时，也会伴生相应的代理收益。债务的代理收益将有助于减少企业的价值损失或增加企业价值，具体表现为债权人保护条例引入、对经理提升企业业绩的激励措施以及对经理随意支配现金流浪费企业资源的约束等。

4. 债务代理成本与收益的权衡

企业负债所引发的代理成本以及相应的代理收益，最终均反映在对企业价值产生的

影响上。在考虑了企业债务的代理成本与代理收益后,资本结构的权衡理论模型可以扩展为以下形式:

$$V_L = V_U + PV(利息抵税) - PV(财务困境成本) + PV(债务的代理收益)$$

代理理论为资本结构如何影响企业价值的主要因素以及内在逻辑关系提供了一个基本分析框架。但这些结论并非与企业的实际做法完全一致。如同投资等其他财务决策一样,资本结构通常是由经理人员在符合自身基本动机的基础上并综合考虑其他多种因素作出的。

四、优序融资理论

优序融资理论是当企业存在融资需求时,首先选择内源融资,其次会选择债务融资,最后会选择股权融资。优序融资理论解释了当企业内部现金流不足以满足净经营性长期资产总投资的资金需求时,更倾向于债务融资而不是股权融资。优序融资理论揭示了企业筹资时对不同筹资方式选择的顺序偏好。

优序融资理论是在信息不对称的框架下研究资本结构的一个分析。这里的信息不对称,是指企业内部管理层通常要比外部投资者拥有更多更准的关于企业的信息。在这种情况下,企业管理层的许多决策,如筹资方式的选择、股利分配等,不仅具有财务上的意义,而且向市场和外部投资者传递着信号。外部投资者只能通过管理层的这些决策所传递出的信息了解企业未来收益预期和投资风险,间接地评价企业价值。企业债比例或资本结构就是一种把内部信息传递给市场的工具。

优序融资理论只是考虑了信息不对称与逆向选择行为对融资顺序的影响,解释了企业筹资时对不同筹资方式选择的顺序偏好,但该理论并不能够解释现实生活中所有的资本结构规律。

9.2.3 优化资本结构

最佳资本结构就是使企业价值最大的债务/权益比例。

根据 CAPM 理论,权益收益的风险由风险系数 β 来表征,风险系数 β 会随着财务杠杆程度的增加而提高,由此得到滨田公式。

$$\beta_L = \beta_U \left[1 + (1 - T_C) \frac{D}{E}\right]$$

企业的经营杠杆影响到企业经营风险,即无财务杠杆下的风险系数 β_U;企业的财务杠杆将按照滨田公式决定有财务杠杆下的风险系数 β_L。

在实际应用中,通常根据企业当前的风险系数,也就是包括一定比例债务条件的风险系数 β_L,通过滨田公式反过来计算无杠杆风险系数 β_U;然后再以之为起点测算不同债务比例对风险系数的影响(见图 9-15)。

【例 9-6】

测算最佳资本结构							
无风险利率	5%	市场风险溢酬MRP	5%	无杠杆-β	1		
所得税税率	30%	自由现金流量FCF	1000				
债务比例	债务成本	债务/权益	税后债务成本	杠杆-β	权益成本	WACC	企业价值
0%	5.0%	0.0%	3.50%	1.00	10.0%	10.0%	10000.00
10%	5.0%	11.1%	3.50%	1.08	10.4%	9.7%	10309.28
20%	5.0%	25.0%	3.50%	1.18	10.9%	9.4%	10638.30
30%	5.9%	42.9%	4.12%	1.30	11.5%	9.3%	10768.92
40%	7.0%	66.7%	4.88%	1.47	12.3%	9.4%	10694.22
50%	8.3%	100.0%	5.80%	1.70	13.5%	9.7%	10361.66
60%	9.9%	150.0%	6.93%	2.05	15.3%	10.3%	9747.63
70%	11.9%	233.3%	8.31%	2.63	18.2%	11.3%	8874.82
80%	14.3%	400.0%	10.00%	3.80	24.0%	12.8%	7814.29

图 9-15　测算最佳资本结构

首先,根据滨田公式 $\beta_L = \beta_U \left[1+(1-T_C)\dfrac{D}{E}\right]$,计算出在不同债务比例和债务成本下的财务杠杆风险系数 β_L;

其次,根据第八章的相关内容,计算税后债务成本 $= r_D(1-T)$、权益成本 $= r_F + \beta(r_M - r_F)$ 以及加权平均资本成本 $WACC = \omega_D r_D(1-T) + \omega_E r_E$;

最后,计算得到最终的企业价值并作图 9-16。

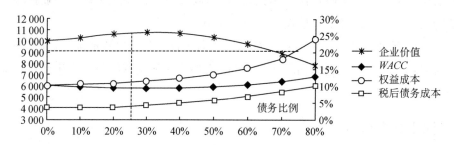

图 9-16　企业价值、WACC、权益成本以及税后债务成本曲线

从图 9-16 中可以看出,在其他条件不变的情况下,当加权平均资本成本 WACC 处于最低点时,企业价值达到最大值,则此时的债务-权益比率则为最佳的资本结构。当债务-权益比率发生变化时,除了会改变税后债务成本之外,其也会通过改变 β_L 值来改变权益成本,从而使 WACC 变动,从而改变企业价值。

9.3　资本结构的实证研究

在 finance.yahoo.com 搜集以下 30 家企业的道·琼斯工业指数以及在美国上市的 23 家汽车制造商,计算其账面债务权益比率和市场债务权益比率,并进一步计算两者之比。得到下列实证数据并做出相关柱状图(见图 9-17、图 9-18、图 9-19、图 9-20)。

	A	B	C	D	E	F
1	股票代码	公司名称	行业	市/账比	D/E账面	D/E市场
2	AA	ALCOA Inc	Metal Mining	2.2	0.776	0.353
3	AXP	American Express Co	Consumer Financial Service	4.1	2.371	0.578
4	BA	The Boeing Co	Aerospace & Defense	4.1	2.094	0.511
5	C	Citigroup Inc.	Money Center Banks	2.6		
6	CAT	Caterpillar Inc	Constr. & Agric. Machinery	5	3.058	0.612
7	DD	E. I. Du Pont De Nemours & Co (DuPo	Chemicals - Plastics & Rub	4.2	1.169	0.278
8	DIS	The Walt Disney Co	Broadcasting & Cable TV	1.8	0.581	0.323
9	EK	Eastman Kodak Co	Photography	2.1	1.048	0.499
10	GE	General Electric Co	Conglomerates	4.3	4.213	0.980
11	GM	General Motors Corp	Auto & Truck Manufacturers	2.2	22.363	10.165
12	HD	Home Depot Inc	Retail (Home Improvement)	3.5	0.061	0.017
13	HON	Honeywell International Inc	Aerospace & Defense	2.3	0.558	0.243
14	HPQ	Hewlett-Packard Co	Computer Peripherals	1.6	0.211	0.132
15	IBM	International Business Machines Co	Computer Hardware	5.9	0.897	0.152
16	INTC	Intel Corp	Semiconductors	5.2	0.037	0.007
17	IP	International Paper Co	Paper & Paper Products	2.4	1.941	0.809
18	JNJ	Johnson & Johnson Inc	Major Drugs	6.1	0.263	0.043
19	JPM	JP Morgan Chase & Co	Money Center Banks	1.6		
20	KO	Coca-Cola Co (Coke)	Beverages (Non-Alcoholic)	8	0.431	0.054
21	MCD	McDonald's Corp	Restaurants	2.6	0.845	0.325
22	MMM	3M Co	Conglomerates	8	0.434	0.054
23	MO	Altria Group Inc	Tobacco	4	1.282	0.321
24	MRK	Merck & Co Inc	Major Drugs	5.8	0.518	0.089
25	MSFT	Microsoft Corp	Software & Programming	5	0	0.000
26	PG	Procter & Gamble Co	Personal & Household Produ	8.4	0.843	0.100
27	SBC	SBC Communications Inc	Communications Services	2	0.485	0.243
28	T	AT&T Corp	Communications Services	1.2	1.316	1.097
29	UTX	United Technologies Corp	Conglomerates	4.1	0.491	0.120
30	WMT	Wal-Mart Stores Inc	Retail (Department & Disco	5.9	0.601	0.102
31	XOM	Exxon Mobil Corp	Oil & Gas - Integrated	3	0.123	0.041
32				平均值	1.750	0.652
33				标准差	4.155	1.888

图 9-17　道·琼斯工业平均指数 30 家企业的资本结构明细

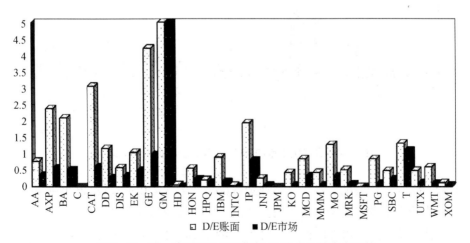

图 9-18　道·琼斯工业平均指数 30 家企业的资本结构

	A	B	C	D	E
1	股票代码	公司名称	市/账比	D/E账面	D/E市场
2	ARGN	Amerigon Inc	N/A	0.115	
3	CBA	Brilliance China Automotive Holdings L	N/A		
4	COLL	Collins Industries Inc	1.0	0.945	0.945
5	DCX	DaimlerChrysler AG	0.9	2.248	2.498
6	FTHR	Featherlite Inc	0.8	2.521	3.151
7	FIA	Fiat SpA	0.6	0	0.000
8	F	Ford Motor Co	2.7	21.661	8.023
9	GM	General Motors Corp	2.2	22.363	10.165
10	HMC	Honda Motor Co Ltd	1.6	0.91	0.569
11	IR	Ingersoll-Rand Co Ltd	2.5	0.659	0.264
12	MLR	Miller Industries Inc (Georgia)	1.0	0.91	0.910
13	NAV	Navistar International Corp	9.5	8.594	0.905
14	NSANY	Nissan Motor Co Ltd	N/A		
15	OSK	Oshkosh Truck Corp	2.9	0.262	0.090
16	PCAR	Paccar Inc	3.1	1.267	0.409
17	RUSHB	Rush Enterprises Inc	1.2	2.485	2.071
18	SPAR	Spartan Motors Inc	1.9	0	0.000
19	STCR	Starcraft Corp	15.1	1.208	0.080
20	STS	Supreme Industries Inc	1.0	0.198	0.198
21	TM	Toyota Motor Corp	1.6	1.038	0.649
22	VOLVY	Volvo AB	1.1	1.027	0.934
23	WNC	Wabash National Corp	8.8	6.877	0.781
24	WTAI.OB	World Transport Authority Inc	N/A		
25			平均值	3.764	1.718
26			标准差	6.621	2.760

图 9-19 在美国上市的 23 家汽车制造企业的资本结构明细

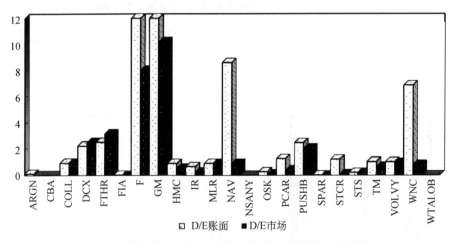

图 9-20 在美国上市的 23 家汽车制造企业的资本结构

通过对于 30 家企业的道·琼斯工业指数以及在美国上市的 23 家汽车制造商资本结构的研究,影响企业的资本结构决策的主要因素可以归纳为以下几点。

(1) 销售的稳定性:销售比较稳定的企业可以采取相对比较高的债务比例。

(2) 资产结构：具有较多适合抵押的固定资产的企业也容易采用较高程度的财务杠杆。

(3) 经营杠杆：由于经营杠杆同样会放大企业的风险和收益，所以对于经营杠杆程度高的企业，不宜同时采用较高程度的财务杠杆。

(4) 增长率：高速增长的企业往往需要更多的外部资本，但发行股票的成本要明显高于发行债务，债务的增加会增加这些企业的不确定因素。

(5) 盈利能力：经验表明，能维持很高盈利水平的企业很少举债，例如前面实例分析中的微软公司和英特尔公司的债务就接近于零，尽管缺乏理论上的依据来说明这种现象，但事实的确如此。

(6) 税收：显然，税率越高则债务的税盾作用越大。

(7) 管理层的控制：债务会增加企业的风险，但权益比重过大会从另一方面威胁到管理层。

(8) 管理层的态度：由于债务比例与股票价格之间缺乏明确的联系，所以企业的资本结构在很大程度上取决于管理层的态度，比较保守的管理层自然会使用比较少的债务。

(9) 债权人和评级机构的态度：这些人的态度会影响到企业的融资决策。

(10) 市场条件：企业的资本结构还会受到资本市场当前状况以及利率水平的影响。

(11) 公司的内部条件：企业内部的经营状况和预期收益水平也会影响到管理层对资本结构的考虑。

(12) 财务灵活性：前面曾经提到过企业要保持适当的借贷能力储备，其目的就是当企业经营状况发生变化时能保持财务上的灵活性。

总结起来，对企业的资本结构进行决策需要考虑 FRICTO 原则，即灵活性（flexibility）、风险（risk）、收益（income）、控制（control）、时间（timing）、其他（other）。

9.4 股利政策

股利是公司分配给股东的盈余，股份公司可以从年度的净利中派发股利，也可以从留存收益中提取金额发放。股利政策就是有关是否发放股利、如何发放股利、股利的类型、何时发放、发放多少等的决策。股利政策决定了流向投资者和留存公司用来再投资的资金数量，能够向股东传递关于公司经营业绩和投资机会的信息。

9.4.1 股利和股利理论

一、股利的含义及特点

股利是股息与红利的总称，指公司依据法定条件及程序，根据股东的持股份额从其中可供分配利润中向股东支付一种财产利益，是股份有限公司发放给股东的投资报酬。

股利的特点包括：

(1) 股利的来源只能是公司的税后盈余；

(2) 股利的支付必须遵守法定的程序；

(3) 股利的支付可以有多种形式。

二、股利的不同种类

1. 根据股东的持股类别划分

(1) 优先股股利：优先股的股利按发行股票时规定的股利率发放。

(2) 普通股股利：普通股的股利由董事会根据当年可供分配的利润多少来决定。

2. 根据股利支付方式划分

(1) 现金股利：指以现金形式分配给股东的股利，是股利分配最常见的方式。

(2) 财产股利：又称"实物股利"，指上市公司用现金以外的其他资产向股东分派的股息和红利。它可以是该公司持有的其他公司的有价证券，也可以是实物。

(3) 负债股利：指上市公司通过建立一种负债，用债券或应付票据作为股利分派给股东。

(4) 股票股利：指公司用无偿增发新股的方式支付股利，通常是按股票的比例分发给股东。

三、股利理论

1. 股利无关论

该模型由莫迪利安尼和米勒在20世纪60年代提出，其假设条件如下。

(1) 完美市场，既无税收，又无交易费用，任何投资者都不可能通过自身交易影响和操纵市场价格。

(2) 所有投资者对未来投资、利润和股利具有相同的信念，即这些投资者具有共同的期望。

(3) 公司的投资政策事前已经公布，不会随着股利政策的改变而改变。

该理论认为，在完善的资本市场条件下，股利政策不会影响公司价值，因为公司价值是由公司投资决策所确定的资本获利能力和风险所决定的，而不是由公司盈余分配方式所决定的。

2. 股利相关论

股利相关论认为，股利支付不是可有可无的，是非常必要的，具有策略性。其认为，企业的股利政策会影响公司股票的价格。具体股利政策的选择对于股票市价、公司资本结构以及股东财富的实现都有重要影响，股利政策与公司价值密切相关。

(1) 偏好低股利政策(税收偏好理论)。公司倾向于减少股利而寻求更为有效的资金使用渠道。在现实世界中，影响股利和资本利得是否完全替代的一个主要因素是税负。一般而言，资本利得所得税税率低于普通股所得税税率；此外，现金股利在发放时就要征税，而资本利得税可递延到资本利得实现(即股票售出)时才征收。因此，对于个人投资者来说，股利收入的实际税率要高于资本利得的税率，其更偏好于股利支付比较低的企业。

(2) 偏好高股利政策(股利偏好理论)。这种理论认为,在股利收入与股票价格上涨产生资本利得之间,投资者更倾向于前者。因为股利是现实的有把握的收益,而股票价格的上升与下降具有较大的不确定性,与股利收入相比风险更大。因此,投资者更愿意购买能够支付较高股利的公司股票。

对于投资者偏好现金股利的解释如下。

一是代理成本理论,该理论认为在所有权和经营权高度分离的现代企业中,股利支付可以减少经理人与股东之间的利益冲突引起高额的代理成本,即可以减少管理层可控制的自由现金流,进而减少其浪费、贪污的可能。因此,高股利政策可以作为实现公司价值最大化的策略。

二是财务信号论,信息内涵效应是指股票价格随股利信号而上涨的现象。该理论认为,股利实际上给投资者传播了关于企业收益情况的信息,这一信息自然会反映到股票价格上,这就等于给投资者传递了企业收益情况发生变化的信息。股利的提高可能给投资者传递公司创造未来现金流能力增强的信息,该股票价格就会上涨;反之,股价就会下降。

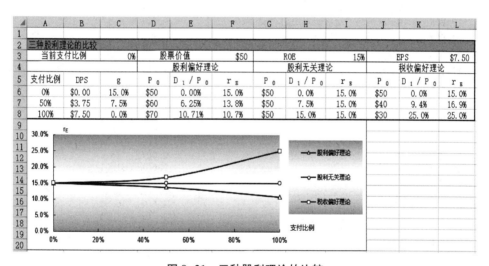

图 9-21 三种股利理论的比较

9.4.2 股利政策实务

在进行股利分配的实务中,公司经常采用的股利分配政策与公司的资本结构相关,而资本结构又是由投资所需资金构成的,因此实际上股利政策除了要受到投资机会及资本成本的影响之外,还要受投资者的偏好和企业的目标资本结构影响。

剩余股利政策就是将上述因素组合到一起,得

$$股利 = 净收益 - 目标权益比例 \times 资本预算$$

采用剩余股利政策时,应遵循四个步骤。

（1）设定目标资本结构，即确定权益资本与债务资本的比率，在此资本结构下，加权平均资本成本（WACC）将达到最低水平；

（2）确定目标资本结构下投资所需的股东权益数额；

（3）最大限度地使用保留盈余来满足投资方案所需的权益资本数额；

（4）投资方案所需权益资本已经满足后若有剩余盈余，再将其作为股利发放给股东。

【例9-7】 道·琼斯工业平均指数的30家企业2003年支付的股利情况，如图9-22和图9-23所示。

	A	B	C	D	E
1	股票代码	公司名称	股利收益率	市盈率	股利支付比率
2	AA	ALCOA Inc	2.20%	46.3	101.9%
3	AXP	American Express Co	0.90%	21.43	19.3%
4	BA	The Boeing Co	1.90%	100.94	191.8%
5	C	Citigroup Inc.	3.00%	16.85	50.6%
6	CAT	Caterpillar Inc	1.90%	24.13	45.8%
7	DD	E.I. Du Pont De Nemours & Co (DuPont)	3.50%	19.49	68.2%
8	DIS	The Walt Disney Co	0.00%	40.66	0.0%
9	EK	Eastman Kodak Co	2.40%	10.37	24.9%
10	GE	General Electric Co	2.50%	21.73	54.3%
11	GM	General Motors Corp	4.90%	8.9	43.6%
12	HD	Home Depot Inc	0.80%	20.07	16.1%
13	HON	Honeywell International Inc	2.80%	N/A	
14	HPQ	Hewlett-Packard Co	1.60%	28.83	46.1%
15	IBM	International Business Machines Corp	0.70%	23.28	16.3%
16	INTC	Intel Corp	0.30%	53.6	16.1%
17	IP	International Paper Co	2.50%	120.49	301.2%
18	JNJ	Johnson & Johnson Inc	1.90%	23.71	45.0%
19	JPM	JP Morgan Chase & Co	3.90%	25.3	98.7%
20	KO	Coca-Cola Co (Coke)	2.00%	25.95	51.9%
21	MCD	McDonald's Corp	1.60%	31.74	50.8%
22	MMM	3M Co	1.90%	25.9	49.2%
23	MO	Altria Group Inc	6.10%	8.54	52.1%
24	MRK	Merck & Co Inc	2.90%	15.7	45.5%
25	MSFT	Microsoft Corp	0.60%	31.01	18.6%
26	PG	Procter & Gamble Co	1.90%	25.58	48.6%
27	SBC	SBC Communications Inc	5.00%	9.48	47.4%
28	T	AT&T Corp	4.60%	16.86	77.6%
29	UTX	United Technologies Corp	1.70%	17.74	30.2%
30	WMT	Wal-Mart Stores Inc	0.60%	29.73	17.8%
31	XOM	Exxon Mobil Corp	2.70%	14.87	40.1%
32			平均值	2.31%	57.58%
33			标准差	1.48%	59.12%

图9-22 道·琼斯工业平均指数的30家企业2003年支付的股利

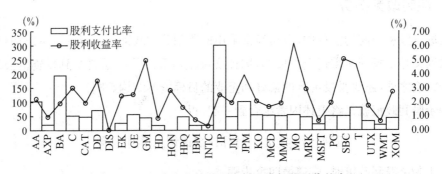

图9-23 30家企业的股利支付比率与股利收益率

在现实生活中,公司的股利分配是在各种制约因素下进行的,采用何种股利政策虽然是由管理层决定,但是实际上在其决策过程中会受到诸多主观与客观因素的影响。影响股利分配政策的因素主要如下。

1. 法律限制

为了保护债权人和股东的利益,有关法规对公司的股利分配经常做如下限制。

(1) 资本保全限制。规定公司不能用资本(包括股本和资本公积)发放股利。股利的支付不能减少法定资本,如果一个公司的资本已经减少或因支付股利而引起资本减少,则不能支付股利。

(2) 企业积累的限制。为了制约公司支付股利的任意性,按照法律规定,公司税后利润必须先提取法定公积金。此外还鼓励公司提取任意公积金,只有当提取的法定公积金达到注册资本的50%时,才可以不再提取。提取法定公积金后的利润净额才可以用于支付股利。

(3) 净利润的限制。规定公司年度累计净利润必须为正数时才可发放股利,以前年度亏损必须足额弥补。

(4) 超额累计利润的限制。由于股东接受股利缴纳的所得税高于其进行股票交易的资本利得税,于是许多国家规定公司不得超额累计利润,一旦公司的保留盈余超过法律认可的水平,将被加征额外税额。

(5) 无力偿付的限制。基于对债权人的利益保护,如果一个公司已经无力偿付负债,或股利支付会导致公司失去偿债能力,则不能支付股利。

2. 股东因素

(1) 稳定的收入和避税。一些股东的主要收入来源是股利,他们往往要求公司支付稳定的股利。他们认为通过保留盈余引起股价上涨而获得资本利得是有风险的。若公司留存较多的利润,将受到这部分股东的反对。另外,一些边际税率较高的股东出于避税的考虑。若公司留存较多的利润,将受到这部分股东的反对,另外,一些边际税率较高的股东出于避税的考虑,往往反对公司发放较多的股利。

(2) 控制权的稀释。公司支付较高的股利,就会导致留存盈余减少,又将意味着将来发行新股的可能性加大,而发行新股必然稀释公司的控制权,这就是公司拥有控制权的股东们所不愿看到的局面。因此,若他们拿不出更多的资金买新股,宁可不分配股利。

3. 公司因素

公司的经营情况和经营能力,影响其股利政策。

(1) 盈余的稳定性。公司是否能获得长期稳定的盈余,是其股利决策的重要基础。盈余相对稳定的公司相对于不稳定的公司而言具有较高的股利支付能力,因为盈余稳定的公司对保持较高股利支付率更有信心。收益稳定的公司面临的经营风险和财务风险较小,筹资能力较强,这些都是其股利支付能力的保证。

(2) 公司的流动性。较多地支付现金股利会减少公司的现金持有量,使公司的流动性降低。这里公司流动性是指及时满足财务应付义务的能力;而公司保持一定的流动性,不仅是公司经营所必需的,也是在实施股利分配方案时需要权衡的。

(3)举债能力。具有较强举债能力的公司因为能够及时地筹措到所需的现金,有可能采取高股利政策;举债能力较弱的公司则不得不滞留盈余,因而往往采取低股利政策。

(4)投资机会。有良好投资机会的公司需要大量的资金支持,因而较少发放股利,将大部分盈余用于投资。缺乏良好投资机会的公司,保留大量现金会造成资金闲置,于是倾向于支付较高的股利。因此,处于成长中的公司多采取低股利政策,处于经营收缩中的公司多采取高股利政策。

(5)资本成本。与发行新股相比,保留盈余不需花费筹资费用,是一种比较经济的筹资渠道。所以,从资本成本考虑,如果公司有扩大资金的需要,也应当采取低股利政策。

(6)债务需要。具有较高债务偿还需要的公司,可以通过举借新债、发行新股筹集资金偿还债务,也可以直接用经营积累偿还债务。如果公司认为后者适当的话,将会减少股利的支付。

9.4.3 股利的支付形式

一、股票分割

股票分割是指将面额较高的股票交换成本面额较低的股票的行为。例如,将原来的一股股票换成两股股票。股票分割不属于某种股利方式,但其所产生的效果与发放股票股利近似,故而在此一并介绍。

股票分割时,流通在外的股数增加,每股面值下降而盈利总额和市盈率不变,则每股收益下降,但公司价值不变,股东权益总额以及股东权益内部各项目相互间的比例也不会改变。这与发放股票股利时的情况既有相同情况,又有不同之处。

【例 9-8】 微软公司历史上的股票拆分和股票价格,如图 9-24 和图 9-25 所示。

	A	B	C	D	E
1	日期	拆分	实际价格	拆分倍数	折算价格
2	2003/02/19	$ 0.08现金股利	24.53		7064.64
3	2003/02/18	2:1拆分	24.96	2.0	7188.48
4	2003/02/14		48.3		6955.2
5	1999/03/29	2:1拆分	92.37	2.0	13301.28
6	1999/03/26		178.13		12825.36
7	1998/02/23	2:1拆分	81.62	2.0	5876.64
8	1998/02/20		155.13		5584.68
9	1996/12/09	2:1拆分	81.75	2.0	2943
10	1996/12/06		152.88		2751.84
11	1994/05/23	2:1拆分	50.56	2.0	910.08
12	1994/05/20		97.75		879.75
13	1992/06/15	3:2拆分	75.75	1.5	681.75
14	1992/06/12		112.5		675
15	1991/06/27	3:2拆分	68	1.5	408
16	1991/06/26		100.75		403
17	1990/04/16	2:1拆分	60.75	2.0	243
18	1990/04/12		120.75		241.5
19	1987/09/21	2:1拆分	53.5	2.0	107
20	1987/09/18		115		115
21	1986/04/14		29		29

图 9-24 微软公司历史上的股票拆分和股票价格

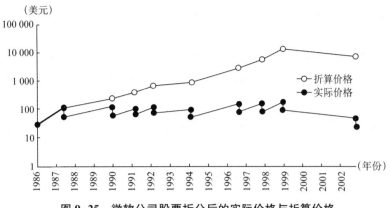

图 9-25　微软公司股票拆分后的实际价格与折算价格

对于公司来讲,实行股票分割的主要目的在于通过增加股票股数降低每股市价,从而吸引更多的投资者。另外,股票分割往往是成长中的公司的行为,所以宣布股票分割后,容易给人一种"公司正处于发展之中"的印象,这种利好信息会在短时间内提高股价。从纯粹经济的角度看,股票分割和股票股利没什么区别。

二、股票回购

股票回购是指公司出资购回自身发行在外的股票。股票回购时,公司用多余现金购回股东持有的股份,使在外流通的股份减少,每股股利增加,从而会使股价上升,股东能因此获得资本利得,这相当于公司支付给股东现金股利。所以,可以将股票回购看作为一种现金股利的替代方式。

【例 9-9】　英特尔公司 2000—2002 年的股票回购的部分影响,如表 9-2 所示。

表 9-2　英特尔公司 2000—2002 年的现金股利和股票回购

单位:百万美元

年份	2002	2001	2000
销售收入	26 764	26 539	33 726
净收益	3 117	1 291	10 535
现金股利	533	538	470
回购股票	33 333	3 246	3 210

可见,公司不论采取现金股利还是股票回购,对股东而言都是有利的。

然而,购票回购与发放现金股利有不同的意义。

(1) 对股东而言,购票回购后股东得到的资本利得需缴纳资本利得税,发放现金股利后股东则须缴纳股利收益税。然而两者的税率孰高孰低是很难预料的,其结果是否对股东有利仍然存有疑问,也就是说,股票回购对股东利益具有不确定的影响。

(2) 对公司而言,股票回购有利于增加公司价值。

第一,公司进行购票回购的目的之一是向市场传递股价被低估的信号。股票回购具有与股票发行相反的作用。股票发行被认为是公司股票被高估的信号,如果公司管理层认为公司目前的股价被低估，通过股票回购，向市场传递了积极信息，有利于提升股价，稳定公司股票价格。

第二，避免股利波动带来的负面影响。当公司剩余现金流是暂时的或者是不稳定的，没有把握能够长期维持高股利政策时，可以在维持一个相对稳定的股利基础上，通过股票回购回馈股东。

第三，通过股票回购，可以减少外部流通股的数量，提高股票价格，在一定程度上降低公司被收购的风险。

第四，发挥财务杠杆作用。如果公司的权益资本比例较高，可以通过股票回购提高负债率，改变公司的资本结构，并有助于降低加权平均资本成本。虽然发放现金股利也可以减少股东权益，增加财务杠杆，但两者在收益相同情形下的每股收益不同。特别的是如果是通过发行债券融资回购本公司的股票，可以快速提高负债率。

第五，调节所有权结构。公司拥有回购的股票，可以用来交换被收购或被兼并公司的股票，也可以用来满足认股权证持有人认购公司股票或可转换债券持有人转换公司普通股的需要，还可以在执行管理层与员工股票期权时使用，避免发行新股而稀释收益。

第十章 期权和实物期权
——从金融工具到投资管理理念

10.1 期权的概念

期权是一种赋予持有人在某给定日期或该日期之前的任何时间以固定价格购进或售出一种资产之权利的合约。例如,一座建筑物的期权,可以赋予购买者在 2018 年 1 月第三个星期三之前的那个星期六,或那个星期六之前的任何时间,以 100 万元的价格购买该建筑物。期权是一种独特类型的金融合约,因为它赋予购买者的是做某事的权利而不是义务。购买者仅在执行期权有利时才会执行它;否则期权将会被弃之不顾。

10.1.1 期权的常用术语

关于期权有一些常用术语如下。

(1) 执行期权。利用期权合约购进或售出标的资产的行为称为执行期权。

(2) 敲定价格或执行价格。持有人购进或售出标的资产的期权合约之固定价格称为敲定价格或执行价格。

(3) 到期日。期权到期的那一天称为到期日。在那一天之后,期权失效。

(4) 美式期权和欧式期权。美式期权可以在到期日或到期日之前的任何时间执行。欧式期权则只能在到期日执行。

(5) 看涨期权(call option, CO)。看涨期权赋予持有人在一个特定时期以某一个固定价格购进一种资产的权利。对资产的种类并无限制,但在交易所交易的最常见期权是股票和债券的期权。

(6) 看跌期权(put option, PO)。看跌期权可视为看涨期权的对立面。正如看涨期权赋予持有人以固定价格购买股票的权利那样,看跌期权赋予持有人以固定的执行价格出售股票的权利。

10.1.2 期权的价值

1. 看涨期权在到期日的价值

普通股股票的看涨期权合约在到期日的价值是多少呢? 答案取决于标的股票在到期

日的价值。

假设 A 股票股价在到期日是 130 元,期权的购买者有权以 100 元的执行价格购买标的股票。换言之,他有权行使看涨期权。有权以 100 元去买价值 130 元的东西当然很好。在到期日,该权利的价值等于 30 元(130 元－100 元)。

如果在期权到期之日,A 股票股价更高的话则看涨期权更有价值。例如,如果 A 股票的股价在期权到期日是 150 元,那么看涨期权将价值 50 元(150 元－100 元)。事实上,股价每上升 1 元则看涨期权价值相应上涨 1 元。

如果股价高于行权价,则称看涨期权处于实值状态。当然普通股股价也可能低于执行价,此时则称看涨期权处于虚值状态,持有者将不会执行期权。例如,如果股票在到期日是 90 元,理性投资者就不会行权。由于期权的持有者没有义务行权,因此他可以选择放弃期权。因此,如果 A 股票股价在期权到期日低于 100 元,则期权的价值为零。在这种情况下,看涨期权的价值就不是 A 股价与 100 元之差,即不是持有人有义务执行看涨期权时本该有的值。

看涨期权在到期日时的收益如表 10-1 所示。

表 10-1 看涨期权的价值

	到期日收益	
	若股价低于或等于 100 元	若股价高于 100 元
看涨期权的价值	0	股价－100 元

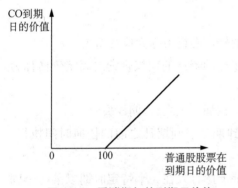

图 10-1 看涨期权的到期日价值

图 10-1 描绘了对应 A 股票价值的看涨期权(CO)价值。若股价低于 100 元,则该期权的行权价格为负,因而毫无价值。若股价高于 100 元,则该期权行权价格为正,且股票价格每增长 1 元其价值也增长 1 元。注意,看涨期权不可能有负的价值。因为当它行权价格为负时,持有人可以放弃行权。因此,作为一种有限责任工具,这意味着持有人可能遭受的最大损失不过是他购买期权时所支付的费用。

2. 看跌期权在到期日的价值

由于看跌期权赋予持有人售出股票的权利,所以确定看跌期权价值正好与看涨期权相反。我们假设看跌期权的执行价格是 50 元,并且到期日股价是 40 元。看跌期权的持有者有权以超过价值的价格卖出股票,显然有利可图。即他能以 40 元的市场价格购买股票并随即以 50 元的执行价售出。因此,看跌期权的价值一定是 10 元。

如果股价更低的话,利润会更高。例如,如果股价只有 30 元,期权的价值是 20 元(50 元－30 元)。事实上,期权到期日股价每下降 1 元,则看跌期权价值上涨 1 元。然而,如果期权到期时,股价是 60 元——或者任何高于 50 元的价格,看跌期权的持有者就不会行权。毕竟当公开市场股价是 60 元而以 50 元卖出的话会不划算。实际上,理性投资者此时会放弃看跌期权,即任由期权过期。

看跌期权在到期日时的收益如表 10-2 所示。

表 10-2 看跌期权的价值

	到期日收益	
	若股价低于 50 元	若股价高于或等于 50 元
看跌期权的价值	50 元－股价	0

图 10-2 描绘了对应标的股票所有可能价值的看跌期权价值。每当股票价格高于执行价格时,看跌期权是没有价值的;而每当股票价格低于执行价格时,看跌期权是有价值的。

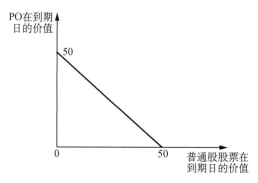

图 10-2 看跌期权的到期日价值

10.1.3 期权的交易与报价

有些期权在场外市场交易。场外市场的优势在于期权合约的条款(执行价格、到期时间和标的股份数量)可以根据交易者需求量身定制。当然,建立场外交易的期权合约的成本比场内交易高很多。

场内交易的期权的到期日、执行价格都是标准化的。每份股票期权合约提供买入或卖出 100 股的权利(如果在合约有效期内发生股票分拆,合约会对此进行调整)。

期权合约条款的标准化意味着所有市场参与者只是交易一组有限的标准证券,这样增加了任何特定期权的交易深度,从而降低了交易成本,导致更激烈的市场竞争。交易所主要提供两种便利,一是简化交易,使买卖双方及其代理都可以自由进出交易中心;二是流动的二级市场,期权买卖双方可以迅速地、低成本地进行交易。

一直以来,大多数美国期权交易都在芝加哥期权交易所进行。然而。2003 年国际证券交易商(位于纽约的电子交易系统)取代了芝加哥期权交易所,成为最大的期权交易所。欧洲的期权交易统一采用电子交易系统。

在美国期权市场,期权执行价格将股票价格分为几个类别。执行价格的设置一般以 5 个点为间隔,股价高于 100 美元的间隔大些,而对于较低价格的股票,执行价格的间隔一般为2.5美元。如果股票价格超出了现行股票期权执行价格的范围,那么就会提供新的合适的期权执行价格。因此,任何时候都有实值或虚值期权。

许多期权合约在某一整体都没有交易,以交易量与收盘价栏上的三个点来表示。因为期权交易不频繁,经常发现期权价格与其他价格不一致。例如,你会发现两份不同执行价格的看涨期权的价格是相同的。这种矛盾是由于这些期权的最后交易发生在同一天的不同时刻。在任何时候,执行价格较低的看涨期权的价格一定比其他条件都相同而更高执行价格的看涨期权的价格更高。

大多数场内交易的期权的有效期都相当短,最多几个月。对于大公司股票和一些股票指数,有效期较长,可长达几年。这些期权称为长期股票期权证券。

10.2 期权定价原理

10.2.1 投资组合中的期权策略

将具有不同执行价格的看涨期权与看跌期权进行组合会得到无数种收益结构,下面我们选择几种常见的组合,讨论其动因及结构。

1. 保护性看跌期权

如果你想投资某只股票,却不愿承担超过一定水平的潜在风险。仅仅是购买股票对你来说是有风险的,因为理论上你可能损失所投资的钱。你可以考虑购买股票,并购买一份股票的看跌期权。表10-3给出了你的资产组合的总价值:不管股票价格如何变化,你肯定能够在到期时得到一笔至少等于期权执行价格的收益,因为看跌期权赋予你以执行价格卖出股票的权利。

表10-3 到期时保护性看跌期权资产组合的价值

	$S_T \leq X$	$S_T > X$
股票	S_T	S_T
+看跌期权	$X - S_T$	0
=总计	X	S_T

这个组合说明,尽管人们普遍认为衍生证券意味着风险,但它也可以被用来进行有效的风险管理。实际上,这种风险管理正在成为财务经理受托责任的一部分。

2. 抛补看涨期权

抛补看涨期权头寸就是在买入股票的同时卖出它的看涨期权。这种头寸称为"抛补的"是因为将来交割股票的潜在义务正好被资产组合中的股票所抵消。相反,如果没有股票头寸而卖出看涨期权被称为卖裸期权。在看涨期权到期时,抛补看涨期权的价值等于股票价值减去看涨期权的价值,如表10-4所示。期权价值被减掉是因为抛补看涨期权头寸涉及出售了一份看涨期权给其他投资者,如果其他投资者执行该期权,他的利润就是你的损失。

表 10-4　到期日抛补看涨期权价值

	$S_T \leqslant X$	$S_T > X$
股票损益	S_T	S_T
＋卖出看涨期权损益	-0	$-(S_T - X)$
＝总计	S_T	X

卖出抛补看涨期权是机构投资者的常用策略。比如大量投资于股票的基金管理人,他们很乐意通过卖出部分或全部股票的看涨期权获取权利金来提高收入。尽管在股票价格高于执行价格时,他们会丧失潜在的资本利得,但是如果他们认为 X 就是他们计划卖出股票的价格,那么,抛补看涨期权可以看作一种"卖出规则"。这种策略能够保证以计划的价格卖出股票。

3. 跨式期权

买入跨式期权就是同时买进执行价格相同、到期日相同的同一股票的看涨期权与看跌期权。对于那些相信价格要大幅波动,但是不知价格运行方向的投资者来说,买入跨式期权是很有用的策略。

对买入跨式期权来说,最糟糕的情况就是股票价格没有变化。如果到期日股票价格等于执行价格,那么到期日时看涨期权和看跌期权没有价值,这样投资者损失了购买期权的支出额。因此,买入跨式期权赌的是价格的波动性。买入跨式期权认为股价的波动大于市场的波动。相反,卖出跨式期权,也就是卖出看涨期权和看跌期权的投资者认为股价缺乏波动性。他们现在收到权利金,希望在到期日之前股票价格不要发生太大变化。买入跨式期权的损益如表 10-5 所示。

表 10-5　到期时买入跨式期权头寸的价值

	$S_T < X$	$S_T \geqslant X$
看涨期权的损益	0	$S_T - X$
＋看跌期权的损益	$X - S_T$	0
＝总计	$X - S_T$	$S_T - X$

除非股票价格显著偏离 X,否则买入跨式期权的头寸就会产生损失。只有股价与 X 的偏离大于购买看涨期权和看跌期权的全部支出时,投资者才会获得利润。

10.2.2　期权的价格区间、平价原理

在这一节,我们推导期权价格的上下限。当期权价格大于上限或者小于下限时,就会出现套利机会。

1. 上限

美式看涨期权或欧式看涨期权给其持有者以指定价格买入 1 只股票的权利。无论发生什么情况,期权的价格都不会超过股票的价格。因此,股票价格是看涨期权价格的上限。

$$c \leqslant S_0 \text{ 与 } C \leqslant S_0$$

如果以上的不等式成立,那么套利人可以购买股票并同时出售期权来轻易获取无风险收益。

美式看跌期权持有者有权以价格 K 卖出一只股票。无论股票价格变得多么低,期权的价值都不会高于执行价格。

$$P \leqslant K$$

对于欧式期权,我们知道在 T 时刻,期权的价值不会超出 K。因此,当前期权的价格不会超过 K 的贴现值,即:

$$p \leqslant e^{-rT} K$$

如果以上的不等式成立,那么套利者可以通过卖出一个期权,并同时将所得收入以无风险利率进行投资,这样套利者可以获取无风险收益。

2. 无股息股票上看涨期权的下限

不支付任何股息的股票上欧式看涨期权的下限为

$$S_0 - K e^{-rT}$$

我们考虑以下两个投资组合。

组合 A:一个欧式看涨期权加上在时间 T 提供收益 K 的零息债券。

组合 B:一只股票。

在组合 A 中,在时间 T 零息债券价值为 K。在时间 T,如果 $S_T > K$,投资者行使看涨期权,组合 A 的价值为 S_T。如果 $S_T < K$,期权到期时价值为 0,这时组合 A 的价值为 K。因此,在 T 时刻,组合 A 的价值为

$$\max(S_T, K)$$

组合 B 在时间 T 的价值为 S_T。在时间 T 组合 A 的价值总不会低于组合 B 的价值,因此在无套利的条件下,组合 A 的价值也不会低于组合 B 的价值。零息券在今天的价值是 $K e^{-rT}$,因此

$$c + K e^{-rT} \geqslant S_0$$

或

$$c \geqslant S_0 - K e^{-rT}$$

对于看涨期权而言,最差的情况是期权到期时价值为 0。因此,期权价值不能为负值,即 $c \geqslant 0$。因此

$$c \geqslant \max(S_0 - K e^{-rT}, 0)$$

3. 无股息股票上欧式看跌期权的下限

对于无股息股票上的欧式看跌期权,其价值下限为

$$Ke^{-rT} - S_0$$

我们考虑以下两个投资组合。

组合 C：一个欧式看跌期权加上 1 只股票。

组合 D：在时间 T 收益为 K 的零息债券。

如果 $S_T < K$，在到期时组合 C 里的期权会被执行，组合 C 的价值变为 K；如果 $S_T > K$，在到期时，期权价值为 0，C 的价值为 S_T，因此，在 T 时刻，组合 C 的价值为

$$\max(S_T, K)$$

在 T 时刻，组合 D 的价值为 K，因此在时间 T 组合 C 的价值总不会低于组合 D 的价值。在无套利的条件下，组合 C 的价值也不会低于组合 D 的价值。

$$p + S_0 \geqslant Ke^{-rT}$$

或

$$p \geqslant Ke^{-rT} - S_0$$

对于一个看跌期权而言，最差的情况是期权到期时价值为 0。因此，期权价值不能为负值，于是

$$p \geqslant \max(Ke^{-rT} - S_0, 0)$$

我们现在推导具有同样执行价格与期限的欧式看跌期权与看涨期权之间的一个重要关系式。考虑下面两个已经用过的组合。

组合 A：一个欧式看涨期权加上在时间 T 提供收益 K 的零息债券。

组合 C：一个欧式看跌期权加上 1 只股票。

我们仍然假设股票不支付股息，看涨期权和看跌期权具有相同的执行价格 K 与期限 T。

在组合 A 中，在时间 T 零息债券价值为 K。如果 $S_T > K$，投资者行使看涨期权，组合 A 的价值为 $S_T - K$。如果 $S_T < K$，期权到期时价值为 0，这时组合 A 的价值为 K。

在组合 C 中，在时间 T 时股票的价格为 S_T。如果 $S_T < K$，在到期时组合 C 里的期权会被执行，组合 C 的价值变为 K；如果 $S_T > K$，在到期时，期权价值为 0，C 的价值为 S_T。

组合 A 中的期权和债券在今天的价值分别为 c 和 Ke^{-rT}，组合 C 中的期权和股票在今天的价值分别为 p 和 S_0，因此，

$$c + Ke^{-rT} = p + S_0$$

这就是所谓的看跌-看涨平价关系式。此公式表明具有某个执行价格与行使日期的欧式看涨期权价格可由一个具有相同执行价格与行使日期的欧式看跌期权价值推导出来，这一结论反之亦然。

10.2.3 Black-Scholes 期权定价模型

在 Black-Scholes 得出看涨期权定价公式之前,金融经济学家们一直在寻求一种实用的期权定价模型。Black 和 Scholes 因此获得了 1997 年的诺贝尔经济学奖。现在,Black-Scholes 期权定价模型已被期权市场参与者广泛使用。看涨期权定价公式为

$$C_0 = S_0 N(d_1) - X e^{-rT} N(d_2)$$

式中,

$$d_1 = \frac{\ln(S_0/X) + (r + \sigma^2/2)T}{\sigma \sqrt{T}}$$

$$d_2 = d_1 - \sigma \sqrt{T}$$

而且:

C_0——当前的看涨期权价值;

S_0——当前的股票价格;

$N(d)$——标准正态分布小于 d 的概率;

X——执行价格;

r——无风险利率(与期权到期期限相同的安全资产连续复利的年收益率,与离散时间的收益率 r_f 不同);

T——期权到期时间;

σ——股票连续复利的年收益率的标准差。

从 Black-Scholes 期权定价公式可以发现,期权价值并不取决于股票的期望收益率。在某种意义上说,含有股票价格的定价公式已经包括了该信息,因为股票价格取决于股票的风险和报酬特征。这里的 Black-Scholes 期权定价公式假设股票不支付股利。

10.2.4 二项式期权定价模型

对期权定价时,一种有用并且很流行的方法是构造二叉树,这里的二叉树是指代表在期权期限内可能会出现的股票价格变动路径的图形。这种方法假设股票价格变动服从随机游走。在树形上的每一步,股票价格以某种概率会向上移动一定的比率,同时以某种概率会向下移动一定的比率。这种模型又被称为二项式模型(见图 10-3)。

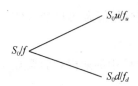

图 10-3 二项式模型

假设股票的价格为 S_0,股票期权(或以股票为标的的任何衍生品)当前的价格为 f。假定期权的期限为 T,在期权有效期内,股票价格由 S_0 或者会上涨到 $S_0 u$,或者会下跌到 $S_0 d$,其中 $u > 1, d < 1$。当股票价格上涨时,增长的比率为 $u - 1$。当股票价下跌时,下跌的比率为 $1 - d$。假设股票价格变到 $S_0 u$ 时相应的期权价格为 f_u,而股票价格变为 $S_0 d$ 时期权价格为 f_d。

我们考虑一个由 Δ 单位股票的多头与一份期权的空头所组成的投资组合。我们可以找到一个使投资组合没有任何风险的 Δ：如果股票价格上涨，在期权到期时，投资组合的价值为

$$S_0 u \Delta - f_u$$

如果股票价格下跌，组合的价值为

$$S_0 d \Delta - f_d$$

令以上两个值相等，即：

$$S_0 u \Delta - f_u = S_0 d \Delta - f_d$$

我们得出

$$\Delta = \frac{f_u - f_d}{S_0 u - S_0 d}$$

这时投资组合是无风险的。因为没有套利机会，其收益率必须等于无风险收益率。可以看出，Δ 为时间 T 时期权价格变化与股票价格变化的比率。

如果我们将无风险利率记为 r，那么投资组合的现值为

$$(S_0 u \Delta - f_u) e^{-rT}$$

而构造投资组合的起始成本为

$$S_0 \Delta - f$$

所以，

$$S_0 \Delta - f = (S_0 u \Delta - f_u) e^{-rT}$$

即：

$$f = S_0 \Delta (1 - u e^{-rT}) + f_u e^{-rT}$$

将 $\Delta = \dfrac{f_u - f_d}{S_0 u - S_0 d}$ 带入上式并化简，我们得出

$$f = S_0 \left(\frac{f_u - f_d}{S_0 u - S_0 d} \right)(1 - u e^{-rT}) + f_u e^{-rT}$$

或

$$f = \frac{f_u(1 - d e^{-rT}) + f_d(u e^{-rT} - 1)}{u - d}$$

或

$$f = e^{-rT}[pf_u + (1-p)f_d]$$

其中:

$$p = \frac{e^{rT} - d}{u - d}$$

当股票价格由一步二叉树给出时,上式可以用来对期权进行定价。这个公式就是二项式期权定价模型,其需要的唯一假设是在市场上不存在套利机会。

10.3　实物期权及其应用

10.3.1　实物期权的概念及特征

实物期权是指在不确定性条件下,与金融期权类似的实物资产投资的选择权。相对于金融期权,实物期权的标的物不再是股票、外汇等金融资产,而是投资项目等实物资产。与传统的投资决策分析方法相比,实物期权的思想不是集中于对单一的现金流预测,而是把分析集中在项目所具有的不确定性问题上。

实物期权的概念最初是由 Stewart Myers(1977)在麻省理工学院时提出的。他指出一个投资方案其产生的现金流量所创造的利润,来自所拥有资产的使用,再加上一个对未来投资机会的选择。也就是说企业可以取得一个权利,在未来以一定价格取得或出售一项实物资产或投资计划,所以实物资产的投资可以应用类似评估一般期权的方式来进行评估。同时又因为其标的物为实物资产,故将此性质的期权称为实物期权。Black 和 Scholes 的研究指出:金融期权是处理金融市场上交易金融资产的一类金融衍生工具,而实物期权是处理一些具有不确定性投资结果的非金融资产的一种投资决策工具。因此,实物期权是相对金融期权来说的,它与金融期权相似但并非相同。与金融期权相比,实物期权具有以下四个特征。

(1) 非交易性。实物期权与金融期权本质的区别在于非交易性。不仅作为实物期权标的物的实物资产一般不存在交易市场,而且实物期权本身也不大可能进行市场交易。

(2) 非独占性。许多实物期权不具备所有权的独占性,即它可能被多个竞争者共同拥有,因而是可以共享的。对于共享实物期权来说,其价值不仅取决于影响期权价值的一般参数,而且还与竞争者可能的策略选择有关系。

(3) 先占性。先占性是由非独占性所导致的,它是指抢先执行实物期权可获得的先发制人的效应,结果表现为取得战略主动权和实现实物期权的最大价值。

(4) 复合性。在大多数场合,各种实物期权存在着一定的相关性,这种相关性不仅表现在同一项目内部各子项目之间的前后相关,而且表现在多个投资项目之间的相互关联。实物期权也是关于价值评估和战略性决策的重要思想方法,是战略决策和金融分析相结合的框架模型。

10.3.2 实物期权的价值评估

前面的章节中,我们强调了在对项目资本预算进行估价时,NPV 分析法较其他方法有一定的优势。然而,无论是学界还是业界都认为 NPV 分析法存在一些问题,即忽略了企业在接受项目后可以进行适当的调整。这个调整被称为实物期权。从这个角度来看,NPV 分析法低估了项目的真实价值。通过几个例子,我们来介绍实物期权如何进行价值评估。

1. 拓展期权

企业家 A 最近得知一种可以使水在 100 华氏温度而不是 32 华氏温度时结冰的化学方法。

在所有可以运用这项技术的项目中,A 先生最喜欢冰雕旅馆这个主意,他估计在初始投资为 1 200 万元的情况下,一家冰雕旅馆每年可以带来的现金流为 200 万元。他认为 20% 为恰当的折现率,即为新投资的风险。当假设为永续现金流,则此项目的 NPV 为:
-12 000 000 元 + 2 000 000 元 / 0.20 = -2 000 000 元。

大多数企业家看到这个负的 NPV,一定会选择放弃这项投资。但是 A 先生不是这种人。他解释说 NPV 分析法遗漏了价值的隐性来源。A 先生虽然非常肯定初始投资将消耗 1 200 万元,但是每年现金流是不一定的。当估价每年现金流为 200 万元时,实际上反映了 A 先生认为的每年现金流有 50% 的概率为 300 万元,有 50% 的概率为 100 万元。

NPV 计算出两种预测结果如下。

乐观预测: -12 000 000 元 + 3 000 000 元 / 0.20 = 3 000 000 元;

悲观预测: -12 000 000 元 + 1 000 000 元 / 0.20 = -7 000 000 元。

从表面上来看,这种新的预测并不能支持 A 决策投资。因为此项目两种预测的平均 NPV 为

$$50\% \times 3\,000\,000 \text{元} + 50\% \times (-7\,000\,000 \text{元}) = -2\,000\,000 \text{元}$$

这正是先前 NPV 分析法估计的结果。

然而,如果乐观的预测是对的话,A 先生会选择拓展。如果说 A 先生认为全国大概有 10 个地区会支持这种冰雕旅馆,那么投资的真正净现值将是

$$50\% \times 10 \times 3\,000\,000 \text{元} + 50\% \times (-7\,000\,000 \text{元}) = 11\,500\,000 \text{元}$$

图 10-4 显示了 A 先生的决策过程,被称为决策树。这个概念基础而且普及。如果试点成功的话,企业家会选择拓展业务。例如,想想创办饭店的人,他们中大多数最终都失败了。对于他们来说,不需要过度乐观。他们就算意识到失败的可能仍会义无反顾地去做,原因就在于只要哪怕一点点机会就可能成为下一个麦当劳或

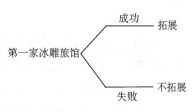

图 10-4 冰雕旅馆的决策树

者汉堡王。

2. 放弃期权

管理者也有放弃现有项目的期权。放弃看似胆怯行为,但是却常常保住了企业大量的资金。因此,放弃期权可以增加项目潜在的价值。冰雕的例子同时可以说明拓展期权和放弃期权。我们来看,如果 A 先生认为的每年现金流 50% 的概率是 600 万元,50% 的概率是 −200 万元。那么 NPV 计算的两种预测结果是

乐观预测:−12 000 000 元 + 6 000 000 元 /0.20 = 18 000 000 元

悲观预测:−12 000 000 元 − 2 000 000 元 /0.20 = −22 000 000 元

得到此项目的 NPV 为

50% × 18 000 000 元 + 50% × (−22 000 000 元) = −2 000 000 元

另外,A 先生想要自己拥有一家冰雕旅馆,则不存在拓展期权问题。因为 NPV 在上式中为负,貌似 A 先生不适合建造这种旅馆。

然而,当我们考虑放弃期权时,问题就发生了变化。第一年,企业家就会了解到哪种预测会变成现实。如果现金流是乐观预测下的结果,那么 A 先生会让项目继续下去。反之,如果是悲观预测下的结果的话,他将放弃这家旅馆。假设 A 先生确切地知道未来可能发生的概率,那么该项目的 NPV 则为

50% × 18 000 000 元 + 50% × (−12 000 000 元 − 2 000 000 元 /1.20) = 2 170 000 元

正因为 A 先生试验的项目现金流第一年为 −200 万元,他就选择放弃该项目,所以 A 先生不用在未来的几年中反复忍受这种结果。此时 NPV 为正,A 先生接受该项目。

这种例子显然只是一种类型的问题。在现实生活中,并不像冰雕旅馆那样经营一年后就可以放弃那么简单,对有些项目来说,可能经历很多年之后才被放弃。而且,残值会随项目的放弃而产生。在冰雕旅馆例子中,我们假设了不存在残值。然而,放弃期权在现实生活中是普遍的现象。

例如在 2005 年,索尼公司宣布它将从日本掌上电脑市场退出。令大家略感惊讶的是,该公司在当时是市场销售额的领头羊,拥有 1/3 的市场。然而掌上电脑的销售在过去 3 年连续缩水,很大部分是由于小型手机拥有掌上电脑功能后,带来日益激烈的市场竞争。因此,索尼公司断言说未来单机计算机设备的市场会很有限,所以决定跳出这个市场。

3. 择机期权

人们经常会寻找一些闲置很多年的城市土地,购买这些土地后再出售。为什么人们要花钱购买没有收入来源的土地呢? 当然,这从 NPV 分析法中不能找到答案。然而这种矛盾可以轻易地通过实物期权来解释。

假设土地最佳的利用是作为办公大楼。大楼总的建筑成本估计为 100 万元。目前扣除所有费用,每年永续的净租金估计为 90 000 元,折现率为 10%,那么这座大楼可以带来

的 NPV 将为：$-1\,000\,000$ 元 $+90\,000$ 元 $/0.10=-100\,000$ 元。

因为该 NPV 为负的，人们目前可能不会想要建造大楼。然而假设说政府正在为市区规划各种城市兴建项目，如果项目立项的话，办公楼租金将会提高。在这种情况下，财产的所有者就有可能建造办公大楼。反之，如果项目不成功，办公楼租金不变，甚至下降，那么所有者不会盖房。

我们说地产的所有者有择机期权。虽然他现在不想盖房，但是他在租金稳定上涨时会选择盖房。这种择机期权可以解释为什么闲置土地通常有价值。这里的费用是指为持有闲置土地而产生的费用，如税收。但是租金充分上涨后办公大楼的价值会抵消这种费用。当然，闲置土地的价值是由兴建项目批准的可能性以及租金一定程度的提高所决定的。图 10-5 说明了这种择机期权。

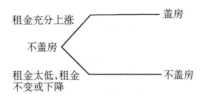

图 10-5　闲置土地的决策树

矿业的经营也是一种择机期权。假设你拥有一座铜矿山，而每吨铜矿的成本高于销售所能获得的收入。只有没有头脑的人才会说你目前不需要铜矿山。因为存在像财产税、保险费和安全设施所需的所有权成本，所以你可能希望将矿山出售。然而，你不会草率行动。未来铜的价格可能会上涨，使你获利。从这种可能性来讲，现在你就可以物色到能为铜矿山掏钱的人。

图书在版编目(CIP)数据

金融计算/牛淑珍,夏霁主编. —上海:复旦大学出版社,2021.4
(复旦卓越.金融学系列)
ISBN 978-7-309-15482-5

Ⅰ.①金… Ⅱ.①牛… ②夏… Ⅲ.①金融-计算方法-高等学校-教材 Ⅳ.①F830.49

中国版本图书馆 CIP 数据核字(2021)第 036176 号

金融计算
牛淑珍　夏　霁　主编
责任编辑/姜作达

复旦大学出版社有限公司出版发行
上海市国权路 579 号　邮编:200433
网址:fupnet@fudanpress.com　http://www.fudanpress.com
门市零售:86-21-65102580　团体订购:86-21-65104505
出版部电话:86-21-65642845
杭州长命印刷有限公司

开本 787×1092　1/16　印张 13.25　字数 290 千
2021 年 4 月第 1 版第 1 次印刷

ISBN 978-7-309-15482-5/F·2767
定价:42.00 元

如有印装质量问题,请向复旦大学出版社有限公司出版部调换。
版权所有　侵权必究